알기 쉬운 유식

마음의 비밀을 풀다

요코야마 코이츠(橫山紘一) 지음

덕운 옮김

알기 쉬운 유식

·

·

·

마음의 비밀을 풀다

씨아이알

⦿ 옮긴이 후기

　　그동안 유식을 전공하면서 유식과 관련된 서적들을 접하며 느낀 점은 입문서조차 딱딱한 이론 위주로 구성되어 일반적으로 유식은 어렵다는 편견을 준다는 것이었습니다. 그러나 처음 이 책을 받았을 때 '유식을 이렇게 쉽게 표현할 수도 있구나'라는 생각이 들었습니다. 이 책을 번역하게 된 계기도 근래에는 전공자뿐만 아니라 일반 사람들도 유식을 공부하고자 하는 분들이 많아졌기 때문에 좀 더 알기 쉽게 유식을 접했으면 하는 바람이 컸기 때문입니다.

　　불교의 핵심은 마음이라고 할 수 있는데, 유식은 그 마음을 심층으로부터 관찰하고 분석하여 해명해놓은 사상입니다. 그래서 유식은 단순히 불교의 교리라기보다는 우리의 삶 속에서 스스로의 마음을 살펴볼 수 있도록 안내해주는 지침서라 할 수 있습니다. 그런 면에서 이 책은 도쿄대학에서 인도철학과 학부와 대학원을 졸업한 후 한평생 유식학을 공부하고, 강의해온 저자가 초보 불자들을 위해 알기 쉽게 풀어쓴 유식입문서입니다.

　　유식입문서라고 하면 대부분 딱딱한 이론서를 떠올릴 수도 있지만, 저자는 그동안 어렵다고 기피했던 유식의 핵심 사상을 기반으로 설명하면서도 교리의 내용을 쉽게 이해할 수 있도록 일상의 언어로 표현하고 질문하며, 유식의 개념들을 풀어내고 있습니다. 원저『やさしい唯識』에서도 짐작할 수 있듯이, 저자는 유식을 통해 자신의 마음과 생활방식을 바꿔 행복한 삶을 찾자고 독자들에게 제안하고 있습니다. 특히 마음의 모습을 심층에서 정화해줌으로써 마음의 뿌리부터 변혁시킨다면 미혹의 삶에서 깨달음의 삶으로, 혼미한 세상에

서 평안에 이를 수 있다고 설명합니다.

또한 저자는 부처님이 설명하신 '연기'의 이치에 입각해 인간은 실체적으로 있는 것이 아니라 관계적으로 있다는 것을 강조합니다. 그리고 '마음의 비밀을 풀다'라는 부재대로 유식의 관점을 통해 궁극의 행복을 이루게 하는 유식사상의 핵심 개념을 도식화해 초심자들의 이해를 돕고 있습니다. 특히 이 책의 특징은 유식사상을 평생 연구해온 저자 자신의 일상 경험과 그동안 연구하고 체험했던 내용들을 유식사상에 연결하여, 우리가 일상생활 속에서 쉽게 접할 수 있고 경험할 수 있는 문제에 대하여 스스로 생각할 수 있는 여백을 준다는 것입니다.

그래서 번역하는 동안, 이 책을 접하는 모든 분들이 '유식'에 대한 거부감은 잠시 내려놓고 스스로의 마음에 대해 생각해보고, 삶의 태도와 방식을 변화시키는 그런 계기가 됐으면 좋겠다고 생각했습니다. 저자의 말처럼 살아가면서 어려움이 생겼을 때 그 고통에 매몰되기보다는 그 마음을 메타적으로 바라보는 하나의 씨앗이 되길 바랍니다.

이 자리를 빌려서 불교상담에 눈을 뜨게 해주시고 이 책을 선정하고 번역을 권유해주신 서울불교대학원대학교 윤희조 교수님께 깊이 감사드립니다. 그리고 번역의 의뢰를 흔쾌히 허락해주신 씨아이알의 김성배 대표님과 책임편집을 담당해준 최장미 님께도 감사드립니다.

2023년 10월
덕윤

차례

제1장

한 사람 한 우주

제1장
한 사람 한 우주

'나'라는 것은 말의 외침이 있을 뿐

나는 정말로 존재하는 것인가

　'불교를 일으켰던 붓다의 근본교리는 무엇인가?'라고 묻는다면 바로 '무아'이다. '나'라고 할 것이 없다, 즉 '나'는 존재하지 않는다는 가르침이다. 물론 이것은 6년간의 수행 끝에 보리수 아래에서 붓다가 깨달았던 내용이다. 따라서 우리가 무아를 진정으로 이해하기 위해서는 스스로 실천하고 그것을 체득해야 한다. 하지만 그렇게까지 가지 않더라도 다음과 같은 문답으로 무아임을 이해할 수 있다.

　최근 몇 년간 여러분들에게 "손을 보세요. 그건 누구의 손입니까?"라는 질문을 반복하고 있다. 질문을 받은 사람은 반드시 "내 손입니다"라고 대답한다. 그때 바로 "손은 눈으로 보이지만 지금 당신이 말한 나라는 말에 대응하는 것이 있을까요? 조용히 관찰해보세요"라고 다시 묻는다. 거기서 상대는 생각하기 시작한다. 하지만 상대는 곤란한 표정을 지을 뿐 대답은 되돌아오지 않는다. 왜냐하면 그 '나'라는 말이 가리키는 것을 결코 발견할 수 없기 때문이다.

계속해서 또 한 가지 실험을 한다. "눈을 감고 들어보세요. 지금 나를 보고 있는데 누가 나를 보고 있나요?"라고 물으면, 당연히 상대방은 "내가 보고 있어요"라고 대답한다. 그때 다시 전과 동일하게 '나'라는 말에 대응하는 것을 찾게 하지만 역시 찾아낼 수가 없다. 그렇다. '나'라고 하는 것은 '말' 혹은 '말의 외침'이 있을 뿐이다. 그 울림에 현혹되어 존재하지 않는 나를 마치 존재하는 것처럼 생각하고, 게다가 모든 행동의 주체, 주인공으로 지목하고, '자기가, 내가, 제가…'라고 우기는 것이다. 너무 자기중심적인 행위가 아닐까?

이와 같이 고요히 마음속을 관찰하고 존재하는 것은 오직 손, 발 내지 몸뿐이다. 그럼에도 불구하고 나라는 말을 부여해서 '나의 손'이라고 하며 강제로 손을 자신의 소유물로 만들어버리는 것이다. 신체뿐만이 아니다. 마음의 기능에 대해서도 마찬가지다. '나의 마음이 얼마나 연약한 것인가?'라고 한탄할 때 단지 약한 마음이 작용하고 있을 뿐이다. 약한 마음만은 아니다. 우리들이 하루 동안 마음의 움직임을 보고 있으면, 의기양양해하거나, 실망하거나, 들떠 있거나, 한탄하거나 하는 등 어이없을 정도로 변화하고 있다. 우리는 그 모든 것을 '나의 마음'이라고 생각하지만, 손의 경우와 마찬가지로 나라는 말에 대응하는 것을 발견할 수 없다.

"존재하는 것은 오직 신체, 오직 마음뿐인데, 그것을 '나다' 혹은 '나의 것'으로 오인하고 있다"라고 이런 사실의 인식으로부터 불교 이해가 시작된다고 해도 과언이 아니다. 이러한 사실을, **"오온五蘊을 연緣하여 아我와 아소我所라고 집착한다"**라고 말한다.

오온이란 색色·수受·상想·행行·식識의 다섯 가지를 말하며, 존재를 구성하는 다섯 가지 요소이다. 이 중 '색'은 신체, 넓게는 물질적인 것, '수' 이하의 네 가지는 마음에 해당한다. '연'이란 대상을 인식하는 것, '아'란 나, '아소'란 자신이 소유한 것이라는 의미이다. 그러므로 '오온을 연하여 아와 아소라고 집착한다'라는 것은 '몸과 마음을 구성하는 요소를 나 · 나의 것이라고 인식해 버리는 것'이라고 번역할 수 있다.

'오직[唯]'이라고 보는 것의 중요성

"오직 몸, 오직 마음만이 있다"라고 이야기를 했지만, 이 가운데 '오직'이라는 것이 중요하다. '왜 무아인가?' 그것은 몸과 마음을 구성하는 여러 가지 요소들이 있을 뿐 그것들로 구성된 나(자신)는 존재하지 않기 때문이다.

예를 들어 피라미드를 생각해보자. 보통은 피라미드가 있다고 생각하지만, 자세히 보면 단지 그것을 구성하고 있는 수많은 암석이 있을 뿐이다. 피라미드라고 하는 것은 존재하지 않는다. 자신에 대해서도 이와 동일하게 오직 손이나 발, 내지는 60조 개의 세포가 또한 오직 여러 가지 마음의 움직임이 있을 뿐, 그것들로 이루어진 '나'라는 것은 존재하지 않는다. 설령 존재한다고 하더라도, 그것은 거짓[임시]으로 있는 것, 즉 '가아假我'라고 불러야 한다.

그런데 '오직' 있는 것은 무엇이냐 하는 추구 끝에 모든 존재의 구성 요소는 마음속에 인식되어야만 비로소 성립된다고 한 것이 '유식'이라는 사상이다. 유식이란 "오직 식, 즉 마음밖에 존재하지 않는다. 자신의 주위에 전개되는 여러 가지 현상은 모두 근본마음, 즉 아뢰야식으로부터 생긴 것이며 변화된 것이다"라고 주장하는 사상이다.

이것을 '일체는 유식소변唯識所變이다'라고 한다. 예를 들면 우리는 대도시 한가운데 서면 눈앞에 우뚝 솟은 고층건물의 위용에 압도된다. 또한 백화점 매장에 진열된 많은 상품에 매혹되어 이것저것 사고 싶은 욕망이 꿈틀거린다. 그러나 유식사상에 의하면, 이러한 고층빌딩 내지는 상품이라는 '대상'은 마음속의 영상일 뿐 마음 밖에 존재하는 것은 아니다. "그런 어처구니없는 일이 있을까?"라고 반박하는 사람들도 많이 있겠지만, '대상'은 모두 마음속에 있다는 사실을 앞으로 유식사상에 따라서 차근차근 설명하고자 한다.

"모든 것은 마음속에 있다. 마음을 떠나있는 것은 존재하지 않는다"라고 하는 것을 멀리하고서는 "물건(대상)은 존재하지 않는다. 마음 밖에는 물건(대상)은 없다"라고 하는 것을 '**일체불이식**一切不離識, **유식무경**唯識無境'이라고 한다.

유식사상의 위치

1. 유식사상이 일어난 이유

여기에서는 불교사에 있어서 유식사상의 위치와 의의에 대해서 간략하게 개설해보고자 한다. 불교는 대략적으로 말하면 '초기불교 → 부파불교(소승불교) → 대승불교'라는 순서로 전개되었다. 이 중에서 초기불교는 불교의 창시자인 붓다의 생존시대 혹은 사후 수십 년의 불교, 즉 붓다 자신이 설파한 교설을 중심으로 한 불교를 말한다.

어떤 종교의 개조가 위대한 사상가일수록 그 심원한 사상의 해석을 둘러싸고 후계자 사이에 의견 대립이 일어나는 것은 역사의 필연적인 흐름이지만, 불교도 그 예외는 아니어서 붓다 입적 후 백년경에 교단 내에 다섯 가지 사항에 대해 논쟁이 일어났고, 그 결과 보수적인 '상좌부'와 진보적인 '대중부'로 분열되었다. 그리고 이후 이 두 부파는 각각 다시 분열을 거듭하여 18개 부파가 성립되었다. 근본의 2부(상좌부와 대중부)와 지말의 18부를 합해 '소승 20부파'라고 한다. 그리고 이 여러 부파 대립 시대의 불교를 '부파불교' 혹은 '소승불교'라고 한다.

부파불교의 관심은 주로 붓다가 설파한 교설[다르마·법]을 상세하게 연구 해석하는 데 있었다. 간결한 붓다의 교설이 난해한 수많은 술어로 정리 분류

되고, 더욱 내용적으로 발전 해석되기에 이르게 된 것이다.

이 부파불교를 가리켜 '아비달마불교'라고 한다. 이 부파불교인들은 교리의 복잡하고 어려운 연구에 몰두한 나머지 중생 구제라는 불교 본래의 목적을 잊고 자기 혼자만의 해탈을 지향하는 자리행自利行에만 전념하게 되는 폐단이 생겼다.

이러한 불교계에 대한 반발로서 기원 전후에 자신의 해탈보다 타자의 구제를 목적으로 하는 붓다로의 복귀운동이 일어났다. 이것이 바로 '대승불교'이다. 대승불교에서는 먼저 『반야경般若經』에 근거한 '공사상'에 이어서 『해심밀경解深密經』 등에 근거한 '유식사상'이 일어났다. 종파 이름으로 말하면 전자가 '중관파', 후자가 '유가행파'이다(브라만교에 유가행파가 있기에 그것과 구별하는 것으로 '유식유가행파'라고 하는 경우가 있지만, 여기서는 알기 쉽게 '유식학파'라고 부르기로 한다).

그런데 모든 존재는 마음의 발현에 불과하다는 이른바 유심론적唯心論的 사상이 인도의 불교역사에서 왜 생겨났을까? 그것은 결론적으로 말하면, 공을 강조한 나머지 자칫 허무주의에 빠질지도 모르는 반야의 공사상을 바로잡기 위해서 유가, 즉 요가를 즐겨 실천한 사람들에 의해서 우선 적어도 마음은 있다고 인정하는 사상이 세워졌던 것이다. 반야의 공사상의 공도 결코 허무의 무가 아니라 비유비무非有非無라고 할 수 있는 존재의 궁극적인 진리를 깨닫는 것을 지향하는 사상이며, 이런 의미에서 유식사상과 동일한 입장이다.

하지만 모든 개념을 부정하는 그 표현으로 미루어볼 때, 일체는 전혀 존재하지 않는 것이라고 오해할 수도 있다. 사실 그런 허무주의에 빠진 사람들이 당시에 나타났던 것 같다(그런 사람들을 유식파는 악취공자惡取空者라고 부르며 비난하고 있다). 이 경향을 막기 위해서 '식識', 즉 마음만은 존재하는 것이라고 하는 사상이 나타났다. 이쪽 기슭에서 저쪽 기슭으로 건너기 위해서는, 예를 들어 뗏목이 필요하다. 이와 마찬가지로 길을 잃은 차안此岸에서 깨달음의 피안彼岸

으로 가기 위한 뗏목, 그것을 유식학파 사람들은 마음에서 구했던 것이다.

유식사상이라고 하면 나중에 기술하는 아뢰야식, 말나식, 삼성 등의 독자적인 사상이 유명하다. 그 교리는 복잡하고 난해하다는 것이 정설이지만, 그 이론에 너무 집착한 나머지 이 사상의 본질을 간과할 위험성이 있다. 유식사상은 요가를 실천하고 자기 마음의 모습을 심층에서 정화해줌으로써 미혹에서 깨달음에 이르는 방법과 단계를 상세하게 설명하고 있다. 그때 반야의 공사상이 부정했던 부파불교의 여러 개념들을 다시 도입하였고, 나아가 요가의 체험을 통해 발견한 아뢰야식과 말나식 등의 교리를 부가하여 독자적인 사상을 형성했던 것이다.

2. 미륵, 무착, 세친에 의한 유식파의 성립

유식사상은 인도에서 미륵, 무착, 세친 세 사람에 의해서 개창되었다. 이 중 미륵은 도솔천의 미륵보살이라는 설과 역사적 인물로 보는 두 가지 설이 있지만, 어쨌든 유식사상을 배울 때는 이 문제가 그리 중요하지 않다.

인도의 유식사상은 무착과 세친이라는 형제에 의해 조직되고 체계화되었다. 이 중 형인 무착의 대표작은『섭대승론攝大乘論』으로 이 책에 의해서 유식설은 거의 조직적으로 정리되었다. 이에 아우인 세친이 먼저『유식이십론唯識二十論』에서 "바깥 경계에는 대상이 존재하지 않는다"라는 유식무경의 이치를 여러 모로 논증하여 외계실재론外界実在論을 파척破斥하였다. 그래서 만년에 겨우 서른 가지 게송 안에 유식의 교리와 실천과 깨달음을 정교하게 표현한『유식삼십송唯識三十頌』을 저술하였다.

이 책은 세친의 가장 만년의 저술이며 해설되어 있지 않다. 그래서 그의 사후에 많은 논사들이 이 책을 주석했지만, 나중에 인도에서 유식을 배운 현장玄奘에 의해 열 명의 주석자(십대론사十大論師라고 함)의 이름이 전해지고 있다.

현장은 그중 한 사람, 호법護法의 제자인 계현戒賢으로부터 호법계護法系의 유식 교리를 배웠고, 귀국 후에 십대논사의 설을 소개하면서도 호법의 주석을 올바른 설이라고 주장하는『성유식론成唯識論』을 저술하였다. 이 책의 성립에 의해 유식사상이 완성되었다고 볼 수 있다.

3. 현장, 규기에 의한 법상종의 성립

유식사상은『서유기』의 삼장법사로도 유명한 현장에 의해 17년의 긴 시간에 걸친 인도로의 구법求法 끝에 중국에 전해졌다. 귀국 후 그는 가져온 산스크리트 원본의 번역 사업에 전념하여 입적할 때까지 19년 동안 75부 335권에 이르는 방대한 양의 번역을 완수하였다.

이렇게 그는 소승과 대승에 걸친 경론을 번역했지만, 그의 주목적은 유식사상의 선양에 있었다. 그래서 그는 유식계의 여러 경론들을 가장 많이 번역하였다. 특히『성유식론』의 번역은 중국 불교 역사상 획기적인 사업이었다. 이 책은 앞서 말한 것처럼 세친의『유식삼십송』에 대한 열 명의 주석을 정리한 것으로서, 그 가운데 호법의 해석을 올바른 설로 받아들이고 있다.

위대한 번역가로서 현장의 업적은 제자인 자은대사慈恩大師 · 규기窺基에 의해 계승되었다. 규기는 현장이 번역한 경론을 주석하고, 게다가 현장이 가져온 유식사상을 바탕으로 법상종法相宗이라는 하나의 종파를 일으켰다.

4. 일본으로의 전래

중국에서 성립된 법상종과 그 교리는 당나라로 간 유학승에 의해 다음의 네 가지 경로로 일본에 전해졌다.

제1전래 – 도소道昭
제2전래 – 지통智通, 지달智達
제3전래 – 지봉智鳳, 지란智鸞, 지웅智雄

이러한 경로에 의해 일본에 전래된 법상종은 나라시대 남도불교의 하나로서 세력을 가지게 되었다. 특히 제1전래자인 도소가 원흥사元興寺에서, 제4전래자인 현방이 흥복사興福寺에서 각각 유식을 넓혔기 때문에 원흥사와 흥복사가 특히 번성하였다. 전자는 남사南寺, 후자는 북사北寺로 불리며, 이 남북 양사는 각자가 주장하는 교의教義를 겨루어 많은 명승들과 논서를 산출하였다. 이렇게 일본에 전해진 유식사상은 불교의 기본학문으로서 종파를 초월하여 꾸준히 배워왔고 현재에 이르고 있다.

한 사람 하나의 우주

인간은 자신이라는 감옥에 갇힌 죄인이다

이제 드디어 '유식'이라고 하는 교리의 설명에 들어간다. 이 사상을 배우면서 먼저 이해해야 할 것은 '한 사람이 하나의 우주一人一宇宙'라는 사실이다. 보통 우리는 하나의 공통된 공간, 넓게는 우주 안에 살고 있다고 생각한다. 우리는 '수백 수십억 년 전에 일어난 그런 빅뱅에 의해서 지금 이 우주는 계속 팽창하고 있다. 이러한 광대무변한 우주 속에 한 사람의 작은 존재로서 나는 지금 여기에 살고 있다'라고 생각한다. 하지만 그러한 하나의 공통적인 우주라고 하는 것은 인간들끼리 말로 주고받는 것에 의해서 '있다'라고 서로 인정한 우주이다. 말하자면 추상적인 존재이다. 그것과는 전혀 차원을 달리한 또 하나의 우주, 즉 구체적인 우주가 있는 것이다. 그것은 그 속에 '나'가 갇혀서 자신만이 짊어지고 살아가야 할 우주이다.

아침에 깊은 잠에서 깨어났다. 그때 그 사람의 우주가 말하자면 빅뱅Big Bang

을 일으켜 다시 생긴 것이다. 과학 우주론이 말하는 빅뱅은 분명히 있었을지도 모른다. 그러나 각자가 매일 아침 경험하는 한 사람 한 사람의 빅뱅이 더 확실한 구체적인 사건이다. 이 개인의 빅뱅으로 인해 생긴 우주 안에 사는 것은 나 혼자이며, 결코 다른 사람이 들어올 수 없다. 정말 한 사람 한 우주인 셈이다. 이것을 '**개별 유식**'이라고 한다. 그러니까 세 사람이 있으면 세 개의 세계가 있는 것이다. 예를 들어 세 사람이 서로 "그곳에 하나의 나무가 있다"라고 이야기할 때, 세 사람 이외에 실제로 존재하는 한 그루의 나무가 있는 것이 아니라 한 사람, 한 사람의 마음속에 있는 나무의 영상이 있을 뿐이다. 세 사람이 말로써 그 영상을 말하자면, 밖으로 내던져, 마치 한 그루가 있는 것처럼 서로 인정하고 있는 것에 지나지 않는다(다음 [도표 1] 참조).

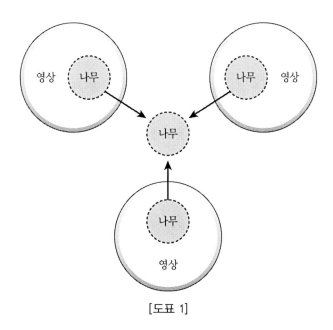

[도표 1]

이처럼 한 사람이 한 우주이기 때문에 당연한 일이지만 각자의 우주 모습은 다르다. 무언가 기분이 안 좋으면 어두운 세상이 되고, 반대로 기쁜 일 행복한 일이 계속되면 밝은 세상으로 바뀐다. 극단적인 예이지만, 만약 말기 암을 선고받은 사람의 세계는 비록 벚꽃이 피는 봄의 계절이라도 어두운 회색 세계로 바뀌어버린다.

이와 같이 바로 앞의 [도표 1]에서 점선으로 둘러싸인 '나무'가 실재한다고 하는 견해를 '외계실재론外界実在論'이라고 한다. 서양철학에서도 실재론과 관념론 사이에 논쟁이 전개되었다. 불교에서도 외계에 대상이 있다고 보는 학파, 즉 '경량부経量部' 혹은 '비파사사毘婆沙師'와 그것을 인정하지 않는 유식학파 간에 치열한 논쟁이 벌어졌다. 그 상황은 세친의 『유식이십론』에 자세히 서술되어 있다. 이 책에서 유식학파는 원자[극미極微]는 마음을 떠나 외계에는 존재하지 않는다는 것, 그리고 비록 외계에 원자로 구성되는 대상이 존재하지 않아도 색과 모양을 보는 감각, 불이 물건을 태우는 등 대상의 작용이 성립될 수 있다는 것을 몇 가지 관점에서 논증하고 있다.

현대의 양자론이 양자(예를 들면 전자)라는 미크로micro(미시적) 세계에서의 사상은 매크로macro(거시적) 세계의 사상과는 전혀 달라서 양자는 일정한 속도와 위치를 가지는 것으로서는 인식할 수 없다. 오직 확률적으로 존재하는 것이며, 관측자와 전자電子는 하나의 세트이기 때문에 관측자가 아닌 관여자라고 해야 한다는 사실을 알 수 있었다. 하지만 이 양자론의 성과와 『유식이십론』 속에서 전개되고 있는 논증을 비교할 때 과학과 불교의 차이는 있다 하더라도 그 주장에 어떠한 공통점이 인정되는 것은 흥미 있는 일이다.

한 사람이 한 우주이며, 그 우주에서 벗어날 수 없다. 그 우주는 감옥과도 같다. 정말 우리는 나라는 감옥 속에 갇힌 죄수 같은 존재이다. 세계에는 구체적 세계와 추상적 세계가 있다. 전자는 한 사람 한 사람이 스스로 만들어낸 세계이다. 후자는 말로 말해지고, 게다가 인간들끼리 '있다'라고 서로 인정한, 이

른바 추상적 세계이다. 그리고 우리는 이 구체적 세계에서 빠져나올 수 없다
(다음 [도표 2] 참조).

그런데도 우리는 하나의 공통된 같은 세계 속에 살고 있다고 생각한다. 하
지만 결코 그렇지 않다. 한 사람 한 우주 속에 갇혀 있는 것이다. 그리고 이 갇힌
세상, 즉 내 마음속에 내가 인식하고 있는 모든 존재들이 있다.

예를 들어 여기에 연필을 본다고 하자. 그것을 나는 '① 연필은 마음 밖에 있
고, ② 보는 대로 연필은 있다'라고 생각하고 있다. 하지만 그건 분명히 짐작이
다. 물론 연필이라고 이름 붙이기 이전의 어떤 '대상'이 마음 밖에 있을지도 모
른다. 그렇더라도 나는 그 '대상' 자체를 직접 볼 수는 없다. 지금 내가 보고 있
는 연필은 내 마음속의 영상이며 관념이다. 술을 마시고 취해 있다고 하자. 그

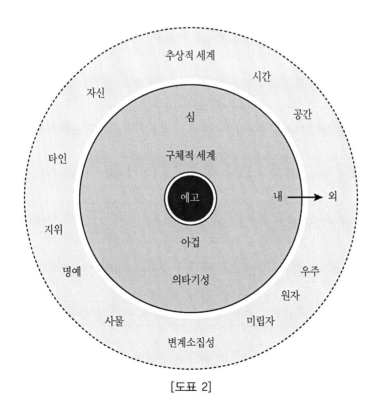

[도표 2]

러면 그 연필은 흐릿해지고 때로는 변형되어버린다. 그것은 술에 취해서 뇌의 움직임이 정상이 아니기 때문이다.

구체적 세계란 마음속의 세계이고, 추상적 세계란 마음 밖에 있다고 생각되는 세계이다. 세계는 이렇게 두 가지로 생각할 수 있지만, 이 중 후자의 세계는 실재하지 않는 세계이기 때문에 앞의 [도표2]에서 바깥에 표시를 '나'로 시작하여 '시간'에 이르기까지의 모든 '대상'은 오직 단어에 의해서 말해진 것에 지나지 않고, 그러한 존재는 부정된다. 물론 상식적으로 생각하듯이 그것들은 '있다'라고 생각해도 좋다. 그러나 있다고 생각해서 그것들에 집착하는 결과를 일으키는 문제가 생기게 된다. 자신에게 집착하고, 지위나 명예를 추구하고, 돈이나 재산에 빈곤을 느끼고 괴로워하며, 때로는 죄악까지 저지르게 되기 때문이다.

"오직 '타인'의 존재에 대해서만은 주의를 필요로 한다. 개별 유식이기 때문에 타인은 존재한다. 하지만 생각이나 말을 부여한 타인, 예를 들면 '미운 사람'이라는 의미에서의 '타인'은 마음속에만 있을 뿐 밖에 있는 것이 아니다."라고 반박하는 사람이 있을지도 모른다. 하지만 정상적인 뇌가 만들어내는 세상이 맞을까? 원래 정상이란 무엇을 기준으로 말할 수 있는 것일까?

확실히 "그것은 정상이다"라고 말할 수 있다. 그러나 그것은 어디까지나 어느 범위 내에서만, 즉 '인간끼리가 함께 말로써 서로 이야기하여 서로 인정하는 세계'라고 하는 범위에서만 통용되는 판단이다. 문제는 예로 든 연필이 아니라, 나라고 하는 '자기', 당신이라고 하는 '타인', 그러한 자기와 타인을 둘러싼 '자연' 그리고 그것들을 모두 포괄하는 '우주'란 도대체 무엇인가 하는 것이다.

정말로 내가 인정하는 자기나 타인이나 자연이나 우주는 있는 것일까? 물론 있을 수 있다. 하지만 그것은 어디까지나 추측일 뿐 결정적으로 옳은 판단이 아니다. 우선 내가 인정해야만 하는 것은 실제로 구체적으로 인식하고 있는 자기 · 타인 · 자연 · 우주는 내 마음속에 있다는 사실이다.

내가 지는 해를 보고 당신에게 "아름답군"이라고 말하고, 당신도 "맞아"라고 대답한다. 그러나 내가 내 마음속에 떠올리고 있는, 말하자면 나의 태양을 당신은 볼 수 없다. 또한 그 반대의 경우로 말할 수도 있다. 왜냐하면 이미 여러 번 말했듯이 우리들은 언제나 한 사람 한 우주 속에 살면서 자신이라는 감옥에 유폐되어 있으며, 자신의 밖으로 빠져나와 타인의 세계 속으로 들어갈 수 없기 때문이다.

그럼 어째서 자신의 밖으로 빠져나올 수 없을까? 답은 간단하다. 그건 자기에게 이기심이 있기 때문이다. '나, 자신, 자기'라는 이기심이 있는 한 우리들은 자신의 마음속에 갇혀서 밖으로 빠져나올 수 없는 것이다.

마음은 화가와 같다

마음이 만들어내는 세계

다음으로 이 한 사람 한 우주의 세계, 즉 마음속을 들여다보며 어떤 일이 이루어지고 있는지를 관찰해보자.

거울 앞에 서면 자신의 얼굴이 비친다. 그 거울의 비친 영상을 보고 그건 내 얼굴이고, 나는 여기에 서 있다고 판단한다. 그리고 내 얼굴의 거울 영상은 내 밖에 있는 거울 안에 있기 때문에 내 얼굴의 영상도 내 밖에 있다고 생각한다. 그러나 그건 착각일 뿐 어디까지나 그 거울 영상은 내 마음속에서 만들어져 마음속에 있는 영상이다.

지금 내 얼굴이라는 것을 예로 들었지만, 내가 인식하는 어떠한 '대상'도 우선은 내 마음속에 영상으로 만들어져 나타난 것이다. 그렇다면 그것은 어떻게 만들어지는 것일까? 거울 영상의 예로 돌아가보자. 거울 앞에 선다. 그러면 내 의지나 의도와는 무관하게 그곳에 거울 영상이 생긴다. 나의 의지와 상관없다는 점이 중요하다. 나는 얼굴의 거울 영상을 보지 않을 수 없다. 그러니까 내가 보는 것이 아니라 보이고 있는 것이다.

　이처럼 본다고 하는 순간적인 일이 생기는 것에 나는 전혀 관여하지 않는다. 거기에는 나를 초월한 힘(힘이라고 하기보다 '이치理'라고 하는 편이 적절할지도 모른다)이 작용하고 있다고 말하지 않을 수 없다. 그 이치는 나중에 검토하게 되지만 **연기의 이치**이다. 거울 앞에 선다는 인연을 얻어서 거울상[鏡像]과 그것을 보는 시각이 생기는 것이다. 하지만 거울상의 제작은 그것으로 끝나지 않는다. 그림을 그리는 것에 비유하면, 거기까지는 시각이라고 하는 '감각'에 의한 스케치가 이루어진 것이다. 그 스케치된 것에 색칠을 하는 것, 그것이 '생각'이다. 지금의 예에서 말하자면, 노인의 우수감憂愁感이라는 생각과 함께 '단어'를 부여하고, '내 얼굴은 얼마나 늙었는가?'라고 한탄하게 된다. 늙음을 느끼는 것은 그 속에 '나라는 이기심'이 존재하기 때문이다.

　이처럼 하나의 얼굴이라는 것이 만들어지기 위해서는 나라는 이기심을 배경으로 '감각'과 '생각'과 '말'의 세 가지가 함께 작용하고 있음을 알게 된다. 이 '감각'과 '생각'과 '말' 중에서 '감각'은 그렇게 개인차가 없을 것이다. 그러나 '생각'이 되면 사람에 따라 상당히 그 종류나 내용이 달라진다.

　예를 들면 봄에 피는 벚꽃을 보고 아름답고 예쁘다고 칭찬하는 사람이 있는 반면에, 너무 화려해 마음이 심란해져 매화를 더 좋다고 생각하는 사람도 있다. 그것은 그 사람의 심층深層의 마음의 상태가 다르기 때문이다.

　지금은 벚꽃의 호불호를 예로 들었지만, 문제는 탐욕과 분노 등의 번뇌[1]라는 생각으로 물들여진다는 것이다. 미운 사람, 거기에 '분노'라는 번뇌가 혹은

1　번뇌라고 정의하고, "내심을 어지럽히고 더럽혀서 외부의 전식(轉識)을 항상 물들여 더럽게 만든다. 유정은 이로 말미암아 생사를 윤회하여 벗어날 수가 없다. 그 때문에 번뇌라고 이름한다"(『성유식론』 권4)라고 설해진다. 또한 번뇌에는 '발업(發業)', '윤생(潤生)'이라는 두 가지 작용이 있다. '발업'이란 상대방에게 욕설을 하거나 폭력을 행사하는 행위를 말하며, '윤생'이란 아뢰야식 속에 있는 번뇌의 씨앗을 윤택하게 하고 자라게 해서 다시 번뇌의 싹을 틔우는 기능을 말한다.

이것저것의 지위나 명예를 원한다고 할 때, 거기에는 '탐욕'이라는 번뇌에 의해 색이 입혀진 것이다. 그러니까 가능하면 번뇌의 마음이 아니라 그 반대되는 선의 마음으로 색을 내고 싶은데 좀처럼 잘 안 된다. 왜냐하면 심층의 마음이 탁하게 흐려지기 때문이다. 다음 '말'은 그림을 그리는 것에 비유하면, 마지막에 붓을 넣어서 그림을 완성하는 작용을 한다. '그것은 ~이다'라고 말로 말하는 순간에 말해진 그 '대상'은 그것이 그것으로서 명확하게 인식된다.

이상과 같이 마음은 말하자면 화가처럼 스스로의 마음을 도화지로 삼아 그 위에 '감각'과 '생각'과 '말'이라는 세 가지의 색을 이용해 다양한 그림을 그리고 있는 것이다. 바로 마음이 만들어내는 복잡한 세계, 그것이 내가 인식하는 세계이다.

여덟 가지의 식

마음속에 '감각'과 '생각'과 '말'에 의해 여러 가지 영상이 이루어진다고 했는데, 이것을 유식사상이 설명하는 여덟 종류의 식識과의 관계에서 좀 더 자세히 생각해보고자 한다.

팔식이란 **'안식·이식·비식·설식·신식·의식·말나식·아뢰야식'**의 여덟 가지를 말한다. 이 중 안식에서 의식까지에 이르는 육식은 부파불교, 나아가 대승의 반야 공사상까지 설파된 것인데, 유식학파는 요가라는 실천을 통해 심층으로 작용하는 두 가지 마음, 즉 말나식과 아뢰야식을 발견하여 모두 여덟 개의 식을 세우기에 이르렀다.

또한 이 팔식은 다음의 네 그룹으로 나누어 각각 다른 기능을 한다.

1. 오식(안식·이식·비식·설식·신식): 5가지 감각. 각각 고유한 대상을 가진다.

2. 의식: 1. 오식과 함께 일하고 감각을 명료하게 한다. 2. 말을 사용하여 개념적으로 사고한다.
3. 말나식: 심층으로 작용하는 자아집착심. 표층의 마음이 항상 이기심으로 오염되는 원인이 된다.
4. 아뢰야식: 일체를 만들어낼 수 있는 능력을 가진 근본 마음. 예를 들면 여기서 마음속에 미운 사람이라는 영상이 생겨나기까지의 과정을 이 팔식과의 관계로 생각해보자.

(1) 우선 어떤 사람과 만나려고 한다. 그러면 그 사람의 영상이 내 의지와 상관없이 마음속에 생긴다. 그리고 그것은 그것을 보려고 보는 것이 아니라 보이는 것이다. 그러니까 거기에는 '나'가 아닌 무엇인가 다른 힘이 작용하고 있다는 것을 깨닫게 된다. 이상이 안식, 즉 시각이 관여한 사건이다[스케치].

(2) 다음으로 밉다는 '생각'이 생겨, 그 영상에 미움을 부여해 말하자면 색칠을 한다. 이 밉다고 하는 생각은 번뇌인데, 이것은 의식과 함께 일하는 미세한 마음작용이다(이것을 심소心所라고 한다). 이처럼 미운 생각이 생기는 것은 그 속에 '나'에 집착하는 마음이 있기 때문이다. 그래서 '나는 저 사람이 밉다'라는 생각을 갖게 되는 것이다. 이 '나'를 설정하는 것, 이것이 심층에 작용하는 자아집착심, 즉 말나식이다[채색].

(3) 그리고 마지막으로, '말'로 '~씨는 미운 사람이다'라고 결정해버린다. 이 말을 하는 마음, 그것이 의식이다[마무리].

(4) 이상, 안식에서 시작하여 의식 내지 말나식, 게다가 밉다고 하는 번뇌. 이 모두 것을 일으키는 근본심, 즉 아뢰야식이다.

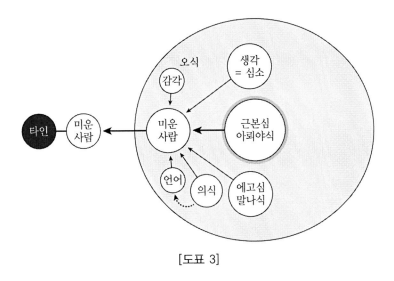

[도표 3]

　이상과 같이 마음속에 일어나는 여러 가지 요인의 복잡한 공동적 작용에 의해서 '미운 사람'이라는 존재가 마음속에 형성된다(위 [도표 3] 참조).

안에 있는 소중한 것

'생각'과 '말'에 지지 않는 마음

　최근의 정치·경제계 비리 사건이나 젊은이의 안이한 살상 사건 등 어두운 보도의 연속으로 더 이상 신문 등을 읽고 싶지 않다 생각하는 것은 나 혼자만이 아닐 것이다. 왜 이렇게 세상은 혼란스러워진 것일까? 나는 현대의 우리들 한 사람 한 사람이 너무나도 밖으로 마음을 흘려 돈, 명예, 지위, 편의와 밖으로 행복을 추구하고 있는 것에 그 근본 원인이 있다고 생각한다. 지금만큼 돈도 지위도 명예도 아닌 '더 소중한 것'이 마음속에 있는 것에 눈을 뜨고, 그 획득을 목표로 해서 삶의 방법을 바꾸어 가는 것이 우리 한 사람 한 사람에게 요구되고 있는 시대는 없다. 여기서 잠시 마음속으로 돌아가 먼저 마음이 일으키는 빅뱅을 생각해보자.

이 우주는 150억 년 전에 빅뱅을 일으켜서 발생했고, 현재도 계속 팽창하고 있다는 우주개벽설은 잘 알려져 있다. 이것은 물론 자연과학적인 진리이다. 하지만 이 진리는 자기로서는 외부로부터의 정보에 의해서 주어진, 말하자면 차근차근 추상적 사실이지 나 자신이 직접 체험한 것은 아니다.

이에 대해서 이미 말했듯이 나 자신이 스스로 만들어낸 나 자신밖에 인식하지 못하는 나의 마음 세계는 매일 아침 빅뱅에서 생긴다고 할 수 있을 것이다. 왜냐하면 깨어나는 순간 시간과 공간이 없이 깊은 잠에서 단번에 이 시간과 공간으로 이루어진 광대한 세계가 출현하기 때문이다. 이것은 내가 매일 아침 경험하는 구체적 사실이다.

그리고 이와 같이 말하자면 빅뱅적으로 생긴 세계는 다음에 '나'와 자신이 아닌 '타자'로 나누어진 세계로 변모하고 '오늘은 무엇을 하지 않으면 안 되는 것인가?'라고 생각하거나, '오늘은 이것저것을 하지 않으면 안 된다, 마음이 무겁다'라는 생각이 생겨난다. 이처럼 생각하는 '말'과 고민하는 '생각'에 의해서 눈을 뜨는 순간의 '삶의 세계'가 복잡하게 물들여져 가공된 이원 대립의 세계로 변모한다. 그리고 나는 그 세계 속에서 하루 우왕좌왕하며 살게 되는 것이다.

나는 최근 '생각'과 '말'에 지지 않는 마음을 양성하자고 호소하고 있다. 우리는 분별없이 생각과 말에 사로잡혀 진정한 삶의 방식을 잃고 있다. 예를 들면 앞에서 예를 들었던 '저 사람은 미워'라고 생각했고, 그렇게 말하지만, 만약 내 마음속에 '밉다'라는 생각과 말이 생기지 않으면 '미운 사람'이라고 하는 사람은 결코 존재하지 않는다.

그 사람 자체는 원래는 '밉지도 않고 밉지도 않은 것도 아닌' 말하자면 무색의 사람이기 때문인데, 내가 내 생각과 말로 미워하는 색을 칠해버린 것이다.

이처럼 우리가 인식하는 세계는 '있는' 것이 아니라 '되는' 것이다. 된다기보다도 자신이 만들어낸 후 그렇게 '되게 한다'라고 하는 편이 좋을지도 모른다. 그러니까 어떤 사람을 미워하게 만들기 전에 "미안하지만 당신을 미워한다고 생각해보겠습니다"라고 미리 양해를 얻고 그 사람을 밉다고 생각해보면 어떨까?

어쨌든 세계는 원래 이름이 없고 무색의 세계였던 것이다. 깨어나는 순간의 세계는 그랬다. 그것이 자타대립의 세계로 변모하고, 그것을 생각하고, 이것을 고민하고, 때로는 분노하며 싸우면서 하루 종일을 보내버린다. 우리는 바로 그런 대립 상태의 하루하루를 살고 있다. 그리고 한 달, 한 해가 지나 순식간에 미움, 고민, 다투는 일생을 마치게 된다. 그러면 인생은 얼마나 허망한 것인가? 서둘러 그 수렁에서 벗어나려고 결심하는 것이 중요하다.

그러면 거기에서 빠져나오려면 어떻게 하면 좋은 것일까? 그러기 위해서는 우선은 '그는 부유하지만 나는 가난하다', '저 사람은 아름답지만 나는 추하다' 등이라고 하는 이원 대립의 세계를 넘어 '생각'과 '말'로 가공되지 않는 원래의 대립 없는 '삶의 세계'로 돌아가는 힘을 키워야만 한다. 그리고 그 힘이 유식사상이 강조하는, '**염념(念念)· 정정(正定)· 혜혜(慧慧)**'와 전개되는 마음의 작용이다.

이 중 '념'이란 '분명하게 기억하여 잊지 않는다[明記不忘]'라고 정하되듯이, 마음속에 있는 영상이거나 이미지를 명료하게 기억하고, 그것을 지우는 일없이 언제까지나 생각에 그리면서 계속 유지하는 힘을 말한다.

A는 의타기성의 세계, B는 의타기성과 변계소집성으로 이루어진 세계, C는 원성실성의 세계이다. 의타기성·변계소집성·원성실성은 삼성으로 불리며, 아뢰야식설 등과 더불어 유식설의 대표적인 사상 중 하나이다. 이것에 대해서는 나중에 해설하겠다.

예를 들어 '좌선을 하고, 숨이 나인가?', '자신이 숨인가?' 할 정도로 계속해서 숨을 모아보자. 거기에 이원 대립이 없어진 고요한 마음이 나타난다. 그것이 '정'의 마음이다. 그리고 그 '정심定心' 위에 자신의 생각이나 말이 사라진 '있는 그대로의 세계'가 비추어진다. 그것이 '혜'의 마음 작용이다.

이렇게 '염'에서 시작해 '정'과 '혜'로 전개되는 마음을 반복해서 일으켜 세움으로써 연마하다 보면 지금까지 깨닫지 못했던 어떤 '훌륭한 것'을 스스로의 마음속에 획득할 수 있다. 돈이나 지위나 명예는 밖으로부터 얻어진 것이다. 그것이 무엇일까? '내면에 있는 소중한 것', 자신의 마음 깊은 영역에 있는 더 소중한 무엇과도 바꿀 수 없는 것을 획득하는 것이 우리에게 있어서 얼마나 필요한 것일까?

그리고 그 '소중한 것'을 획득하는 방법·실천이 '염'에서 시작하여 '정'·'혜'로 전개되는 요가이다([도표 4] 참조).

유식사상은 인도에서 기원후 3세기경에 세워진 오래된 사상이다. 그러나 그것은(앞으로 서서히 설명함) 과학성과 철학성과 종교성의 삼면을 겸비한 세계에서도 드문 사상이다. 그렇기 때문에 바로 물질문명의 정점에 다다르고자 하는 21세기 세계의 문제들을 해결하는 데 도움이 되는 오래되고 새로운 보편적 사상이다.

우선은 자신의 마음의 비밀을 밝히고, 내면에 있는 중요한 것의 획득을 목표로 하여, 지금부터 함께 유식사상을 배워보자.

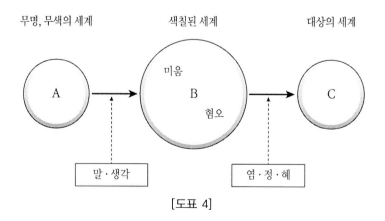

[도표 4]

제2장

마음이 방향을 잃다

제2장

마음이 방향을 잃다

두 가지 집착

'나'와 '대상'에 대한 집착으로부터 괴로움이 생긴다

　우리에게는 여러 가지 괴로움이 있다 삶의 괴로움, 그것은 자신과 타인과의 대립으로부터 생겨나는 괴로움이다. '저 사람은 미워'라고 생각하면, 거기에 자신과 그 사람이 대립하게 되고 상대방도 자신도 괴로워하는 결과가 생긴다. 또한 늙음의 괴로움, 질병의 괴로움 그리고 마지막으로 죽음의 괴로움이 기다리고 있다. 이상을 정리하면 생고生苦·노고老苦·병고病苦·사고死苦의 사고四苦이다. 이것에 애별리고愛別離苦[사랑하는 사람과도 헤어져야 하는 괴로움]·원증회고怨憎會苦[만나고 싶지 않은 사람과도 만나야 하는 괴로움]·구부득고求不得苦[원하는 것을 얻을 수 없는 괴로움]·오음五陰盛苦[신심身心의 고뇌]의 네 가지를 부가하여 팔고八苦가 된다. 어떤 어려운 일을 할 때, '사고팔고四苦八苦'라고 하는데, 이것은 이러한 불교 용어에서 유래한다.

　그런데 우리는 왜 이렇게 고통스러워할까? 여기에는 여러 가지 원인이 있겠지만, 모든 괴로움으로 통하는 것은 '나'와 '대상'이 설정되어 있는 것이다.

예를 들어 죽음의 괴로움[死苦]을 생각해보자. 죽음이 두렵고 고통스럽다고 생각될 때 거기에는 당연히 죽어가는 '나'라는 존재가 설정되어 있다. '나는 이 세상에서 사라져 간다'라고 생각하며 슬퍼한다. 혹은 '나는 죽으면 지옥으로 떨어지지 않을까?'라고 불안해한다. 그러나 만약(이것은 꽤 어려운 일이다만) 나라는 의식이 전혀 없었다면, 예를 들면 말기 암으로 "얼마 남지 않았습니다"라는 선고를 받더라도 "아, 그래"라며 태연하게 흘려들을 수 있을 것이다.

또 하나의 '대상'에 대한 집착으로부터 괴로움이 생긴다고 하는 것을 생각해보자. 지금 '대상'이라고 일본어로 표현했지만 이 단어에는 재물 등의 물질적인 것에서부터 육체, 심지어는 사랑, 미워하는 등의 마음의 작용 그리고 지위나 명예라고 하는 것까지를 포함하기로 한다. 우리는 이런 '대상'을 설정하고 그것에 집착하기 때문에 고통스럽게 되는 것이다. 가장 좋은 예가 '구해도 얻을 수 없는 괴로움', 즉 구부득고이다. 돈을 갖고 싶다, 훌륭한 집에서 살고 싶다 혹은 부장이 되고 싶다, 출세를 하고 싶다. 하지만 그 소망이나 뜻을 이루지 못할 때 거기에서 괴로움이 생긴다.

그럼 그와 같은 '대상'은 과연 있을까? 이것에 관하여 유식사상은 분명히 '유식무경唯識無境'이라고 일도양단一刀兩斷한다. 경계는 '대상'을 말한다. 즉, 오직 식識이 있을 뿐 경계는 없다. 즉, 외계外界에 '대상'은 없다고 주장하는 것이다.

'자신'이 존재하지 않는 것은 이미 증명했다(제1장 참조). 또한 '대상'도 마음속으로만 존재한다는 것도 밝혔는데, 여기에서 좀 더 자세히 살펴보자.

언어와 실체

언어 그대로 '대상'은 존재하는가?

우리에게는 여러 가지 욕망이 있다. 물론 그것이 없으면 살아갈 수 없다. 저것이 하고 싶다, 이것이 갖고 싶다고 생각하기 때문에 살 용기도 생긴다. 그런데 욕망이 강해지고 그것이 집착으로 바뀌면 거기에 괴로움이 생겨난다. 괴로움뿐만이 아니다. 때로는 그것은 죄악을 초래하게 된다.

우리에게는 물욕物欲·성욕性欲·명예욕名譽欲이 있다. 멋진 집에 살고 싶다. 그러기 위해서는 돈을 요구하며 발버둥 치질 하게 된다. 그 사람이 좋아서 견딜 수 없으면 괴로워한다. 빨리 부장이 되고 싶다는 것보다 더 높은 지위를 동경한다.

모두 집, 돈, 남녀, 부장 등이라는 언어로 말하기 때문에, 조금 어렵게 표현하면 그것들이 '대상'으로 존재한다고 생각하는 것이다. 생각만 하면 되는데, 그렇게 생각하고 '대상'에 집착하게 되는 부분에 문제가 발생한다.

마음속에 생긴 영향을 '상相', 언어를 '명名'이라고 하고 언어로 영상을 사고하는 것을 '분별'이라고 한다. 이른바 미혹의 세계는 이러한 상·명·분별의 세 가지로 구성되어 이름으로 상을 분별할 때, 마음속에 있는 상이 바깥 경계로 튀어나와(= 외계) 있는 것으로 잘못 생각해 한층 더 거기에 집착해버린다. 그렇게 말로써 받아들이고 집착된 것, 그것을 '변계소집성遍計所執性'이라고 한다.

그런데 '대상'은 정말 언어 그대로 있는 걸까? 잠시 이 일을 마음속에 새겨두고 조용히 생각해보자. 이해하기 쉽게 하기 위해서 '대상'이 형성되는 과정을 다음의 그림에서 나타내 보자. 예를 들면 여기에 '돈이 있다'라고 판단한다. 그 판단을 좀 더 자세히 검토하면, "돈은 나와는 별개의 것이며, 나 외에 실체로서 존재한다"고 언어로 생각하고 있다. 그러나 모든 것은 그렇게 언어로만 생각했던 대로 있는 것일까? 단순히 그렇게 생각하면 틀림이 없는 것일까?

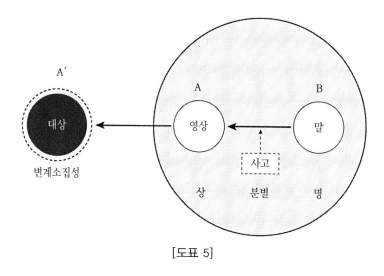

A´

대상

변계소집성

A 영상

B 말

사고

상 분별 명

[도표 5]

물론 바깥 경계에는 뭔가가 있을지도 모른다. 하지만 나에게 가장 확실한 것은 그림으로 따지면 A라는 영상이다. 그것은 원래 '그것' 혹은 'A'라고 이름 붙일 수 없는 것이다. 굳이 말하면 '그냥 그 자체'이다. 원래 그것은 이름이 없는 것이고, 말로는 할 수 없는 것이다. '오직 ∼'이다.

그런데 그 A에 대해서 그것은 무엇인가라고 추구하고, '돈'이라는 언어를 부여하고 생각하는 순간 그것은 '돈'이 되고, 내 마음 밖에 있는 '돈'이라는 '대상'으로 변조되어버린다. 즉, 돈이라는 말에 대응하는 실체가 있다고 생각되었던 것이다.

그런데 언어B와 영상A는 전혀 다른 것이다. 그 완전히 다른 두 개의 결합관계가 시작되자마자 바깥 세상에 K라는 '대상'이 있다고 생각하게 된다. 물론 그것은 그것으로 좋은 것이다. 왜냐하면 여러 가지를 설정해야 우리는 살아갈 수 있기 때문이다. 요리를 하는데도 거기에 무나 파라고 하는 채소가 있고, 두부가 있고, 된장이 있으며, 그것들을 끓이는 냄비가 있어서 된장국이 완성되는 것이다. 그러나 문제는 '대상'에 집착하게 되는 것이다. 정말로 있는지 없는지 모르는 불확실한 '대상'에 현혹되어버린다. 며칠 동안 사막을 헤매고 다니며 갈증을 해소하기 위해 물, 물을 찾는 사람처럼 금, 금, 금, 지위, 지위라고 계속 갈애渴愛하는 것이 우리들이다.

도대체 '무엇'이 있을까? 자신의 마음속에 되돌아와서, 삶의 존재에 이름 없는 무명의 존재를 잠시 조용하게 관찰해보자. 말을 잊고, 마음속의 A로 변해보자. 또 돈, 돈이라고 계속 말하고, 그 말에 완전히 변모해보자. 단지 있는 것은 A이며 B이다. 아니 이때에는 '있다'도 없다. 도대체 무슨 일이 있는 걸까? 자신의 마음속을 살피는 시간을 최대한 많이 가질 때 세상은 서서히 달라진다.

이상, 하나는 '자신'에 대한 집착, 다른 하나는 '대상'에 대한 집착의 두 가지가 괴로움의 원인인 것을 보아 왔다. 이 두 개의 집착을 '**아집我執·법집法執**'이라고 한다. 그렇다면 이 '아집'과 '법집'은 또 무엇을 원인으로 하는 것일까? 다음은 괴로움의 근본 원인을 살펴보고자 한다.

괴로움의 궁극적 원인

무지[무명]이야말로 괴로움의 근본 원인이다.

붓다가 샤카족의 왕자로서의 지위를 버리면서까지 출가하신 것은 왜 인간은 태어나고, 늙고, 죽는지 그 원인을 추구하여 고통의 해결법을 찾아내기 위해서였다. 그리고 6년간의 수행 끝에 왜 태어나며, 늙고 죽는 괴로움이 생기는지 그 원인을 발견하고, 그 인과因果의 사슬을 정리했다. 그것이 '십이지연기十二支緣起'라고 불리는 사상이다.

생生·노老·사死라는 괴로움은 왜 생기는가? 인과의 사슬을 거슬러 올라가다 보면 유有가 있고, 취取가 있고, 중간에 '애愛'가 있다. 이것은 '갈애'라고도

하는데, 사막에서 여러 날 물이 없기 때문에 목이 말라서 매우 절실하고 간절하게 물을 원하는 그러한 욕망을 말한다. 이 '갈애'로부터 더 거슬러 올라가면 마지막으로 무명, 즉 무지無知라는 근본 원인에 도착한다. 이 '무명'이야말로 생·노·사의 넓게 말하면, 사고팔고의 모든 괴로움을 만들어내는 근본 원인이다. 앞에서 모든 괴로움은 집착에서 나온다고 했다.

집착은 괴로움이 생기는 도중의 계기이며, 근본적 원인은 무명이다. 여기에서 알기 쉽게 무명이라고 하는 근원으로부터 괴로움이 생길 때까지의 과정을 도시해보자.

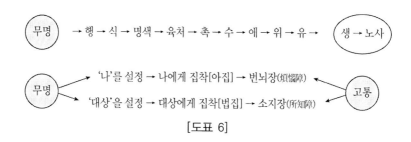

[도표 6]

번뇌장·소지장이라는 말이 처음으로 나왔다. 이 중 '번뇌장'이란 자기가 있다고 생각하고, 그 자신이 주체가 되어서 일으키는 탐貪·분노怒 등의 마음, 즉 번뇌라는 장애이다. '소지장'은 소지所知, 즉 알아야 할 것을 방해하는 장애이다. 이 두 가지 장애를 설명하기 전에 먼저 이 두 가지 장애와 괴로움이 생기는 근본 원인, 즉 무명에 대해 생각해보자.

우리는 마침내 물질문명이 최고도에 도달하고자 하는 21세기를 맞이하였다. 그리고 방대한 양의 지식이나 정보를 획득했다. 생명을 만들고 유지하는 유전자의 구조는 날로 밝혀지고 있다. 머지않아 인류는 스스로의 손으로 생명을 창조하는 날을 맞이할 것이다. 또 120억 광년 앞의 우주의 영상을 손에 넣을 수 있었다. 빅뱅 직후의 우주의 모습을 규명할 수 있는 날도 멀지 않았다.

이와 같이 '대상'에 관한 넘칠 정도의 지식을 획득했지만 우리는 가장 친밀한 '나'라는 것에 대해서는 아무것도 모른다. 알고 있다고 생각했던 '나'는 사실 존재하지 않는다는 것은 이미 몇 번이나 확인한 바 있다. 그런데 설령 나라는 것이 존재한다고 하더라도 그 자신은 결코 인식할 수 없는 것을 이하에서 잠시 논증해보자.

예를 들어 손가락은 이것, 저것과 다른 것을 가리킬 수는 있지만, 손가락 자신을 가리킬 수는 없다. 이것과 마찬가지로 우리는 보고 있는 자신을 결코 볼 수 없다. 이것이야말로 나라고 생각해도, 그렇게 생각하는 '나'를 인식할 수 없다. 넓게 말해서 견문각지見聞覺知하고 있는 자신을 견문각지 할 수 없는 것이다. 왜냐하면 조금 어려운 표현을 하면 주관은 결코 객관이 될 수 없기 때문이다.

또 다른 각도에서 나에 대해 생각해보자.

과거는 지나갔고, 미래는 아직 오지 않았다. 현재라는 순간뿐이다. 그러니까 만약 나라는 것이 있다고 해도 진정으로 존재하는 것은 현재 순간의 '나'이다. 그런데 현재의 순간에는 간격이 없다. 그래서 그런 순간에 있는 '자신'을 파악하는 것은 불가능하다. 설령 가능하다고 하더라도 그것은 쉬운 일이 아니다. 이처럼 '나'라는 것을 파악하는 것은 보통 마음의 상태로는 결코 할 수 없다는 것이 판명되었다. 결국 '나'에 대해서 아무것도 모르는 것이다.

자신뿐만이 아니다. 타인에 대해서도, 자연과 우주에 대해서도, 우리는 아무것도 모른다. 확실히 마음속에 있고, 에고심에 의해 말하자면 데생, 색칠, 가공된 '대상'에 대해서는 알고 있다. 하지만 그 '대상' 자체에 대해서는 아무것도 모른다고 인정하지 않을 수 없다. 이처럼 아무것도 알고 있지 않다고 하는 마음의 상태를 '무명'이라고 한다. 그리고 본질적인 것을 하나도 알지 못하기 때문에, 즉 무명이라는 근본번뇌를 가지고 있기 때문에 섣불리 '나'와 '대상'을 설정한다. 그것들에 집착하여 전자의 '나'에 대한 집착, 즉 아집으로부터 번뇌장이 생기고, 후자의 '대상'에 대한 집착으로부터 소지장이 생기며, 그리고 최종적으로 괴로움의 결과가 되는 것이다.

다음으로 이 두 가지 장애물에 대해 생각해보자.

번뇌장과 소지장

베일을 제거하고 이치를 관조하다

나는 요즘 지하철 안에서 앉을 수 있으면 앞에 서 있는 사람에게 마음속으로 '감사하다'라고 감사해하자고 제안한다. 왜냐하면 그 사람이 서 있어 주기 때문에 그 덕분으로 나는 앉을 수 있게 되었다. 그것은 하나의 사실이다. 물론 내가 더 빨리 탔고, 그 사람은 뒤에 탔기 때문에 더 이상 자리가 비어 있지 않았다는 것도 사실이다. 전자도 사실이고 후자도 사실이다. 하지만 양자의 사실 인식 차이는 무엇일까?

우선 후자의 경우는 자기와 앞에 서 있는 사람과의 양자를 관계적으로 보는 것이 아니라 단지 '자기는 앉을 수 있어서 다행이다'라고 생각하고 앉아 있는 것이다. 거기에는 무의식적이라 할지라도 에고심이 작용하고 있다. 이것에 대해 전자의 경우는 상대가 서 있고, 자신은 앉아 있다는 현상의 배후에 있는 말하자면 법칙, 즉 이치에까지 집중하고, 그 사람과 나를 관계적으로 보며, "당신이 서 계시기 때문에 나는 앉을 수 있었어요"라고 하는 사실을 깨달은 것이다. 이렇게 통찰력을 키워 사실을 사실로서 보는 것이다. 그러면 에고심에 채색된 시각뿐만 아니라 별도의 '대상을 보는 방법'이 가능해진다.

정말로 우리는 '자신이 살아 있다'가 아니라 '살려지고 있다'가 된다. 부모의 정자와 난자의 결합으로 이 세상에 태어났다. 그리고 지금 이렇게 60조의 세포로 이루어진 이 육체에 의해 살려지고 있다.

또한 이 땅, 지구, 태양과 안목을 넓혀서 바라보자. 그것들 덕분에 다소 그것들만이 아니다. 우주의 끝까지 모든 존재에 의해서 지금 한순간의 나는 살아지고 있는 것이다. 정말 이것도 사실이다. 하지만 평소에는 왠지 이런 간단한 사실, 즉 '이치'를 깨닫지 못한다. 그것은 우리의 눈과 마음이 에고심, 즉 아집으로 인해 흐려졌기 때문이다. 그러한 탁한 마음, 더러운 마음을 '번뇌'라고 하며, 그것이 마음의 장애 혹은 베일이기 때문에 그것을 '**번뇌장**'이라고 한다. 정말로 우리들은 없는 '나'를 있다고 생각하고, 그런 나에게 집착해서 고뇌하고 있다. 자신이 괴롭기만 하면 될 텐데, 다른 사람까지도 괴로움을 주고 만다. 예를 들어 우리는 타인에게 모욕을 당하거나 비난을 받으면 화를 낸다. 그 분노는 자기 마음에 나쁜 마음을 심어주기 때문에 자신도 괴롭지만 동시에 욕설을 하거나 때로는 때리는 등의 폭력으로 상대방을 괴롭힌다.

그러한 타인과 자신까지도 괴롭히는 에고심을 잠시 없애고 모든 대상을 관찰해보자. 그곳에 다른 세계가 보인다. 그리고 '다른 사람이 있고 내가 있다'라는 '이치'를 깨닫게 된다. 이 '이치'를 불교에서는 '**연기의 이치**'라고 부른다. 연기란 'A가 있으면 B가 있고, A가 없으면 B가 없다'라는 이치이다. 이 '연기의 이치'는 확실히 과학적 법칙이라고도 할 수 있는 이치이며, 물리·심리·윤리 등의 다른 모든 이치를 포괄하는 가장 깊은 곳에 있는 이치라고 말할 수 있다.

예를 들면 윤리는 인간은 사람을 사랑하고 사람을 공경하며 사람에게 감사해야 한다고 말한다. 그리고 '왜냐하면'이라고 이 유부여를 할 때 거기에 신념이나 신앙 같은 복잡한 것들이 관련되어 있다. 하지만 'A가 있으면 B가 있고, A가 없으면 B가 없다'라는 이치에 따라서 조용히 과학적인 눈으로 사실을 사실로써 보다 보면 사람을 공경하고 남에게 감사하는 마음이 자연스럽게 솟아난다.

다시 조금 전의 이야기로 되돌아가자면, 만원 전철을 타고 앉았다고 하자. 그럴 때 앞에 서 있는 사람에게 "고맙습니다"라고 소리는 내지 않아도 마음속으로 감사해야 한다. 왜냐하면 당신이 서 있었기 때문에(A가 있기 때문에) 내가 앉고 있는 것이기 때문(B가 있다)이다.

또한 이 이치를 깨달으면 사람을 미워함으로써 생기는 고통을 없앨 방법을 찾을 수가 있다. '미운 마음 때문에 미운 사람이 있다. 만약 미운 마음이 없다면 미운 사람은 없다'라는 이치를 깨닫고, '좋아, 미운 마음을 없애자'라는 생각이 들 것이다. 이처럼 연기의 이치에 따라서 대상을 관계적으로 파악해갈 때 우리의 삶의 방식은 크게 달라질 수 있다.

그러나 보통 우리는 대상을 실체적으로 파악하고 나는 나, 남은 남이라고 나와 남을 구별하고, 내가 먼저 자리를 잡았으니 앉는 것은 당연하다 여기고 앉아버린다. 그렇지 않고 모든 것이 관계라고 생각을 한다면, 신념이나 신앙, 심지어는 외부로부터 주어지는 윤리 등이 없어도 올바르게 살아갈 수 있다.

실체개념實体概念이 아니라 관계개념關係概念으로 대상을 관찰해보자. 그러면 우리는 지금보다 더 자유롭게, 부드럽게 사람들 속에서 살아갈 수 있다.

최근 일본인의 행동 중에는 눈을 가리고 싶어지는 것이 많이 있다. 길거리에 담배꽁초를 아무렇게나 버리고 침을 뱉는다. 전철 안에서는 가랑이를 크게 벌리고 앉아 큰 소리로 휴대전화로 통화를 한다. 이젠 일일이 셀 수 없을 정도이다. 예전에 외국인들도 눈이 휘둥그레졌던 일본인의 예의바름, 부드러움, 겸손함, 행동거지의 아름다움은 어디로 갔을까?

이러한 원인으로서, 예를 들면 국내총생산(GDP)만을 풍요의 척도로 보는 전쟁 후의 가치관, 대학 입시를 목적으로 한 편차치偏差値 중시의 교육, 가정 내에서의 교육의 결여 등 그 밖에도 여러 가지를 들 수 있을 것이다. 그렇지만 이것들은 어디까지나 '연緣'(제2차적인 원인)으로서, '인因'(제1차적인 원인)이란 무엇인가를 문제로 삼아야 한다.

그렇다면 근본 원인이 무엇일까? 그것은 일방적으로 정보로서 주어진, 그리고 너무나 과도한, 때로는 잘못된 자유주의, 개인 존중주의, 개인적 인격을 강조하는 데 농락되어, 한 사람 한 사람이 '나는 도대체 무엇인가?'라는 물음을 잊어버린 것에 있다고 나는 확신한다. 과학의 '도대체 무엇인가?'의 추구는 20세기에 '일반상대성원리'와 '양자론'이라는 것을 발견했다. 또한 유전자 연구가 진행되어 DNA의 전체 해독도 임박했다. 그러나 '나란 무엇인가?', '타인이란 무엇인가?', '이 나라는 구체적인 생명은 무엇인가?'라고 하는 살아가는 데 가장 중요한 문제가 등한시되어온 것이다.

지금이야말로 한 사람 한 사람이 회광반조廻光返照하여 이 '나'라는 구체적인 생명에, 한 사람 한 우주의 세계 안에 의식의 초점을 맞추는, 그러한 생활방식이나 생활, 교육이 요구되고 있는 시대라고 생각한다. 그렇게 함으로써 완고한 것이라고 생각했던 '나'가 융해되고, '연기의 이치'가 밝혀져서 어떻게 알고, 어떻게 살아가는지를 알게 될 것이라고 나는 확신하고 있다. 이상의 두 가지의 대상을 보는 견해를 정리해보고자 한다.

(1) 남과 나는 별개의 존재이다. 양자는 '실체'로서 존재한다(에고심을 중심으로 실체적으로 본다).

(2) 양자는 단지 '관계'적으로 존재하는 것에 지나지 않는다(에고심을 없애고 연기의 이치에 입각하여 관계적으로 본다).

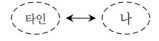

그런데 마음속에는 번뇌장만이 아니라 또 하나의 베일, 즉 **'소지장'**이 있어서, 이로 인해 **'진여의 이치'**를 볼 수 없게 되어 있다. 여기서 잠시 '소지장'과

'진여'에 대해서 생각해보자. 우리는 정말로 다양한 '대상'에 집착하고 있다. 이 젊은 나의 육체는 가능하면 언제까지나 젊었으면 한다. '이런 나의 마음은 얼마나 연약할까?'라며 고민한다. 나의 이 육체와 마음이 죽으면 무無가 될까 봐 죽음을 두려워한다. 육체나 마음에 대해서만이 아니다. 돈을 모으고 싶고, 이것저것 갖고 싶고, 지위나 명예를 얻고 싶다. 이처럼 이미 수없이 많은 '대상'에 대한 집착을 가리켜 '법집'이라고 한다. 그리고 이 '법집'에서 '소지장'이 생기는 것이다.

소지장은 '소지', 즉 '알아야 할 것'을 아는 것을 방해하는 장애이다. '대상'에 대한 집착이 이른바 베일이 되어 마음을 덮고, '알아야 할 것'이 보이지 않게 되는 것이다. 예를 들어 구름이라는 장애로 인해 그 뒤에 있는 보름달이 보이지 않게 되는 것과 같다. 그런데 구름이 바람에 날릴 때 휘황찬란한 보름달이 나타나듯이 마음속에서 베일이 제거될 때 거기에 '알아야 할 것', 즉 '소지'가 나타난다.

명경지수明鏡止水라는 말이 있다. 표면이 잘 닦여 먼지 하나 없는 거울에는 대상이 있는 그대로 비쳐진다. 물통의 물 표면이 물결치는 일 없이 고요하게 있다면, 거기에 보름달이 고스란히 비친다. 이와 같이 흐트러진 마음[散心]이 지수止水처럼 안정되어 고요한 마음[定心]이 되었을 때 환언하면 번뇌장과 소지장이라고 하는 장애, 그리고 후술하는 상박相縛과 추중박麁重縛이라고 하는 두 가지 속박이 완전히 없어진다. 마음 전체가 말하자면 청정하고 둥글고 커다란 원경圓鏡과 같이 되었을 때 그 안에 존재 그 자체가 있는 그대로 그와 같이 나타난다. 이 고요해지고 완전히 청정해진 마음을 '**보리**菩提'라고 하며, 그 안에 나타난 '있는 그대로 존재하는 것'을 '**진여**'라고 한다. 진여의 원어는 '타타타tathatā'이다. 이것은 그와 같은 이라고 하는 접속사 '타타tathā'에 추상 명사를 만드는 접미어 tā를 붙여 만든 말로서, '여如' 혹은 '여여如如'라고도 번역되듯이 '그와 같은 것' 혹은 '그와 같은 대상'이라고 하는 의미이다. 그것을 진여라고 한역하고, 더 자세히 '진실로 실제와 같은 것[眞實如常]'이라고 정의한다. 지금 이 정의에 근거하여 생각해보자.

우리는 살아가면서 무언가에 기대고, 무언가를 의지하며 살아가지 않을 수 없다. 어릴 때는 부모를, 결혼하면 배우자를, 사회에 나오면 상사나 동료를 혹은 지위나 명예를 의지하며 살아간다. 그러나 과연 이들 중 확실한 것이 있을까? 부모, 부부 또는 동료와는 언젠가는 헤어지게 되고, 회사를 그만두면 사장의 직함은 그날부터 없어져버린다. 그렇다면 우리는 무엇을 의지해야할까? 이에 대해 유식사상은 그것이 진실하고도 상서로운 진여라고 강조하는 것이다.

이상 연기라고 하는 이치와 진여라고 하는 이치에 대해서 서술해 왔지만, 이 두 가지의 이치를 깨달아 그 이치에 준거해 살아가는 것이 중요하다고 유식사상은 말하는 것이다. 그러면 어떻게 하면 이 이치를 터득할 수 있을까? 그 과정을 정리하면 다음과 같다.

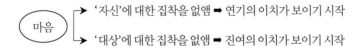

확실히 '나'에 대한 집착, 즉 아집이 없어지면 없어질수록 연기의 이치가 보인다. 그리고 다른 것들에 의해 살고 있다는 사실을 깨닫고 그것에 감사하는 마음이 일어난다.

우리 범부에게는 진여의 이치를 깨닫기란 쉽지 않다. 하지만 적어도 연기의 이치만이라도 마음속에 점점 더 뚜렷해지도록 노력하고 싶다는 것이다. '실체는 없고 관계만 있을 뿐'이라고 타이르면서 사람들 속에 살아갈 때 자타의 대립, 항쟁이 조금씩 잦아들 것이다.

가정 내의 부모와 자녀 사이의 대립으로부터 학교에서의 집단 따돌림이나 폭력, 회사에서의 인간관계의 대립, 더욱이 세계로 눈을 돌리면 민족 분쟁, 종교 간의 대립 등 모든 것은 자신과 타인을 실체시하는 것에 근본 원인이 있다. 지금이야말로 과학적 법칙이라 할 수 있는 연기의 이치에 입각한 인간의 삶의 방식을 세계를 향해서 선양하는 시대라고 나는 강하게 느끼고 있다.

상박과 추중박

표층심도 심층심도 속박되어 자유롭지 못하다

최근 젊은이들의 무차별적인 살상사건이 잇따르고 있다. 한 사람의 젊은이가 그런 사건을 저지르는 데는 여러 가지 원인이 있겠지만 직접적인 원인은 그들의 심층에 이른바 스트레스가 쌓이고, 그것이 어느 날 갑자기 폭발했다고 할 수 있다.

젊은이들만이 아니다. 우리 중에 진심으로 상쾌한 기분으로 자유롭고 즐겁게 생각하는 대로 사는 사람이 몇이나 될까? 비록 나이가 들어서 체력이나 피부가 쇠약해져도 기력을 잃지 않고 점점 더 밝은 용모로 살고 싶은데 현실은 그 반대라고 하는 사람이 대부분이다. 그것은 왜일까? 이에 유식학파는 '**상박·추중박**'이라는 개념을 이용해서 메커니즘을 설명하는 데 성공했다.

첫 번째 상박은 표층심의 속박이다. 상相이란 마음이 그것에 얽매여서 자유롭지 못하게 되는 마음속에 생긴 영상이나 관념이다. 살상사건을 일으키는 젊은이의 마음은 생각이나 관념의 소용돌이치는 거센 파도와 같다. 그 원인은 대상과 정보가 범람하는 현대사회라고 누구나 인정하는 것이다. 유아 때부터 TV의 영향, 수험공부 위주의 관리된 학교교육, 성인사회의 풍기 문란 등으로 인해 입력된 정보가 정리되지 않고 심층으로 그대로 옮겨져, 주전자 속의 끓는 물처럼 끓어오르다가 어느 날 분출되어 나오고 마는 것이다.

또한 길거리에는 상품이 범람하고 있다. 백화점에 가면 다양하고 매혹적인 상품이 눈앞에 진열되어 있는 것을 보고, 이것저것 사고 싶다는 마음으로 들뜬다. 그리고 편리함, 쾌적함이 행복의 대명사가 되어버렸다.

이처럼 정보와 물건이 이른바 마물魔物이 되어 마음속에서 춤추고 있다는 데에 문제가 있는데, '상박'이란 바로 그런 모습을 정리해 표현한 것이다.

또 시대를 초월한 생각이나 관념도 속박의 대상이 된다. 그 대표가 '죽음'이라는 관념이다. '나는 죽는다'라고 생각하지 않는 사람은 없을 것이다. 나는 최근 붓다께서 보리수 아래서 깨달았을 때 언급했던 "불생불로불사不生不老不死의 세계에 도달했다"라는 언명言明을 믿게 되었다. 그리고 그것을 '타인의 죽음'과 '나의 죽음'과는 전혀 차원이 다른 사건이라고 하는 관점에서 논리를 전개하여 나는 죽지 않는다는 결론에 이르렀다. 그리고 '그래, 그런 세계 나 자신도 도달해보겠다'라는 강한 의지가 일어나게 되었다.

하지만 아직 방황하는 범부, 게다가 인생의 고갯길을 내려오기 시작한 나는 언제나 죽음이라는 관념에서 벗어나지 못했다. 거기에 '죽는 것은 무섭다'라는 '생각'과 '죽음'이라는 말이 생겨난다. 이 생각[정서표상]과 말[언어표상]을 상相이라 하고, 그 상에 마음이 연결되어 속박되기 때문에 상박이라고 한다. 때로는 죽은 사람의 모습[감각표상]이 기억이 되어 마음속에 생기기도 한다. 이렇게 생각하니 표상(영어의 idea, 독일어의 Vorstellung의 번역. 관념이라고도 함)이라고 하는 말을 사용하면, 상으로서는 '감각표상'과 '정서표상'과 '언어표상'이 있게 된다. 구체적으로는 이 세 가지 표상의 복잡한 혼합체가 마음속에 생겼다가 사라지고, 사라졌다가 생겨나는 것이다. 깨어 있는 한 하루 종일 그것을 생각하고 이것을 생각하고, 과거를 뉘우치고 미래를 걱정하며, 사람을 미워하고 사랑한다. 마음은 거센 파도의 바다와 같다. 그중에는 마음이 지옥이 된 사람도 있을 것이다. 지옥은 내세가 아니라 현세에 있다. 다음 지옥·극락의 정의에 주목해보자.

지옥이란 자타自他가 대립한 세계, 극락이란 자타가 하나로 결합된 세계, 정말 이해하기 쉬운 정의가 아닐까? 정말로 우리는 '자신'과 '타자'라고 하는 상을 마음속에 분별해 만들어 이 양자의 대립, 투쟁으로 나날을 보내고 있다.

그런데 이 표층의 상박의 세계는 그대로 끝나지 않는다. 앞에서 기술한 것처럼 입력된 정보가 정리되지 않은 채로 심층심深層心에 잠기게 된다. 또 어떤 사람을 미워하면 마음이 무겁게 막힌다. 그리고 다시 그 사람을 만나면 전보다 더 미운 마음이 강하게 생길 수도 있다. 그것은 '미워하다'라고 하는 표층의 마음이 심층심에 그 영향을 심어주었기 때문이다. 미워하는 마음뿐만이 아니다. '나'와 '대상'에 집착해서 일으키는 더러운 행위가 찰나 찰나에 아뢰야식에게 종자를 심어 아뢰야식을 더욱더 더럽고 무거워지게 한다. 유식학파는 그러한 심층심의 상태를 '추중박'이라고 명명했다.

추중이란 글자에서 보면 '추하고 무거움'이라는 뜻이지만, 조금 이해하기 어려운 말이다. 그래서 그 반대의 마음이 '경안輕安', 즉 '가볍고 편안함'이라고 하는 것에서 반대로 생각해보면 추중이란 마음이 무겁고 활동성이 없으며, 안온하고 상쾌하지 않은 상태라고 할 수 있다. 마음이 생각하는 대로 자유롭게 활동할 수 있고, 항상 상쾌한 것이 이상理想이지만, 현실은 그 반대로 생각한 것을 곧바로 행동으로 나타낼 수는 없다.

예를 들어 노인이 무거운 짐을 들고 걷고 있다고 하자. 그럴 때 도와주고 싶어도 주위에 신경을 쓰고 창피하면 꽁무니를 빼기 쉬운 것이 우리들이다. 또 매일 아침 마음 깊은 곳으로부터 상쾌한 기분으로 깨어나는 사람이 몇 명이나 있을까? 이렇게 자유롭게 활동하지 못하고 상쾌하지 못한 원인을 유식사상은 아뢰야식의 추중박에서 찾는다. 정말 정보나 대상이 과도하게 넘치는 세계, 복잡한 인간관계의 사회에 사는 현대인은 하루를 살면 그만큼 스트레스가 쌓이고, 마음이 더럽혀지고 무거워지고, 살아가는 것이 힘들어진다. 그럼 이러한 상태에서 벗어나기 위해서는 어떻게 하면 좋을까?

그러기 위해서는 우선 다음 그림에 눈을 돌리고, 표층심과 심층심과는 상호 인과관계에 있으며, '상박'과 '추중박'이라는 2개의 속박에 의해서 마음이 표층적으로도 심층적으로도 속박되어 자유롭고 상쾌할 수 없는 메커니즘, 즉 **'아뢰야식연기阿賴耶識緣起'**를 이해해야 한다. 이 아뢰야식연기의 이치에 준거해서 우선은 표층심의 상박으로부터의 해탈을 목표로 하는 것 이외에는 방법이 없다. 다양한 상(입력된 정보, 돈, 물건, 심지어 지위나 명예, 사랑이나 증오라는 생각 그리고 죽음이라는 관념 등)에 대한 속박을 끊은, 깨끗하고 분별없는 마음으로 살아갈 것이 요구된다. 이것을 '무분별지의 불을 태우면서 살아간다'라고 부르기로 하자. 이에 대해서는 나중에 자세히 언급할 예정이다.

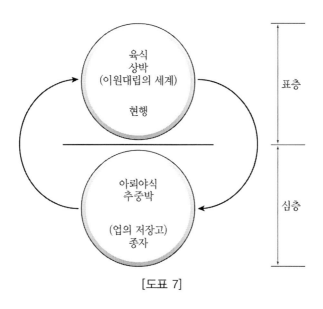

[도표 7]

표층심은 안식·이식·비식·설식·신식·의식의 육식으로 구성되어 있다. 그것을 가리켜 '현행現行'이라고 한다. 이것에 대해서 현행에 따라 심층심의 아뢰야식에 심어진 것을 '종자種子'라고 한다. 현행이 종자를 심는, 즉 훈습하는 것을 '현행훈종자現行熏種子', 종자에서 다시 현행이 생기는 것을 '종자생현행種子生現行’이라고 한다. 또한 이 훈습된 종자가 아뢰야식 안에서는 찰나 찰나에 생기고 소멸하고 있는데, 이를 ‘종자생종자種子生種子’라고 한다. 우리의 마음은 이처럼 ‘현행훈종자’ → ‘종자생종자’ → ‘종자생현행’이라는 순환운동을 반복하고 있다고 보는 것이 아뢰야식 연기설이다.

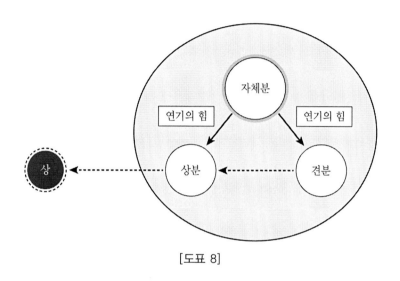

[도표 8]

이분화되기 이전의 마음을 ‘자체분自体分’이라고 하고, 이것이 둘로 나뉘는 것을 『성유식론成唯識論』에는 “자체를 바꾸어 이분二分을 닮는다”라고 말하고 있다. 상분相分·견분見分이 비슷하다는 점이 중요하다. 예를 들어 다이아몬드가 있다고 하는데, 그것은 다이아몬드와 비슷한 마음, 즉 상분이 있을 뿐이라고 유식사상은 주장한다. 다이아몬드는 실재하는 걸까?

그런데 지금까지 상박을 이른바 외부로부터의 영향에 의해서 생기는 것처럼 설명해 왔지만, 사실은 마음 그 자체의 존재에 근원적인 원인이 있다. 아침에 눈을 뜬다. 그리고 이것저것 생각한다. 그것은 마음이 자신의 의지와는 무관하게 ‘상을 띤 부분’과 그것을 ‘보는 부분’으로 나뉘어져 있기 때문이다. 즉,

마음 바깥[外界]에 있다고 생각했던 돈, 물건 내지 죽음 등의 다양한 상은, 사실 마음속의 '상을 띤 부분'일 뿐이다. 이렇듯 마음이 '상을 띤 마음'과 '보는 마음'으로 나뉘어져, 후자가 전자를 보고 있는 것에 지나지 않는다. 이 마음의 두 부분을 유식학파는 **'상분과 견분'**이라고 표현했다. 앞의 그림을 보자. 눈을 뜨는 순간부터 자신과 상관없는 힘으로 마음은 상분과 견분으로 나뉜다. 이 자신을 초월한 힘이 '연기의 이치'라고 하는 힘이다.

이와 같이 이런저런 생각을 하기 전에 마음 자체가 그렇게 될 소지를 만들고 있다는 사실을 마음속으로 조용히 관찰하는 것이 중요하다. 그리고 그 위에 정보, 돈, 상품 내지 죽음이란 무엇인가를 그들 상에서 추구의 생각을 향해 가는 것이 다음의 중요한 일이다.

이 일을 도대체 무엇인가라는 물음을 잊고, 정보와 대상에 농락당하며 살아가는 현대인에게 특히 강하게 호소하고 싶다.

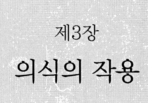

제3장

의식의 작용

제3장
의식의 작용

심층심의 발견

마음이라는 호수의 밑바닥을 보다

마슈호摩周湖[2]의 투명도는 그 밖에 다른 유례를 찾아볼 수 없는 것으로 알려져 있다. 표면이 물결치지 않고 물이 맑기 때문에 호수 밑바닥까지 깊게 볼 수 있기 때문이다. 그것과 마찬가지로 우리의 마음도 표층이 가라앉아 맑아지면 마음속 깊이 볼 수 있다. 유식학파의 사람들이 말나식·아뢰야식이라는 두 가지의 심층심을 발견한 것은 요가瑜伽를 수양함으로써 마음의 파도를 가라앉히고, 마음을 청정하게 해서 마음속을 깊이 관찰할 수 있었기 때문이다.

요가는 마음을 안으로 멈추어 마음 안에 머무는 것에서부터 시작된다. 마음을 안으로 멈춘다. 그러나 우리의 일상생활에서는 반대로 마음을 밖으로 흘려보내고 있다. 눈·귀·코·혀·몸이라고 하는 다섯 개의 감각기관을 통해

---

2   역주: 2001년 홋카이도 유산에 선정된 마슈호는 화산 활동으로 생긴 칼레라 호수이다. 물의 투명도가 높아 Mashu Blue라 부르기도 한다.

서 마음이 밖으로 흘러나오고 있다. 특히 눈과 귀의 작용, 즉 시각과 청각의 두 가지 감각이 마음을 흐트러지게 하는 주요 요인이다. 그것으로 인해 외계의 여러 가지 대상과 현상(이라고 잘못 생각하고 있는 것)에 마음이 속박되어 마음의 에너지가 그로 인해 낭비된다고 말할 수 있다.

눈을 감으면 아무것도 보이지 않게 된다. 하지만 그로 인해 시각의 대상으로부터의 자극이 없어진다. 그러나 아직 청각의 기능이 남아 있기 때문에, 마음은 다양한 소리와 목소리에 반응하여 흐트러진다. 그래서 '내쉬는 숨, 들이쉬는 숨에 마음을 돌리고, 숨이 나인가?', '내가 숨인가?' 할 정도로 마음 전체를 숨에 집중해보자. 그러면 목소리나 소리에 대한 반응이 적어지고, 마음은 고요해지게 된다. 이렇게 표층의 마음이 고요해지고 맑아지면 마슈호의 밑바닥이 드러나듯이 그동안 알지 못했던 심층의 마음을 볼 수 있게 될 것이다. 이렇게 유식유가행파 사람들이 요가의 실천을 통해 마음속 깊은 곳에 깊이 몰두하여 거기서 발견한 새로운 마음이 **말나식 · 아뢰야식**'이라고 명명된 두 가지 심층심이다. 그래서 유식학파는 지금까지의 여섯 가지 식(안식·이식·비식·설식·신식·의식)에 이 두 가지 식을 더해서 모두 여덟 가지 식을 세웠다. 이것을 팔식설이라고 한다. 여덟 가지 식은 ①안식·이식·비식·설식·신식, ②의식, ③말나식, ④아뢰야식의 네 가지로 나눌 수 있다. 네 가지의 큰 대략적인 기능을 다음 그림에 나타내었다.

이 말나식 · 아뢰야식에 대해서는 장을 바꾸어 자세하게 설명하기로 하고, 여기에서는 표층심 중에서 특히 중요한 '의식'에 대해 설명할 것이다. 그러나 그 전에 '식'라는 단어에 대해 생각해보자.

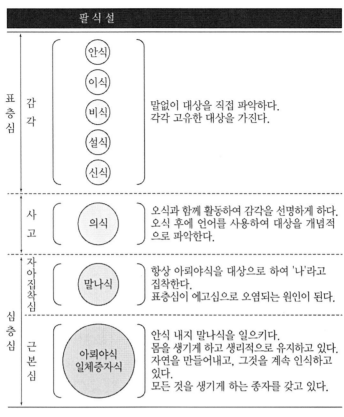

[도표 9]

마음의 존재성

마음은 있는 듯 없는 듯하다

　식이란 마음이기 때문에 유식이란 '유심唯心'과 동일한 것이다. 그러므로 유식이란 '오직 마음밖에 존재하지 않는다'는 유심론의 입장을 취한다. 그러나 여기서 주의할 것은 유럽에서 말하는 유심론과 근본적으로 다르다는 점이다. 이것에 대해서 설명해보자.

유럽의 유심론으로는, 예를 들면 다음과 같은 조지 버클리George Berkeley[3]의 주관적 관념론이 있다. "실재하는 것은 신god과 마음spirit과 관념idea뿐이다. 그 외에 물건thing이라는 것은 없다. 현상세계를 구성하는 것은 마음과 마음속에 있는 관념뿐이다. 더욱이 현상세계의 배후에 관념을 마음에 심어주는 신神이 실재한다."

그런데 이러한 버클리의 생각은 "오직 마음만이 있고, 대상은 없다"와 같이 '있다'인가, '없다'인가 하는 유무有無 상대적인 존재관의 입장을 취한다. 그리고 오직 마음만 있다는 주장은 결국 신의 실재를 증명하기 위한 것이었다.

이에 대해 유식사상의 유심론이란 어떤 것일까? 결론부터 말하면 그것은 '타자를 구원하고, 스스로도 구원을 받기 위한 구제를 위한 유심론이다'라고 할 수 있다.

오직 대상만이 있다는 유물론에 대해서 오직 마음만 있다는 유심론이 아니라 얼마나 타자와 내가 방황의 세계에서 깨달음의 세계에 이를 수 있는가 하는 관점에서 "마음은 임시로 있다. 그 임시로 있는 마음을 뗏목으로 하여 미혹의 차안에서 깨달음의 피안에 이르리라"라고 하는 의미에서의 유심론적 경향이 강한 사상이라고 해야 할 것이다.

마음은 임시로 있는, 즉 '가유假有'라고 보는 점이 중요한 특징이다. 그럼 임시로 있다는 것은 어떤 모습을 하고 있는 것일까?

여기서 안식, 즉 시각을 예로 들어보자. 지금 저에게는 펜을 보고 있다는 안식이 작용하고 있다. 그것은 펜이 있기 때문에 그 펜을 보는 안식이 생긴 것이지, 만약 펜이 없으면 펜 보는 안식이 사라진다. 여기에도 그 연기의 이치가, 즉 'A가 있으니까 B가 있고, A가 없으면 B는 없다'라는 이치가 작용하고 펜(인식대상)이 있으니까 안식(인식주체)이 있고, 펜이 없으면 안식이 없다는 사실이

---

3   영국 경험론 철학자. 모든 존재는 감각으로 지각되는 것에 지나지 않는다고 주장했다.

일어나는 것이다. 그래서 이 사실을 사실로 인식할 때 안식이라는 식은 '있는 듯 없는 듯'이라고 해야 된다. 그리고 그와 같은 모습을 '임시로 있다'라고 할 수 있다 그런데 사실은 그렇지만 '오직 식이 있다'라고 하면, 식이라고 하는 명사에 대응하는 '대상'이 있으면 안이하게 생각해버린다. 하지만 사실은 유식의 식은 지금 말한 것처럼 그렇게 임시로 있는 것이지 실체로서 있는 것은 아니다.

또한 관점을 바꾸어 말하면, 유식사상이 말하는 유심론은 그 논리에 따라 스스로 몸과 마음을 다해 노력하여 실천하고, 궁극적으로는 있다느니 없다느니 하는 세계를 초월한 경지에 이르기 위한 유심론이다.

여기에 대해서 조금 더 설명하면, 유식은 단순히 '오직 식이다'만으로 끝나지 않는다. 조금 어려운 술어로 말하면, '**유식무경**唯識無境 → **경무식무**境無識無 **(= 경식구민**境識俱泯**) → 공**空'이라고 하는 과정을 거쳐 마음의 상태[心境]를 높여 가는 것이 요청된다. 즉, '인식 주체'(식)와 '인식 대상'(경)과의 관계에서 우선 '오직 인식 주체가 있고, 인식 대상은 없다'(유식무경)라고 하는 심경으로부터 출발해서, 다음에 '인식 대상이 없기 때문에 인식 주체도 없다'(경무식무 = 경식구민)라고 하는 심경이 되고, 그 심경을 깊게 하여 최종적으로 유무를 초월한 공에 이르는 것이 요청된다.

지금 여기서는 유식무경으로부터 공에 이르는 과정을 논리적으로 설명하였지만, 그것을 구체적인 체험을 근거로 해 언명한 것이 '무착無著 교수송敎授頌'이라고 불리는 다음의 게송이다.[4]

보살어정위菩薩於定位 관영유시심觀影唯是心
보살은 정위定位에서, 그림자는 오직 이 마음이라고 관한다.

---

4 역주: 곧 "정신을 어느 하나의 대상에 집중해서 마음을 적정 상태에 두면, 즉 선정에 들면 자기 심중에 나타난 대상의 모양, 영상은 자기의 마음 이외에 아무것도 아니라고 관하게 된다."라고 하는 것이다.

의상기멸제義想既滅除 심관유자상審觀唯自想

의상이 이미 멸하여 제거됨에, 진실로 오직 자성임을 본다.

여시주내심如是住內心 지소취비유知所取非有

이와 같이 내심에 머물러, 소취가 비유인 줄 알고

차능취역무次能取亦無 후속무소득후後觸無所得

다음의 능취도 또한 없으며, 위의 촉도 얻는 바가 없다.

공의 정의

남는 것은 있다

그럼 '공'이란 대체 무엇일까? 공의 원어는 제로를 뜻하는 슌야śūnya이며, 한역이 '공'이라는 점에서, 언뜻 보기에도 아무것도 없는 허무의 상태를 상상하지만 결코 그렇지 않다. 다음에 소개하는 유식학파가 자주 사용하는 '공'의 정의를 검토해보면 공이 그렇지 않다는 것을 알 수 있다.

> "어떤 대상(A) 안에 어떤 대상(B)이 없을 때, 그것(A)은 그것(B)으로서 공이라고 여실히 본다. 더욱이 그곳(A)에 남는 것(C)은 있다는 것을 여실히 안다."(『유가사지론』36권)

'공'이라고 하면, 일체가 허무라고 허무적으로 생각하는 사람이 당시 있었던 것 같다. 그것을 악취공자惡取空者, 즉 잘못 '공'을 이해하는 사람이라고 『유가사지론』에서 비난받고 있다. 이에 대해서 공을 좋게 올바르게 이해하는 사람을 선취공자善取空者라고 부른다. 위의 인용 문장은 이 중에서 후자의 선취공자가 이해하는 '공'을 정의한 것이다. 이것은 '공'의 정의로는 유명한데, 『유가사지론』뿐만 아니라 유식의 논서에서 볼 수 있으며, 『소공경小空經』이라는 경전에 있는 것을 유식인들이 즐겨 인용한 것이다.

먼저 "어떤 대상(A) 안에 어떤 대상(B)이 없을 때, 그것(A)은 그것(B)으로서 공이라고 여실히 본다"라고 정의되어 있지만, A 안에 B가 없을 때, A는 B가 없다는 의미로 공이라고 하는 것이다.

예를 들면 유령이라는 것은 사실은 없는데도 불구하고 있다고 무서워하던 사람의 마음속에서 유령이라는 영상이 불식되어 사라졌을 때, 그 사람의 마음은 유령으로는 공이라고 하는 것이다. 지금 '불식되어서 사라졌다'고 했는데, 좀 더 구체적으로 말하면, 어떠한 실천을 통해서 유령은 존재하지 않는다는 지혜를 얻은 것이다. 즉, '공'이라고 하는 것은 결코 논리가 아니고, 공이라고 보는 '공관空觀'이기 때문에, 거기에는 비우는 힘이 필요하게 된다.

지금은 유령이라는 것을 예로 들었는데, 마음속에 생기는 모든 영상을 통합해서 '상'⁵이라고 한다. 그래서 공이라고 보는 것을 '견상遣相', 즉 '상을 보낸다'라고 한다. 이전에 설명한 상박에서 해탈하는 것이다.

그런데 다음은 '더욱이 그곳(A)에 남는 것(C)은 있다는 것을 여실히 안다'라고 정의되고 있다 모든 상을 부정하고 제거했을 때에도 '그곳', 즉 마음속에는 '남는 것'은 있다는 것을 여실히 알게 된다는 것이다. 이것이 바로 유식사상의 악취공자에 대해서 강조하고 싶은 점이며, 이는 체험에 근거한 언명이다.

---

5   유식이라는 교리를 성상학(性相學)이라고 한다. 성상 가운데 '상'이란 상에 속박된 미혹의 세계, 유위(有爲)의 세계인데 비해 '성'이란 그 반대의 깨달음의 세계, 무위(無爲)의 세계이다. 유식사상의 목적은 이 양자를 구별하고(그것을 성상결판(性相決判)이라고 한다), 상을 사용하여 성을 증명함으로써 미혹으로부터 깨달음에 이르는 것이다. 그래서 법상종(法相宗)이라고 하는 교리를 내세운 종파를 법상종이라고 부르지만, 자세하게는 법상성종이(法相性宗)라고 해야 한다. 현재 법상종에 속하는 사찰로는 나라(奈良)의 흥복사(興福寺), 약사사(藥師寺) 등이 있다.

이 '남는 것'이 조금 전 설명한 '진여이다. 마음속을 텅 비우고 텅 빈 부정의 극한에서 진여가 나타난다고 유식유가행파의 사람들은 강조한다. '진여' 이것이 어떤 것인지 체험해보지 못한 사람들은 알 수 없지만, 적어도 이 공의 정의를 논리적으로 이해할 수 있을 것이다.

이처럼 유식의 식은 임시로 있는 것, 그리고 최종적으로 그 존재성도 부정되어 '공'을 깨닫게 되는 그러한 것으로 파악하는 점이 유럽의 마음을 파악하는 방법과 크게 다르다. 정신분석학을 확립한 프로이트의 의식·무의식이라고 하는 마음을 파악하는 방법과 비교하면 이 차이가 확실하다. 정신 분석에서 말하는 의식·무의식은 우선은 공간적인 것으로 파악하고, 게다가 '의식·무의식은 존재하고 있는 것'으로 생각되고 있지만, 유식의 식은 결코 공간적인 크기를 가지는 것이 아니다. 더구나 '있는 듯 없는 듯하다'라고 하는 존재성을 가지는 것이다.

확실히 우리는 '식'이라고 하는 명사로 부르면 그러한 것이 있다고 무심코 생각해버린다. 하지만 조용히 마음을 관찰하면 '식'이 있는 것이 아니라 '알다'라는 작용이 있을 뿐이다. 원래 사상은 명사보다는 동사로 파악하는 편이 사실을 사실로서 파악하고 있다고 할 수 있다.

예를 들면 무엇인가를 본다. 이 사실에 대해서 '나는 그것을 보는 시각이 생겼다'라고 말하기 보다는 그저 '보고 있다'라고 하는 편이 더 사실에 입각한 표현이다. 이렇게 동사로 표현될 수밖에 없다고 보는 편이 더 사실에 가까운 견해이다.

아무튼 '식'은 반드시 인식 대상을 가지는 것으로 파악하는 점이 유식학파, 넓게는 불교의 특징이다. 그러므로 예를 들어 플라톤이 "육체는 영혼의 감옥이다"라고 하여 육체와 영혼을 엄격하게 구별하고, 또 데카르트는 실체를 정신과 물질의 두 가지로 나누고 있지만, 그러한 존재로써의 영혼, 영원불멸의 영혼, 실체로서의 정신같은 것이 오히려 신앙의 대상이다. 이것에 대해서 '식은 있는 듯 없는 듯하다'라고 판단하는 편이 과학적인 견해라고 할 수 있지 않을까?

여기서 프로이트의 마음을 파악하는 방법과 유식사상의 그것과의 차이를 정리해보자.

〈프로이트의 정신 분석〉

① 마음을 일괄적으로 의식이라고 부르고, 또한 크기를 가진 것으로 파악한다. 따라서 마음을 얕은 층과 깊은 층으로 나눌 수 있으며 무의식이 '심층심'으로 명명된다.

② 심층심으로서의 무의식은 의식되지 않는 것, 즉 의식의 영역으로 올라오지 않는 마음의 층을 말한다.

③ 무의식의 존재는 정상인의 기억 오류, 언어의 사용 오류 등 또는 심신증 心身症 환자의 말과 행동 등의 관찰을 통해 있다고 가정된 것이다.

④ 마음은 '있는 것'이다.

〈유식 사상〉

① 마음을 식(비즈냐나vijñāna)이라 부르며 안식에서부터 아뢰야식의 8식으로 나누고, 크기도 형태도 없는 것으로 파악한다. 따라서 마음에는 얕고 깊음이 없으며, 본래적으로는 아뢰야식을 심층심이라고 부를 수 없다. 따라서 안식·이식·비식·설식·신식·의식의 그룹과 아뢰야식을 굳이 구별하자면 전자를 '드러난 마음', 후자를 '숨은 마음'이라고 불러야 한다. 그러나 여기서는 프로이트가 사용한 심층심이라는 표현을 빌려서 이후에도 아뢰야식을 심층심이라고 부르기로 한다.

② 심층심으로서의 아뢰야식으로부터 일체의 현상이 변화해 나타난다. 따라서 일체는 아뢰야식이라고 말할 수도 있다.

③ 아뢰야식은 유가행자가 요가를 수행하면서 스스로 발견한 것이다.

④ 마음, 즉 식은 반드시 인식 대상을 갖는 것이다. 그러므로 인식 대상이 없으면 인식하는 주체, 즉 식도 없어진다. 이에 식은 '있는 듯 없는 듯하다'라는 것이다.

의식의 작용

1. 의식에 의한 감각의 명료화

의식의 초점을 무엇에 맞추는가?

이상한 비유이지만 멍해 있던 의식을 머리털 근처로 향하면 그때까지 신경 쓰지 않았던 비듬 때문에 가렵다는 감각이 되살아난다. 그리고 그 같은 의식을 발로 옮기면 이번에는 무좀의 가려움이 느껴지게 된다. 이와 같이 이른바 의식의 초점을 향하게 되면 감각이 선명해진다.

감각뿐만이 아니다. 마음속에 나타나는 여러 영상 중 무엇에 초점을 맞출 것인지는 개인차가 있겠지만 그것에 따라서 그 사람의 기질이 달라진다. 세상에는 흔히 불평이 많은 사람이 있다. '왜 그랬느냐?'라고 다른 사람들이나 내가 한 일에 대해 비난하거나 후회하는 사람들이 있다. 그 사람은 마음속에 떠오르는 과거 사건의 영상에 의식의 초점을 맞추고 그것을 강하게 의식하기 때문에 무심코 불평하게 된다.

미래에 대해서도 마찬가지다. 또한 아직 오지 않은 노후의 일, 그리고 마지막에 올 '죽음'을 생각하면 불안하게 된다. 이것으로 인해 노인성 우울증이 되는 사람도 있다.

이와 같이 과거든 미래든 의식의 초점이 맞추어지면 그 영상이 선명해지고, 마음이 거기에 사로잡혀서 후회, 고민, 두려워하게 되는 것이다.

괴로움이나 즐거움 등의 감각에 대해서도 마찬가지로 말할 수 있다. 무거운 짐을 들고 걷고 있다. 그때 사람들이 "무거울 것 같은데 대신 들어드릴까요?"라고 말을 건네는 순간 그 짐이 무겁게 느껴지게 된다. 그때까지 향하지 않았던 '무겁다'라고 하는 감각에 의식의 초점이 맞추어졌기 때문이다.

정말로 의식을 어디로 무엇에 돌리느냐, 이것에 의해서 세계가 크게 달라진다. 보통 세계가 있고 그 속에 내가 있다고 생각하지만, 그것은 머릿속으로 또는 말로 생각하는 것이기 때문에 그렇게 생각된 세계는 변하지 않는 추상적인 세계이다. 이것에 대해서 자신이 만들어내고, 그 안에 갇혀 있는 구체적 세계에 있어서는 의식의 초점을 어디에 맞추느냐에 따라서 그 세계의 모습은 여러 가지로 변모한다. 마음이 있고 세계가 있고, 의식의 운용에 의해서 그 세계의 모습이 변모한다. 이 사실을 마음속으로 스스로 확인하는 것이 중요하다. 이상과 같이 의식에는 우선 '감각을 선명하게 하는 작용'이 있다.

2. 진리를 뒷받침하는 말

반복하여 올바르게 듣다

감각(오식)과 함께 기능하고 그 작용을 선명하게 한다고 하는 기능에 뒤지지 않는 중요한 의식의 기능은 '말을 이용하여 사고한다'라고 하는 작용이다. 이것에 대해 검토하기 전에 잠시 말에 대해 생각해보자.

지금까지는 말로 생각하는 것은 미혹을 일으킨다는 말의 부정적인 면만을 강조해왔지만, 말에는 또 하나 중요한 기능이 있다. 그것은 말이 사람의 미혹함을 바로 잡는 첫 번째 원동력이 된다고 하는 작용이다. 왜냐하면 사람은 말에 의해서 미혹되고 있기 때문에, 우선은 같은 말로써 그 방황을 바로 잡을 필요가 있기 때문이다. 물론 미혹을 바로잡을 수 있는 말은 올바른 말이어야 한다.

예를 들면 '제법은 무아이다'라고 하는 가르침이 있다. 이 말을 듣고 '무아인 것이다. 그래 무아가 되자'라고 하는 의지가 일어난다. '자성청정심自性清浄心 · 객진번뇌客塵煩惱'(번뇌는 티끌먼지와 같은 것 마음은 본래 청정하다)라는 가르침을 듣고 자신에 대한 신뢰를 되찾고, '좋아, 번뇌를 털어버리고 본래의 청정한 마음으로 돌아가자'라고 하는 결심이 생긴다. '자타불이다', '나와 만물은 동일한 뿌리다'라고 하는 문구를 듣고, '나란 그런 것인가?'라고 상상하고, 진정한 나란 나와 타인, 나와 자연이라고 하는 대립이 없어진 광대무변한 대우주라고도 할 수 있는 나라는 것을 알고 용기가 생긴다.

스스로 진리를 깨달은 성자나 철학자가 남긴 말씀에서 우리들은 정말 많은 가르침을 배울 수 있다. 글로 쓰인 책이나 성전의 문구를 통해 과거의 성자나 철학자의 마음을 접할 수 있다. 독서의 훌륭함은 거기에 있다. 『플라톤 전집』을 읽을 때 아테네 시내에서 청년들과 열정적으로 이야기를 나누는 소크라테스의 모습을 떠올릴 수 있다. 『신약성서』를 볼 때 인자한 예수의 모습을 상상할 수 있다. 『법구경』을 읽을 때 위엄이 있으면서도 온화한 붓다의 생애를 떠올리는 것이 가능하다.

우리들이 이들 중 어느 책으로부터라도 감동을 얻는 것은 표현이나 말은 다르지만, 거기에는 동일한 진리가 관철되어 있기 때문이 아닐까? 이렇게 진리를 뒷받침하는 말, 그것은 인생의 이정표이다.

그런데 지금 진리를 뒷받침하는 말을 듣는 것의 중요성을 이야기했는데, 그 전에 그런 말을 하는 사람을 만나는 것이 필요하다.

유식사상은 진리에 이르기 위해서는 다음의 네 단계를 거쳐야 한다고 강조한다.

①바른 스승을 만나다, ②스승의 가르침을 올바르게 듣다, ③듣는 것을 이치에 따라 사고하다, ④ 진리에 이르다.

학문이든 스포츠든 혹은 불교수행이든 우선은 자신과 기질이 맞는 스승을 만나는 것이 중요하다. 행운류수行雲流水라는 말이 있는데, 이것은 구름이 가는 것처럼, 물이 흐르듯 것처럼 수행승이 자신의 스승을 찾아 각 지역을 여행하는 것을 의미하는 말이다. 훌륭한 스승과의 만남, 그것은 그 사람의 인생을 크게 비약飛躍으로 이끄는 최초의 계기이다.

다음 듣는 것의 중요성에 대해 생각해보자.

젊은 시절 내가 속해 있던 불교청년회가 정토진종이 번성한 북륙北陸지방의 어느 장소에서 열린 강연회에 참석했을 때의 일이다. 젊은 나의 서툰 법문에도 불구하고 제가 무언가 경전 문구를 꺼낼 때마다 앞에 앉은 어르신들이 '아미타, 아미타' 하며 손을 모으는 모습에 놀랐다.

그것이 진종의 수행 중 하나인 '개법開法'임을 뒤늦게 알고 납득했던 일이 지금도 그렇게 생각난다. 개법의 중요함은 유식사상에서도 강조된다. 바른 법을 올바르게 반복해서 듣는 것을 **'정문훈습正聞熏習'**이라고 한다. 왜 그것이 중요한가? 그것은 반복해서 들음으로써 진리를 뒷받침하는 법, 즉 말이 아뢰야식의 '진리에 눈뜨는 종자'에 비료와 물을 주며 성장하게 하고, 그 성숙한 종자에서 어느 날 진리에 눈을 뜨는 지혜가 생기기 때문이다. 나는 불경을 읽을 때마다 이것도 정문훈습이라고 생각해서 목청을 높여 외우고 있다. 『반야심경』의 그 유명한 "색즉시공色即是空·공즉시색空即是色"의 두 구절을 오직 아뢰야식에 닿게 할 것이라고 힘을 들여 읽기도 했다.

3. 의식에 의한 사고

도리에 따라 스스로 생각하다

다음으로 언어를 사용하여 사고한다는 의식의 또 하나의 기능에 대해 생각해보자.

의식의 원어는 마노-비즈냐나mano-vijñāna로서, 마나스manas란 생각이라는 동사 'man'에서 유래된 명사이기 때문에, 의식이란 '사고하는 마음'이라는 뜻이 된다. 앞서 기술한 진리에 이르는 네 단계의 첫 두 단계는 기독교에도 있다. 즉, 예수를 만나 예수를 통해 하느님의 음성을 듣는다. 여기까진 불교와 똑같지만 그 이후가 달라진다. 기독교에서는 그 들은 것을 '믿다'라는 것이 요청되지만, 불교에서는 들은 것을 '스스로 사고'해야 한다고 말하는 것이다. 신앙을 바탕으로 한 종교와 관찰과 지혜에 바탕을 둔 종교와의 큰 차이가 여기에 나타나 있다.

그럼 어떻게 스스로 사고해야 할까? 이에 대해 유식사상은 '**여리작의如理作意**'하라고 답한다. '이치와 같이 작의하라. 이치에 따라 사고하라'고 강조한다. 이 여리작의 원어는 요니 샤스 마나스카라yoni-śas-manaskāra라고 한다. 요니 yoni란 자궁을 말하는 것이므로 '자궁의 영역에서의 사고'라는 것이 이 말의 원래 의미이다. 자궁은 아이를 낳는 근원적인 기관이다. 따라서 '여리작의'란 근원적 사고를 의미한다고 해도 좋을 것이다. 그것은 단지 말만을 이용한 개념적 사고가 아니다. 개념적 사고는 진리의 표층만을 말로 이해하는 데 그친다. 그것은 신발 밑창에서 가려운 발바닥을 긁는 것과 같은 것으로, 결코 만족을 얻을 수 없다. 근원으로부터의 사고, 비유해서 말하면, 기해단전気海丹田(배꼽 아래 10센티미터 정도) 근처에서의 사고, 아니 더 깊은 자궁 근처에서의 사고에 의해서 진리 그 자체를 스스로 자신 안에서 파악하는 것이 요구되는 것이다.

예를 들어 그 이치를 이해하는 것에 대해 생각해보자. 뉴턴은 사과가 나무에서 떨어지는 것을 보고 만유인력을 발견했다. 그러나 그것은 어디까지나 인력을 저편에 두고서 말이나 기호에 의해서 이해한 것에 지나지 않는다.

뉴턴이 인력 자체를 이해하려면 어떻게 해야 할까? 답은 간단하다. 그가 어딘가 높은 곳에서 뛰어내려 인력에 몸을 맡겨, 인력 그 자체가 되어보면 되는 것이다. 이런 식으로 생각하는 사고, 이것을 일단 집중적 사고라고 불렀으면 한다. 거기서 진정한 효과적인 강력한 사고란, '개념적 사고'와 '집중적 사고'를 혼합한 사고라고 할 수 있지 않을까?

진정한 사고 = │ 개념적 사고 │ + │ 집중적 사고 │

'여리작의'는 바로 이러한 사고라고 나는 생각한다.

물론 말을 이용한 사고는 대상을 명확하게 인식할 수 있다. 예를 들어 내가 '이것은 연필이다'라고 판단하면, 그것은 연필로서 명확하게 지각이 된다. 동시에 그러므로 그로 인해 판단이 끝나고, 그 이상의 추구가 없어져 버린다고도 할 수 있다. 그리고 또 이렇게 말로써 판단할 때 나는 '있는 그대로 있는 것'에서 멀어지게 된다. 집중적 사고는 이 멀어지는 것을 막고, '있는 그대로 있는 것', 즉 진리[6]에 다가가는 추진력이라고 할 수 있을 것이다.

4. 유식 사상의 철학성과 과학성

자신의 감각으로 확인하고, 자기 안에서 사고하다

그렇다면 여리작의, 즉 '이치와 같이 사고한다'라고 할 때의 이치란 무엇일까? 다음으로 이 문제를 생각해보자. 『유가사지론』에 나오는 다음의 네 가지 도리를 단서로 검토하고, 유식사상이 어떻게 철학성과 과학성을 갖춘 사상인지 살펴보자.

觀待道理(관대도리)
作用道理(작용도리)

---

6 인간은 어떤 이치에 입각하여 살아가지 않으면, 헤매고, 괴로워하며, 죄를 짓게 된다. 유식 사상은 그 이치로서 다음의 두 가지 이치를 설명한다.
① 연기의 이치
② 진여의 이치
이 중 '연기의 이치'는 말로 정의된 이치이며, 도리라고 부르고, '진여의 이치'는 본래 말로 표현할 수 없는 이치이다. '진리'라고 명명한다는 생각이 일본에서의 유식에서 일어나, 도리에서 들어가 진리에 이르는 것이 강조되었다.

證成道理(증성도리)

法爾道理(법이도리)

　'도리'란 일체의 존재를 관통하는 이치이지만, 그것을 네 가지로 분류한 것이 이 '사도리'이다. 이 '도리'에 근거하여 존재를 하나하나 관찰하고 사고함으로써 인식의 상태를 깊게 하고 마지막에 있는 그대로 있는 것, 즉 진여를 증득하는 것이 요구된다. 여기서 『유가사지론』에 나오는 설에 따라 이 사도리에 의한 관찰(이하사고가아니라관찰이라는표현을사용함)의 내용을 대략 설명하면 다음과 같다.

　예를 들어 눈이라고 하는 감각기관을 예로 들어보면, (A) '많은 세포로 이루어진 몇 개의 기관, 즉 각막이나 망막, 시신경 등에서 완성되고 있고', (B) '그것은 눈이라는 말로 불리기 때문에, 거기에 존재하게 된다'라고 관찰하는 것이 '관대도리'에 의한 관찰이다. '대상'은 맞물려 생겨난다고 하는 것이 관대 도리이지만, 눈에 대해서 말하면, 각막이나 망막이나 시신경 등에 의해서, 즉 그것들과 맞물려 생긴 임시 존재라고 하는 것이 (A)이며, 게다가 '눈'이라고 하는 말로 그것이 불리기 때문에 눈으로서 존재하게 된다고 하는 것이 (B)이다.

　이 (나)의 생각은 유식적이지만 원래는 붓다의 생각에 근거한 것이다. 정말로 말로 인해 '대상'이 존재하게 되는 것이다. 원래 존재에는 이름이 없다. 그런데 말을 꺼내자마자 말에 대응하는 '대상'이 나타나게 된다. "아니, 그렇지 않다. '물건'이 있어서 말이 발생하는 것이다"라고 반론하는 사람도 있을지도 모르지만 그 사람은 그때도 말로 그렇게 생각하고 있는 것이다. 이것을 조용히 마음에 묻고 관찰해보면 말이 존재를 만들어낸다는 사실을 알게 된다.

　다음으로 '작용도리'에 의한 관찰이란 '눈은 색이나 형태 있는 대상을 볼 수 있다'라고 관찰하는 것이다. 다양한 사실과 현상의 작용이 무엇인지 관찰하는 이러한 자세는 매우 과학적이다.

여기서 잠시 이 도리를 유식적으로 생각해보자. 세계는 왜 이렇게 에너지가 혼란스럽고 수습이 잘 안 되는 것일까? 정말로 제행무상諸行無常이다. 성난 파도와 같이 에너지가 전개되고 있다. 이것을 유식적으로 생각하면, 이 에너지로 가득 찬 세계는 자신의 마음이 만들어낸 것, 오직 식이 변화한 것, 즉 유식소변이라고 할 수 있다. 이 교리에 비추어볼 때, 조용하게 자기의 마음속을 밑바닥부터 관찰해보자. 그러면 거기에는 하등 나라는 것이 존재하지 않는다. 모든 것이 다른 것에 의해서 발생되고 있다는 것을 알게 된다. 마음은 그야말로 의타기依他起의 세계, 다른 것에 의해 일어난 세계이다. '유식'이란 오직 식만이 있다는 의미는 아니다. 유식이라는 원어는 보통의 식을 의미하는 '비즈냐나vijñāna'와는 다른 '비즈나프티vijnapti'라고 하는 말을 이용하여 '비즈나프티 마트라vijnapti-matra'라고 한다.

예를 들면 안식 혹은 의식이라는 하는 경우의 식은 '비즈냐나vijñāna'지만 유식의 식은 '비즈나프티vijnapti'이다. 이 '비즈나프티vijnapti'라는 말은 '알다'라고 하는 동사 '비즈나vijna'의 사역형使役形으로부터 만들어진 명사로서 '알게 하는 것'이라는 의미이다. 그러니까 유식이란 '알리다'라는 것이고, 알려지는 쪽에서 보면 '알려져 있다'라는 것이다. 가만히 관찰하고 생각해보면 우리는 내가 아는 것이 아니라 모두 알려지고 있다는 사실을 알게 된다.

눈을 좀 떠보자. 그때 내가 보고 있다고 생각하지만, 눈을 뜨는 순간에는 그런 생각이 없다. 단지 보였을 뿐이다. 눈을 뜨고 이제 보겠다고 해서 보는 것이 아니라 볼 수밖에 없는 것이다.

또한 미운 마음을 억누르려 해도 억제할 수 없고, 그 생각은 홀연히 일어난다. 이렇듯 어디를 찾아보아도 '나'라는 것은 없다. 모든 것은 다른 것에 의해 생겨난다. 다른 것에 의해서 자신은 존재하게 되어 있다는 것이 사실이다. 잠시 앉아서 의타기의 마음 세계를 조용히 관찰해보자. 그러면 연기의 이치가, 의타기의 이치가 점점 분명하게 보인다.

다음으로 세 번째 증성도리에 의한 관찰로 넘어가보자. 증성이란 'A는 B이다'라고 하는 판단이 옳다는 것을 아래에 기술하는 세 가지 인식수단으로 증명하는 것이다. 예를 들어 지금 예로 들고 있는 눈에 대해 말하면, '눈은 무상하고, 많은 인연에 의해서 생긴 것이며, 괴로운 것, 공한 것, 무아인 것'이라고 하는 판단을 다음의 세 종류의 인식수단으로 증명하는 것이다.

    (1) 지교량至敎量(성언량, 붓다에 의해 설파된 가르침에 근거한 인식수단)

    (2) 현량現量(감각에 근거한 인식수단)

    (3) 비량比量(논리적 추량推量에 근거한 인식수단)

  '지교'라는 뜻은 '아가마agama'의 의역으로, 음역하면 '아함阿含'으로 번역되어 전승傳承이라는 의미이다. 붓다께서 설파한 가르침은 문장으로 쓰이지 않고, 처음에는 모두 구전으로 전해졌기 때문에 전해 내려온 가르침이라는 의미에서 '지교'라고 한다. 그래서 지교량이란 붓다가 설파한 가르침을 기준으로 해서 판단의 옳음을 증명하는 것이다.

  붓다의 말씀을 권위로써 옳음을 증명하는 이 자세는 기독교 성서의 말을 중시하는 자세로 통한다. 그러나 '현량'과 '비량'에 의한 증명은 신앙을 중심으로 하는 기독교에는 없다.

  '현량'이란 감각, '비량'이란 말을 이용한 논리적인 추량[추측]으로서, 이와 같이 스스로의 감각과 논리적 추량으로 판단의 옳음을 한층 더 확실히 증명해 나가는 것이 요구되고 있다. 이것으로도 유식사상이 과학성과 철학성을 겸비한 사상임이 분명해졌다.

  이상의 삼량에 의한 관찰을 정리하면 관찰 대상은

    (1) 우선은 '경의 글'에서 시작한다(지교량).

(2) 다음으로 말을 부여하지 않는 대상 그 자체를 관찰한다. 즉 대상을 감각으로 인식한다(현량).

(3) 그 감각 내용을 스스로의 지성으로 언어를 가지고 논리적으로 올바르게 정리한다(비량).

스스로의 감각으로 확인하는 것, 그리고 스스로 사고하는 것이 요구되는 것은 확실히 과학적 관찰로 통한다.

마지막이 '법이도리'에 의한 관찰이다. 이것은 "이것은 눈이 그러한 본연의 자세를 가지고 있고, 그러한 작용이나 특질을 가지고 있는 것은 그 눈의 본성이 바로 그러한 것이기 때문이다"라고 관찰하는 것이다. 관찰의 마지막 목적지는 '진여'인데, 이를 위한 마지막 관찰이 '법이도리'에 의한 관찰이다.

'관대도리'를 시작으로 '증성도리'에 이르기 전까지는 '왜, 왜, 왜'라고 계속 물으며 관찰을 심화시켰다. 그러나 마지막에는 모든 분별은 사라지고, 그렇기 때문에 그럴 수밖에 없는 세상에 이른다는 것을 이 '법이도리'는 가르치고 있다.

이 네 단계에 걸친 관찰을 간단히 정리해보면, '왜 생겼는가?'라는 물음으로부터 시작하고, 다음으로 결과로서 생긴 현상의 '구체적인 작용은 무엇인가?'와 관찰의 내용을 깊게 하여 더욱더 '이들 개별 현상에 공통되는 본연의 자세는 무엇인가?'라는 관찰을 이른바 橫橫에서 縱縱으로 깊게 해간다. 그리고 최후의 마지막, 그럼 '왜 그렇게 되었는가?'라는 물음에 대해서 그렇게 되어 있기 때문에 그렇다고 관찰하는 것으로 끝난다.

사물에 대하여 논리적으로 이해하고, 판단하는 능력(오성悟性)과 온 정성을 다한 노력의 결과, 이미 관찰의 기능이 다해서 마지막에 이를 수 있는 이치를 언어화한 것이 이 도리이다. 각각의 구체적인 관찰에서 들어가서 보편적인 관찰로 옮기고, 최종적으로는 개체도 보편도 그 속에 융해되어버리는, 이른바 '존재의 근거'(진여)에 이르러서 관찰적 사고가 사라지고, 관찰이라고 하는 행위가 성취되는 것이다.

'관대도리'에서 '증성도리'까지의 관찰은 자연과학적 관찰과 공통된 면도 있지만, 요가의 관찰이 자연과학의 관찰과 다른 것은 도달할 곳이 모든 존재의 가장 깊은 곳에 있는 존재의 근거, 즉 '진여'라는 점이다.

'도리'에서 들어가서 '진리'에 이른다. 말에 의한 논리적인 사고로부터 들어가서 최종적으로는 말이나 논리적인 사고가 사라지는 그러한 세계로 뛰어들어간다. 이것이 불도佛道의 과정이 아닐까라고 생각한다.

다음으로 불교가 철학성을 갖고 있다는 점을 생각해보자. 철학은 무엇인가? 이것도 논의해야 할 일이지만 여기에서는 논리적 사고라는 점으로 좁혀서 생각하기로 한다.

유식사상이 철학적 논리성을 갖추고 있다는 증거로 리증理證을 들 수 있다. 'A는B'라는 판단이 참인지 거짓인지, 이 증명은 지금 언급한 삼량과는 별도로 '교증敎證'과 '리증'이라는 두 가지 측면으로부터 이루어진다.

이 중에서 '교증'이란 앞에서 말한 '지교량'으로 경전에 나온 가르침에 따라 옳다고 판정하는 방법이다.

여기에 더해서 '리증', 즉 도리에 따라서 논리적으로 사고하고 옳다고 증명하는 방법이지만, 예를 들어 세친의 『유식이십론』 전체는 외계실재론外界實在論을 철저하게 이론으로 타파하고, 외계에는 대상이 존재하지 않는다는 것을 증명한 '리증'으로 구성되어 있다고 말할 수 있다. 그 논술의 소개는 생략하지만, 꼭 읽어보면 세친의 사색이 얼마나 철학적, 논리적인지 알 수 있을 것이다.

제4장

마음이 미세하게 움직인다

제4장
마음이 미세하게 움직인다

마음작용 분석과 분류

깨달음에 이르기 위해 마음을 분석하다

　아무것도 생각하지 않고, 보는 것만 철저히 하려고 의식을 집중해서 상대방을 계속 쳐다보면, 거기에는 밉다든가 좋아한다든가 하는 마음은 일어나지 않는다. 그러나 조금 방심하면 여러 가지 생각이 생기기 시작한다. 또 처음 보는 사람과 만나는 것을 생각해보자. 미리 그 사람의 소문을 듣고 만나면, 그 사람을 소문에 따라서 색안경을 끼고 보게 된다. 이와 같이 눈으로 본다고 하는 시각에는 여러 가지 생각이 수반되어 활동하고 있는 것을 알 수 있다.

　마음은 정말 복합체이다. 이 마음의 상태를 분석하면서 불교는 마음을 '심心'과 '심소心所'로 크게 양분한다. 이 중 '심'이란 마음의 중심체로서 부파불교까지는 여섯 가지 식(안식·이식·비식·설식·신식·의식)이 고려되고 있었지만, 유식학파는 여기에 심층으로 작용하는 말나식과 아뢰야식을 더해 모두 팔식을 세우기에 이르렀다. 이 '심'의 원어는 '찌타citta'로 왕이라는 말은 없지만, 마음의 중심이기 때문에 왕에 비유해서 심왕이라고도 한다(이하 심소와 대비되는 경우의 심왕이라고 표현하기로 함).

후자의 '심소'란 자세히는 '심소유법心所有法'이라고 하며, 마음, 즉 심왕이 소유하는 마음이라고 하는 의미로서 임금에게 많은 신하가 따르듯이 심왕에 수반되어 나타나는(그것을 상응이라고 함) 마음의 미세한 작용을 말한다(이하 심소유법을 생략한 심소라는 표현을 사용하기로 함).

심소에 관한 분석은 초기불교에서 시작되어 부파불교에 이르러서 더욱 정밀해졌고, 그것을 이어받아 유식학파는 모두 51가지의 심소를 세우고, 다음의 여섯 개의 그룹으로 분류했다.

① 변행遍行: 촉觸·작의作意·수受·상想·사思
② 별경別境: 욕欲·승해勝解·념念·정定·혜慧
③ 선善: 신信·참慚·괴愧·무탐無貪·무진無瞋·무치無癡·근勤·경안輕安·
　　불방일不放逸·행사行捨·불해不害
④ 번뇌煩惱: 탐貪·진瞋·치癡·만慢·의疑·악견惡見
⑤ 수번뇌隨煩惱: 분忿·한恨·부覆·뇌惱·질嫉·간慳·광誑·첨諂·해害·
　　교憍·무참無慚·무괴無愧·도거掉擧·혼침惛沈·불신不信·해태懈怠·
　　방일放逸·실념失念·산란散乱·부정지不正知
⑥ 부정不定: 회悔·면眠·심尋·사伺

이 여섯 개 그룹의 차이를 간결하게 정의하면 아래와 같다.

① 변행: 여덟 가지 심왕 모두와 상응하는 심소
② 별경: 각각 특별한 고유의 대상을 가진 심소
③ 선: 선한 심소
④ 번뇌: 마음을 흐리게 하는 근본적인 심소, 근본 번뇌라고도 한다.

⑤ 수번뇌: 근본 번뇌로부터 파생되는 심소

⑥ 부정: 일체의 심왕과 상응하는 경우도 있고, 상응하지 않는 경우도 있다. 혹은 선에도 악에도 무기無記(선도 악도 아니다)도 될 수도 있다는 의미로서 부정이라고 한다.

이처럼 불교는 인도의 다른 학파에서는 찾아볼 수 없는 정밀한 심리분류를 만들었지만, 이것은 현대에도 통하는 심리학의 측면을 가지고 있다. 그러나 그것은 학문적 흥미에서 이루어진 것이 아니라 어디까지나 '무아'를 증명하기 위한, 혹은 미혹에서 깨달음에 이르기 위한 심리분석인 것이다.

위의 심소 낱낱의 설명은 생략하고, 여기에서는 여섯 가지 그룹 가운데 처음의 '변행 심소'에 대해서만 설명하겠다. 선과 번뇌에 대해 해설한 서적이 많이 있지만, 이 '변행 심소'에 대해서는 전문서 이외에서는 별로 다루어지고 있지 않다. 그러나 그것은 모든 마음과 활동하는 중요한 마음작용이다. 하나하나 해설해나가면서 거기에서 파생하는 문제도 포함하여 논의해보고 싶다. 그 전에 미혹에서 깨달음에 이르기 위한 심리분석이라는 관점에서 여러 심소를 분석한 의의를 생각해보자.

(1) 명경지수明鏡止水라고 하는 말이 나타내는 것처럼 물결치는 마음[산심散心]을 가라앉혀야만 비로소 존재를 있는 그대로 볼 수 있게 된다. 그 마음의 파도를 가라앉히고, 조용히 정에 든 마음[정심定心]으로 하는 첫 번째 심소가 '념念'이다.

예를 들면 내쉬는 숨, 들이 마시는 숨이 되고, 집중되는 이 숨을 기억하는 마음이 '념의 심소'이다. 다음으로 그러한 '념'의 작용에 의해서 마음의 동요가 가라앉고, 그곳에 고요해진 마음, 즉 '정定'심이 생겨난다. 그리고 마지막으로 그렇게 고요해진 마음에 존재가 있는 그대로 비춰진다. 그것이 '혜慧'라는 작용이다. 이처럼 '념'을 일으키면 필연적으로 '정'이, 그리고 '정'이 생기면 또한 필연적으로 '혜'가 결과이다.

$$A \rightarrow B \rightarrow C \rightarrow$$

지금 예로 든 념 → 정 → 혜로 전개하는 심소의 흐름만이 아니다. 자기 향상을 목표로 노력도 하고 노력할 때 A → B → C →로 전개되는 어떤 심소를 일으키면 좋은 것인가? 미혹에서 깨달음에 이르기 위해서는 어떤 심소의 흐름을 타는 것이 필요한지? 그 때문에 심소의 인과의 흐름을 파악하고 이것을 해명하는 것도 불교가 해왔던 심리분석의 한 목적이다.

(2) 다음으로 심소를 인과의 흐름 속에서 파악하는 것이 아니라 선심과 악심의 대비 속에서 파악하는 심리분석에 대해 생각해보자. 예컨대 어떤 것을 탐한다는 마음, 즉 '탐'의 심소가 생겼다고 하자. 그때 그 반대의 탐하지 않겠다는 마음, 즉 '무탐'의 심소를 일으킨다면 그 '탐'의 심소는 없어지고만다. 이처럼 악심은 선심을 통해 퇴치할 수 있다는 관찰로부터 유식 사상은 악심과 선심을 대립적으로 분석하여 다음과 같이 정리하였다.

소대치(所對治)	불신	무참	무괴	탐	진	치	해태	혼침	방일	도거	해
	↕	↕	↕	↕	↕	↕	↕	↕	↕	↕	↕
능대치(能對治)	신	참	괴	무탐	무진	무치	근	경안	불방일	행사	불해

'대치'의 원어는 '프라띠파크사pratipaksa'로, 반대, 반대편, 대립자라고 하는 것이 원래 의미이다. 제거, 제거해서 버리다[除遣], 끊어서 제거하다[斷除] 등으로도 한역되듯이 나쁜 것을 제외한다는 뜻으로써 대치로 번역된다. 그리고

그것을 다시 '제거되는 것'과 '제거하는 작용을 하는 것'으로 나누어서 각각 '소대치', '능대치'라고 한다.

그런데 '소'와 '능'은 동시적인 것이다. 그러니까 악심(A의 마음)이 사라진 뒤에 선심(非A)이 생기는 것이 아니라, 빛을 밝히는 동시에 어둠이 사라지듯이 선심을 일으키면 그것과 동시에 악심이 소멸해버리는 것이다.

非A ↔ A

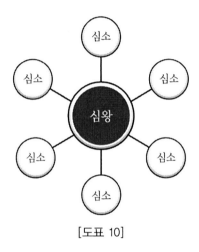

[도표 10]

이것도 마음을 관찰해서 얻은 경험에 근거한 심리분석이다. 앞 페이지에 기록한 서로 대립하는 마음의 정리를 보자. 가능하면 언제나 '능대치'의 선의 심소와 함께 보고 듣고 생각하고 싶다는 것이다.

(3) 다음으로 하나의 마음, 즉 심왕에서, 예를 들면 시각(안식)에 얼마나 세세하게 미세한 마음작용이 상응하여 작용하는가라는 관점에서 심소의 분석이 이루어지고 있다. 지금까지 설명한 (1)과 (2)의 관점에서의 분석보다 이 관점에서의 분석이 중요하다.

앞에서 말했듯이 시각은 시각으로만 작용하지 않는다. 안식은 좋다거나 싫다고 하는 마음작용이 수반되어 작용한다. 그러니까 본다고 하는 감각, 즉 안식은 상응하는 심소의 상태에 따라 선인지 악인지, 탁한지 맑은지가 결정된다. 가능하다면 항상 깨끗한 좋은 심소와 함께 견문각지하고 싶은 것이다.

견문각지에서 항상 생각나는 것은 미야자와 겐지宮澤賢治의『비에도 지지 않고雨ニモマケズ』중의 다음의 한 구절이다.

> "하루에 현미 네 홉과 된장과 채소를 조금 먹고 모든 일에 자신을 계산에 넣지 않고 잘 보고 듣고 이해하고 그리고 잊지 않네."
> "모든 일에 자신을 계산에 넣지 말고 견문각지한다."

확실히 인간이 사는 이상의 모습이다.

접촉하는 마음(촉의 심소)

접촉이 영양분이 되다

다음으로 '변행' 심소의 설명으로 넘어간다. 불교에는 다른 것에는 없는 흥미 있는 교설이 몇 가지 있지만, 그중에서 특히 끌리는 것에 '사식四食'이 있다고 생각한다. 이것에 의하면 인간에게는 ① 단식段食, ② 촉식觸食, ③ 의사식意思食, ④ 식식識食이라는 네 종류의 식사가 있다.

첫 번째 '단식'은 한 입 한 입 입으로 하는 일반적인 식사이다. 다음의 '촉식'이란 다양한 대상과의 접촉이 삶의 영양이 된다는 의미에서의 식사이다. 그다음 '의사식'은 의도라는 식사인데, 확실히 인간은 무엇인가를 목적으로 한 의도를 가지지 않으면 살아갈 수 없다. 마지막의 '식식'이란 보거나 듣거나 내지 생각하거나 하는 식(안식·이식·비식·설식·신식·의식)도 영양분이 된다고 하는 의미에서의 식사이다. 말하자면 감성과 지성이 살아가는 영양이 된다는 것도 수긍이 되는 생각이다.

그런데 이 중에서도 제가 가장 흥미로워하는 것이 '촉식'이다. 확실히 인간은 '접촉'에 의해서 성장해간다. 우선은 가정 내에서의 부모나 형제와의 접촉 그리고 그것은 친구, 교사, 지인, 동료라고 하는 사회적 접촉으로 발전하며, 이미 수없이 많은 접촉에 의해서 살아간다. 인간끼리의 접촉이야말로 생명이며, 최고의 삶의 보람이라고 말할 수 있을 것이다. 접촉은 인간만이 아니다. 화조풍월花鳥風月이라고 하는 아름다운 자연과의 접촉에 의해서 풍부하고 상냥한 마음이 길러져 가는 것이다.

그런데 인간이건 자연이건 이러한 접촉이 일어날 수 있는 최초의 원동력이 바로 이 '촉'이라는 심소이다.

촉이란 심왕과 심소를 대상으로 접촉하는 마음작용이다. 어느 하나의 인식이 성립하기 위해서는 '근根'(감각기관)과 '경境'(인식 대상)과 '식識'(인식하는 마음)의 세 가지가 하나의 인식의 장 안에서 서로 관계하고 결합해야 한다. 이 삼자가 결합하는 것을 삼화합三和合이라고 한다. 이 세 가지가 화합했을 때에 생기하고, 반대로 세 가지를 화합할 수 있는 마음 작용을 촉이라고 한다.

그런데 '근'인 감각기관은 신체의 일부로서 원자·분자로 구성된 '대상'이고, '경'이라는 대상, 예를 들면 여기에 있는 연필 또한 마찬가지로 원자·분자로 이루어져 있는 '대상'이다. 이 두 개의 대상이 심·심소라는 마음과 결합 관계를 갖기 위해서 필요한 것이 이 촉이라는 심소이다.

그러나 이러한 촉의 정의를 들어도 그러한 기능을 하는 촉이 구체적으로 어떠한 것인지는 좀처럼 알 수 없다. 하지만 "촉이 없으면 마음은 송장과 같다"라고 『비바사론毘婆沙論』 등에 역설되고 있는 한 문장을 마음에 새겨 넣고, 눈을 뜨고 볼 수 있다는 것, 즉 눈이라는 감각기관도 '대상', 그 대상도 '대상'이며,

이 두 가지가 인식관계에 들어간 순간 시각이라는 '마음'이 생기는 것은 경이로운 일임을 깨달아야 한다. 마음속에 머물러서 보고, 듣는 등의 감각을 조용히 관찰해볼 때 이 '촉'의 작용을 알아차릴 수 있다.

그런데 지금 대상인지 마음인지 그 양자를 간단히 말로 나누어버렸지만, 정말로 나누어진 '대상'과 '마음'은 별개로 존재하는 것일까? 만약 별개의 실체로서 존재한다면, 눈이라고 하는 '대상'과 연필이라고 하는 '대상'이 마주칠 때 거기에 연필을 본다고 하는 시각, 즉 '마음'이 생긴다고 하는 사실에 대해 '대상과 대상의 접촉으로부터 마음이라는 전혀 다른 존재가 왜 생겨나는 것인가?'라고 하는 문제에 대해서 어떻게 대답할 수 있을까? 어떤 사람은 '마음은 뇌의 기능이다'라고 그저 유뇌론唯腦論적으로 대답할 수도 있다. 하지만 이것은 대답이 되지 않는다. 왜냐하면 그 위에 '그럼 왜 뇌는 마음을 발생시킬 수 있는가?'와 마찬가지로 질문할 수 있기 때문이다.

뇌의 신경세포 연구를 통해 의식이 발생하는 메커니즘을 규명하고자 하는 대뇌생리학자의 노력은 아직도 만족스러운 성과를 얻지 못하고 있다. 이러한 '왜 대상이 마음을 생기게 하는가?'라는 물음에 인류는 영원히 대답하지 못할 것이다.

왜냐하면 '대상'과 '마음'이란 그저 '나'와 마찬가지로 단지 말의 외침이 있을 뿐이기 때문에 여기에서도 우리들은 말에 현혹되고 있다. 눈을 뜨는 순간의 대상과 마음으로도 분별되지 않는 '삶의 존재' 속에 조용히 머물러본다. 그리고 '념'의 힘으로 그곳에 반복해서 머물다 보면, 대상으로도 마음으로도 분별하지 않는 무분별한 지혜가 양성된다. 그리고 더 나아가 생각의 힘과 무분별지無分別智의 힘이 강해질수록 '삶의 존재' 깊숙이 파고들다가 마지막으로 '존재 그 자체' 속으로 돌입하여, 대상도 마음도 아닌 세상에 머문다. 그것을 굳이 말로 하자면, '오직, 오직 세계'이다. 그리고 이 세계에서 보면 비로소 유식의 '식'은 사실은 아무래도 좋고, '유唯'가 중요하다는 것을 알게 된다. 그렇게 되면 ‘유식唯識’이든 ‘유경唯境’이든 ‘유심唯心’이든 ‘유물唯物’이라도 좋은 것이다.

이 ‘대상도 마음도 아니다’라는 견해가 중요하다. 나는 최근 조금 강한 어조지만 “이분법적 사고를 종식시키자”라고 제언하고 있다. 정말 사람은 두 개의 관管을 통해서만 존재를 볼 수 있다. ‘있는가 없는가’, ‘동일한가 다른가’, ‘흰색인가 다른 색인가’, ‘대상인가 마음인가’라고 둘로 나누어 대상을 분별하고 있다. 그러나 이 말들은 인간의 측면에서 부여한 먼지 같은 것이다. 먼지를 털면 존재 자체가 흐려진다. 그 먼지를 제거한 곳에 먼저 무엇이 나타날까? 거기에는 분별없는 ‘삶의 존재’가 보인다. 그리고 더욱더 나아가면 무엇에 이를까? 이르는 곳, 그것이 앞에서 말한 ‘존재 그 자체’이다.

과학자의 눈, 특히 물리학의 양자론자의 눈도 ‘삶의 존재’로 향하기 시작한 것이 아닐까 하고 생각한다. 만약 그것이 ‘존재 그 자체’에 도달할 수 있었을 때, 어떤 이론이 성립할까?

유식의 경론 속에 ‘비유비무非有非無’, ‘불일불이不一不異’, ‘불생불멸不生不滅’, ‘부증불감不增不減’ 등의 단어가 많이 나온다. 이 모든 것은 ‘삶의 존재’ 그리고 ‘존재 그 자체’에서 본 표현이다. 정말 이분법적 사고로는 존재의 깊은 곳에 들어갈 수 없다. ‘대상인가 마음인가?’, ‘물질인가 정신인가?’, ‘영혼인가 육체인가?’ 과학의 성과를 근거로 하면서, 스스로가 자신의 마음속에 머무르면서 이 문제를 관찰하고 사고하는 것이 21세기를 사는 우리에게 주어진 임무라고 나는 확신하고 있다.

이와 같이 ‘촉’이라는 심소에서 파생된 문제이기는 하지만 여러 가지를 배울 수가 있다.

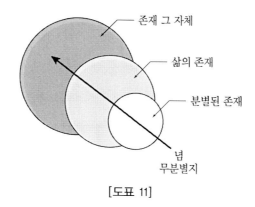

존재 그 자체

삶의 존재

분별된 존재

념
무분별지

[도표 11]

뒤에 서술하는 삼성三性으로 말하면, '분별된 존재'가 변계소집성遍計所執性, '삶의 존재'가 의타기성依他起性, '존재 그 자체'가 원성실성圓成實性에 해당한다. 이와 같이 말하자면 마음이라는 존재의 표층에서 점점 더 안쪽의 영역으로 돌진하여 원래의 존재 그 자체로 돌아가는 것, 이것이 유가의 구체적 내용이라고 할 수 있지 않을까? 과학의 눈도 이 방향으로 흘러가고 있는 걸까? 아니면 완전히 방향이 반대일까?

경각케 하여 자각하는 마음(작의의 심소)

타인을 위한 인생에 자각하다

멍하니 창문을 통해 밖을 바라보고 있으면 다양한 소리와 목소리가 들려온다. 그러나 나는 그 모든 것을 평등하게 듣는 것이 아니라, 예를 들어 마음이 새소리를 향하고, 그것에 반해서 넋을 잃어버리는 일이 있다. 이처럼 마음을 새소리로 향하게 하는 마음작용이 '작의作意'라고 하는 심소이다. 어찌 보면 작의란 '잠들어 있던 마음'을 경각케 하고 자각시켜서 그 마음을 새소리를 향하게 하는 마음작용이라고 할 수 있다. '작의'가 '경각케 하여 자각하는 작용이다'라는 것은 그 작용이 '발동發動', '경각警覺', '경동警動' 혹은 '회향廻向', '회전廻轉' 등으로 표현되는 것에서도 알 수 있다. 확실히 점화 장치가 엔진을 구동시키는 것처럼 마음이 구체적으로 작동하기 시작하려면 기동 요인이 필요한 것이다.

그런데 '잠자고 있는 마음'을 깨운다고 했는데, 이 잠든 마음이란 유식사상에 따르면 아뢰야식 속의 종자이다. 따라서 이 '작의'라는 심소의 작용은 아뢰야식이라는 심층심의 영역에서 일어나게 된다. 새소리를 듣는다. 그것은 아뢰야식 속에서 '작의'가 작용해서 종자를 경각케 하고 자각하게 하여 새소리를 듣는다는 청각이 생겼다고 생각하는 것이다.

또 다른 예시로 어떤 사람과 대면할 때를 생각해보자. 그 사람의 복장이나 생김새가 신경 쓰이는 타입의 사람도 있고, 그런 표면적인 것이 아니라 그 사람은 무슨 생각을 하고 있을까? 하고 그 사람의 마음의 상태에 관심을 가지는 타입의 사람도 있다. 이처럼 사람마다 마음이 끌리는 대상이 다르다. 그것은 선천적인 기질에 의한 것인지? 아니면 가정, 풍습, 교육이라고 하는 환경에 의해서 후천적으로 형성된 것인지? 어느 쪽일까? 어쨌든 심층의 아뢰야식의 차원에까지 깊게 파고들어 마음의 최초의 '발동'을 생각하고 있는 이 '작의'라고 하는 마음작용에 흥미가 끌린다.

그런데 마음이 '나'로 향하느냐 '타인'으로 향하느냐에 따라서 인생은 크게 달라진다. 왼쪽에 자기를 위해서만 사는 사람의 인생이 있고, 오른쪽에 자기는 아무래도 좋고, 남을 위해서 이 일생을 살아가려고 결심한 사람의 인생이 있다고 하자. 자 당신은 좌우 어느 쪽의 인생을 걷고 싶은지, 걸어야 하는지 자신의 가슴에 물어보자. 어쩌면 오른쪽의 인생을 걷기 시작하는 최초의 계기가 심층의 아뢰야식의 영역에서 일어날 수 있을지도 모른다. 그 가능성이 있다고 가르쳐 주는 것이 이 '잠자고 있는 마음'을 '경각'하고 깨우는 '작의'라는 심소에 대한 교설이다.

고락을 느끼는 마음(수의 심소)

행복이란 무엇인가?

　아래의 '수受'와 '상想'과 '사思'란 모두 그 작용에 따라서는 인간의 미혹과 괴로움을 일으키는 원인이 되는 심소이다.

　이 중에서 '수'란 고, 락 혹은 그 어느 쪽도 아닌 비고비락非苦非樂을 느끼는 감수작용이다. 왜 이것이 미혹이나 괴로움을 야기하는가 하면, 우리들은 괴로움을 피하고 편안해지고 싶은 욕망을 가진다. 만약 그 욕망을 성취하지 못하면 거기에 괴로움이 결과가 되기 때문이다.

　낙도 또한 괴로움을 자아낸다. 왜냐하면 한번 손에 쥔 즐거움에 집착해서 언제까지나 즐거웠으면 하는 욕망이 괴로움으로 이어지기 때문이다. 의식주가 충만한 생활을 한번 하게 되면 더 이상 그 행복을 잃고 싶지 않다고 집착하게 된다. 하지만 그것이 정말 행복한 것일까?

　조금 벗어난 이야기지만, 나는 최근 '행복'이란 무엇인가를 생각하던 중 자신의 고락과 타인의 고락과는 근원적으로 다른 것으로 파악해야 하는 것이 아닌가라고 생각하게 되었다. 그 이유는 다음과 같다.

　수업에서 학생에게 "행복이란 어떠한 상태를 말하는 것인가?"라고 질문하면, 좋아하는 일을 하고 있을 때, 사람들과 즐겁게 보내고 있을 때 등이라고 하는 구체적인 상황으로 대답하거나 넓고 추상적으로 정의한 대답이 돌아오기도 한다. 그것들을 마음의 상태로 정리하면 다음과 같다.

　　① 마음이 편안하다.
　　② 마음이 안정되어 있다.
　　③ 마음이 만족하고 있다.

평안도 안정도 만족도 비슷한 개념이기 때문에 이 세 가지는 같은 것을 의미하고 있을지도 모른다. 어쨌든 이렇게 표현할 수 있는 상태가 행복한 상태라고 학생의 대답으로부터 정리할 수 있었다.

그래서 "마음이 편안하면 왜 행복하냐?"라고 물었더니, "그땐 괴로움이 없기 때문이다"라는 대답이 돌아왔다. 거기서 거듭 "괴로움이 없는 것이 왜 행복한 것인가?"라고 질문하면, 아닌 게 아니라 대답에 궁한 학생이 많이 있었다. 그것 이상의 이유를 댈 수 없고, "괴로움이 없는 것이 행복이기 때문에 행복이다"라고 대답하지 않을 수 없기 때문이다.

이 문답에서 인간이 살아가는 가운데 가장 문제가 되는 것은, '고'와 '락'이라고 하는 것이 판명되었다. 그래서 불교에서는 '발고여락拔苦與樂의 자비'라고 말하며, '자慈'란 즐거움을 주는 것, '비悲'란 괴로움을 없애주는 것, '자비'를 고락이라는 개념으로 정의하는 것이다.

붓다도 생노사의 고의 원인이 무엇인지, 어떻게 하면 고에서 해탈할 수 있는가라는 삶의 근본 문제를 해결하기 위해 출가하셨고, 고의 근본 원인으로 무명을 발견하여 그 무명을 멸하고 명明을 일으키면 고에서 해탈할 수 있음을 깨닫고, 이를 십이지연기설로 정리하셨다. 붓다의 출발은 어디까지나 '고'에서 시작되었다.

또한 저 『구약성서』의 첫머리에 있는 아담과 이브의 에덴동산에서의 추방 이야기에도 역시 고라고 하는 현실의 인식이 근저에 있다. 즉, 남자에게는 일한다고 하는 괴로움, 여자에게는 아이를 낳는다고 하는 괴로움 그리고 양자에게는 공통으로 죽음이라고 하는 괴로움이 존재한다. 그러면 인간은 왜 이러한 괴로움을 짊어지고 살아가지 않으면 안 되는 것인가? 이 대답으로 아담과 이브가 신의 법도를 어겼다는 죄로 고의 근원적 원인을 찾았던 것이다. 기독교의 출발도 역시 '고'에서였다.

이와 같이 생각해보면 행복이란 괴로운 상태라고 하는 정의는 누구나가 인정하게 될 것이다.

그러나 앞에서 말한 ①에서 ③까지의 행복의 정의는 모두 '자신의 마음'의 상태이고, 거기에 '나'라는 것이 설정되어 있는 것이 문제이다. "내 마음은 평안하고, 안정되어 있으며, 만족하고 있다." 이것이 행복이라고 하는데, 과연 그것으로 좋은 것일까? 그게 정말 행복일까? 확실히 '타인의 행복'이라고 하는 것은 타인의 마음이 평안하고, 안정되어 있고, 만족하고 있는 상태가 행복하다고 말할 수 있을 것이다.

왜냐하면 그런 상태에서는 타인에게는 괴로움이 없고, 즐거움이 있다고 생각하기 때문이다.

문제는 주어를 타인이 아닌 자신으로 바꿔놓고 '내 마음은 평안하고, 안정되어 있고, 만족하고 있다'라는 것이 행복이라고 정의해도 좋은가 하는 것이다. 물론 그러한 상태가 자신의 행복이라고 생각하는 '나'가 있지만 반복해서 말해 온 것처럼 그러한 '나'라는 말의 외침이 있을 뿐이다. '나'라는 건 존재하지 않는데, 그것을 주어로 붙여서 '내가 운운云云할 때가 행복하다'라고 정의할 수 있을 리가 없다.

그럼 나의 행복(나라는 것이 존재하지 않으니까, 나의 행복은 없는 것이 됨. 하지만 만약 '나'라고 말할 수 있는 것을 인정한다면, 그것을 '가상의 나'라고 부를 수 있음)이란 어떠한 상태를 말하는 것일까? 그것은 타인이 행복해지도록 노력하는 것 그리고 그것이 달성되어 타인이 괴로움으로부터 벗어나 편안해지는 상태, 즉 행복해진 것을 기뻐하는 것, 이것이 '나'의 행복이라고 말할 수 있는 것이 아닐까? 만약 이것이 '나'의 행복이라고 한다면, 타인의 행복을 성취하기 위해서는 수많은 괴로움을 무릅쓰고 그것을 받아들이며 살아가게 될 것이다. 거기에는 고통의 연속이 기다리고 있을지도 모른다. 물론 이처럼 '망기이타忘己利他'의 정신으로 살아갈 수 있는 것은 대승에서 말하는 보살菩薩, 즉 대비천제大悲闡提의 보살뿐일 것이다(대비천제의 보살에 대해서는 89쪽을 참조).

어쨌든 괴로움을 없애고 편안해진다고 하는 '고에서 락으로'라고 하는 일방적인 행복론은 어디까지나 발고여락의 자비 속에서 말해지는 '타인의 행복'론이며, 이 '타인의 행복'의 실현을 목표로 하고, 고와 락의 사이를 오고 가는 것에 '나의 행복'이 있는 것은 아닐까?

이러한 의미에서 타인의 고락과 자신의 고락과는 근원적으로 다른 것으로 보아야 한다고 나는 최근 강하게 생각하게 되었다.

말이 생기는 마음(상의 심소)

'무엇인가?' 라고 계속 추구하자

인간에게는 말을 하는 능력이 있다. 그것은 '무엇인가?'라고 추구하는 마음이 있기 때문이다. 무엇인가 거기에 대상이 있어서 그것에 대해서 마음을 갖고 추구할 때, '아, 그것은 연필이다'라는 말을 하고 그것을 지각하게 된다. 이렇게 추구하는 마음은 동물에게도 있다. 하지만 동물은 말을 못한다. 그러나 인간은 말을 할 수 있다. 그것은 왜냐하면 인간에게는 '상'이라는 심소가 있기 때문이라고 불교는 대답하는 것이다.

이처럼 상이란 말을 만들기 위해서 없어서는 안 될 심소이다. 상의 원어 '삼즈냐sam-jñā'에는 통합하여 안다는 의미가 있기 때문에 '상'이란 말을 대상으로 연결시켜 그것이 무엇인지를 알아내는 통각작용統覺作用이라고 할 수 있는 마음이다.

우선 유식사상이 생각하는 '말이 생기는 구조'를 술어로 설명해보고자 한다(다음 [도표 12] 참조).

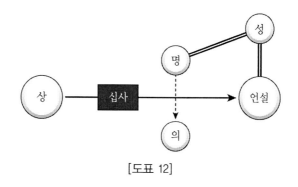

[도표 12]

　'심사尋伺'란 추구하는 마음, '명名'이란 소리가 되기 이전의 말, '의義'란 그 말이 지향하는 대상, '언설'이란 구체적으로 소리로 이루어진 말이다. 우선 상이라는 통각작용이 원래 있었으며, 그것이 추구하는 마음을 기연으로 작용하기 시작하면서 그로 인해 대상에 말이 향하고, 그 결과 구체적인 말이 생겨난다. '소리'가 되기 이전의 말, 즉 '명'은 부파불교의 설일체유부는 마음도 색도 아닌 것(불상응행不相應行)으로서 존재한다고 생각했다. 그러나 유식학파는 그것은 잠재적으로는 아뢰야식 속의 종자[7]로서 존재하여, 표면적으로는 소리의 굴곡이며, 명이라 해도, 언설이라고 해도 마음이나 소리를 떠나서는 존재하지 않는다는 견해를 취한다.

　여기에서 심사, 즉 무엇인가 추구하는 마음, 묻는 마음을 알아보고자 한다. 우리 안에는 여러 가지 의문사가 일어난다. '언제', '어디서', '무엇 때문에', '왜', '무엇', '어떻게' 등이라고 묻는다. 그런데 이것들 중에서 가장 근원적인 물음은 '무엇'이다. 예를 들면 '나는 어떻게 살아야 하는가?'라고 묻기 전에 먼저 삶의 주체인 '나는 무엇인가?'라고 물어야 한다. 왜냐하면 그 삶의 주체인

7　아뢰야식 내의 종자라고 하면 뭔가 물질적인 것을 상정하지만, 종자란 '친숙하게 과(果)를 발생하는 공능'(직접 결과를 발생시키는 힘)이라고 정의되듯이 사실과 현상을 일으키는 심적인 특별한 힘을 의미한다.

나를 분명하게 살펴보지 않고서는 사는 방법도 알 수가 없기 때문이다. 자신이 무엇인지도 모르고, 말하자면 유령과 같은 존재라면 인생의 길을 잘못 들어 헤매고 살 수밖에 없다.

유아들은 묻는 자세에서 배우려고 하는 것이 아닐까? 말을 배우기 시작한 유아가 "엄마, 저게 뭐야?"라고 시끄러울 정도로 계속 물어 엄마를 곤란하게 만드는 풍경을 자주 만나게 된다. 유아는 순수하고 아무것도 모르기 때문에 계속 묻고 계속 추구하는 것이다.

그런데 어른이 되면 어떤가? 분별이 들어 이제는 다 안다고 생각하고(정확히 말하면 잘못 생각), 묻는 것을 잊어버린다.

'자기를 확립하고 싶다'라는 말을 자주 한다. '좋아, 확립할 거야, 실현될 거야!'라고 분발해보지만, 그러한 의지를 일으키는 주체가 '무엇'인지, 이것을 모르고 있기 때문에 아무런 결과도 나오지 않는 것이다. 설령 어떤 결과가 나온다 해도 그것은 자기를 괴롭히고 다른 사람도 괴롭힐 수 있다.

'나란 무엇인가?' 이것만이 아니다. "타자'란, '자연'이란, '우주'란 무엇인가? 그리고 그것들 모두를 통틀어 '존재'란 무엇인가?'라는 궁극의 물음을 잊어서는 안 될 것이다.

아침에 눈을 뜬다. 그리고 '글쎄, 오늘은 뭘 해야 하나? 어떤 예정이 있었나?'라고 생각한다. 이것은 당연할지도 모른다. 그렇지만 때로는 '나는 도대체 무엇인가? 또 깨어나서 다시 되돌아 온 이 세계는 무엇인가?'라고 물어보지 않는가?

정말로 깨어나서 지금 여기 이 세계 안에 살고 있다는 것은 신기한 일이다. 흔히 '이상한 일이 일어났다', 'UFO로 보이는 이상한 물체가 비행했다'라고 말들 하지만, 그런 것이 이상하다고 생각하기 전에 지금 여기에 자신이 있다, 살아 있다는 것 자체가 불가사의하다는 것을 깨닫는 것이 중요하다.

눈을 떠보자. 그러면 크게는 별들이 빛나는 하늘로부터, 작게는 전자 현미경을 통하면 소립자까지도 볼 수 있다. 이것도 확실히 신기한 일이다. 왜냐하면 눈의 기관, 그것에 의해볼수 있는 물체도 모두 원자·분자로 구성된 물질인데, 왜 그 양자가 인식 관계에 들어간 순간 시각이 생기고, 색채가 있고, 형체가 있는 확실히 무한한 변화가 풍부한 세계가 단번에 출현하는 것일까? 이것은 그야말로 불가사의한 사건 이외에 아무것도 아니다.

이 불가사의한 사건을 낳는 '나'란 무엇인가?' 그리고 '새로 만들어진 자연, 세계, 우주는 도대체 무엇인가?'라고 따져보아야 한다.

얼마 전 한 불전을 읽다가 "심구관찰의 마음은 미혹을 끊는다"라는 문구를 만나고, 정말로 하늘의 계시를 받은 느낌이 들었다. 아아, 그렇다. 어떠한 괴로움이나 고민이 있어도 '무엇', '무엇'이라고 추구하는 마음이 있다면, 그것이 고뇌가 사라져 가는 출발점이라고 그 문구에서 배웠기 때문이다. '어떻게 살 것인가?'라고 묻기 전에 진심으로 '도대체 무엇인가?'라고 외쳐보자. 그러면 이상하게도 진심으로 추구하고자 하는 의욕이 솟아난다. 말이, 외침이 심층에 잠재하는 보편적인 의지를 이끌어내어 주는 것이다. '무엇인가?', '무엇인가?'라고 동심으로 돌아가 외칠 때 살아갈 용기가 솟아난다.

다음으로 말의 작용, 힘에 대해 생각해보자. 실제로 말은 대상을 만들어내는 대단한 힘을 가지고 있다. 예를 들면 '내가 죽으면 어떻게 되지? 지옥에 떨어지는 것인가? 아니, 완전히 없어져 버리는 것은 아닐까? 가능하면 극락에서 태어나고 싶다'고 생각하며 괴로워하지만, 이것은 아무것도 깊게 생각하지 않고, '생각'과 '말'이 만들어내는 세계 속에서 우왕좌왕하고 있는 것이다.

여기서 냉정하게 잠시 생각해보자. 정말로 '나', '죽는다', '지옥', '극락', '태어나다', '무가 되다'라는 말에 대응하는 것이, 혹은 있을 법도 한데 정말 있을까? '나'에 대해서는 이미 그것은 말의 외침만이 있는 것에 지나지 않는다는 것을 검토했었다. '죽는다'는 어떨까? 여기에는 시간이 설정되어 있다. 지금은 살고 있지만 언젠가 죽는 것이라고, 현재와 미래로 생각하고 있기 때문이다. '지옥', '극락' 여기에는 공간이 설정되어 있다.

그런데 시간이나 공간이라는 것은 과연 정말로 자신을 떠나서 존재하는 것일까? 칸트는 시공은 인식하는 쪽의 선천적 직관형식이라고 주장했다. 20세기가 되어서야 아인슈타인이 시공은 상대적임을 발견했다. 불교도 시간과 공간이라는 것은 존재하는 대상에 따라 임시로 있는 것에 불과하다고 말한다. 더 이상 자신을 떠나 같은 속도로 흐르는 절대 시간과 무한히 펼쳐지는 절대 공간과의 존재를 인정할 수 없다. 그런데도 죽으면 지옥일까? 극락일까? 고민하고 있는 것은 말에 농락당하고 있는 것에 지나지 않는 것이다.

시공만이 아니다. 가장 문제가 되는 것은 '있다' 혹은 '없다'라는 말이다. 유무로 생각하는 것, 이것이 미혹과 괴로움의 근본 원인이 되는 것이다.

조용히 마음속에 머물며 관찰해보자. 그러면 말이 일체의 현상을 만들어내고 있다는 것을 알게 된다. 말과 현상과의 관계를 깊이 연구한 유식학파는 뒤에 언급하겠지만 아뢰야식 속의 종자를 모두 '말의 종자', 즉 '명언 종자'라고 명명하기에 이른 것이다. 어쨌든 말하고 생각하는 대로 대상은 존재하지 않는다. 이 사실을 스스로 마음속으로 확인하고 깨달을 때, 세상은 크게 변모해 간다. 지금까지와는 다른 세상 속에서 조금은 더 자유롭게 살아갈 수 있게 될 것이다.

이와 같이 말을 낳는 근원적인 심소는 결과적으로 말로 인한 미혹과 오류를 낳게 된다는 점에서는 부정적인 마음작용이다.

욕망 또는 서원을 발생시키는 마음(사의 심소)

보살의 서원으로 살다

'생각'은 의지이다. 의지가 있어야만 행위가 성립된다. 의지가 없는 곳에 행위는 일어나지 않는다. 생각이 없는 곳에는 업이 없다. 그러니까 이 '생각'의 본연의 자세가 선인가, 악인가에 따라서 업이 선인가 악인가가 결정된다. 만약 나쁜 '생각'이라면 거기에 악업이 전개되고, 뒤에 설명하겠지만 그 업은 아뢰야식에 종자를 심어주고, 그 종자가 심층에서 모르는 사이에 자라고 또 다시 싹을 틔우고 표층심으로 올라오는 것이다.

그런데 '생각', 즉 의지를 선한 것으로 하기 위해서는 선한 목적과 목표를 가지는 것이 요구된다. 어떤 목적을 세움으로써 그것으로 향하고자 하는 의지가 생기고, 그것이 행위가 되어 전개해나가기 때문이다. 목적, 크게 말하면 인생의 목적을 무엇으로 설정하는가, 이것이야말로 살아가는 데 가장 중요한 일이다.

지금 의지라고 했지만, 그것을 '욕망'으로 아니 더 넓은 개념을 사용해서 '살아가는 에너지'로 바꾸어 말하고 싶다. 이 근원적인 삶의 에너지가 없으면 인간은 살 수 없다. 그러나 소크라테스의 "인간은 단순히 사는 것이 아니라, 잘 사는 것이다"라는 명언처럼 선을 추구하고 선을 행하려는 것이 인간의 삶의 행위이다.

그런데 선이라고 하면 뭔가 딱딱하고 또 그 내용이 불분명하다. 그래서 이것을 '행복'이라는 말로 바꾸어보고자 한다. 이 행복을 실현하기 위해서 자기 안에 있는 선천적인 에너지를 어떤 내용으로 소비하느냐, 이것이 살아가는 동안 물어야 할 큰 문제이다.

다음의 그림을 보자. 가장 밑에서는 이기심에 찬 욕망으로 소비되고 있다. 그러면 그 행위가 상대방을 상처 입히고, 괴롭히며 그리고 자신까지도 오염시켜나간다. 그것이 위로 올라갈수록, 즉 타인의 존재에 눈을 뜨고 동시에 이기심이 점차 작아짐에 따라 발휘되는 삶의 에너지의 내용이 달라진다. 연기의 이치에 따라 살아가고 있다는 사실이 점점 이해되고, 감사하는 마음이 더해져서, 그 결과 삶의 에너지를 타인을 위해 사용되기 시작한다.

그 에너지를 뭐라고 부를 수 있을까? 동정, 사랑, 배려 등이라고 부를 수 있을까? 하지만 이 단계에서도 아직 이기심에 물들어 있다. 남녀의 사랑, 부모와 자식의 사랑, 그것이 순수하고 사리사욕이 없는 사랑이 아니라는 것은 조금 반성해보면 누구라도 인정하지 않을 수 없는 것이다.

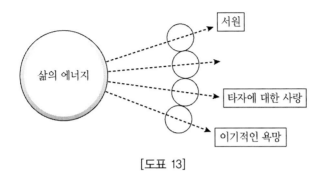

[도표 13]

제일 위의 '서원誓願', 더구나 보살의 서원이야말로 전혀 이기심이 없고, 순화되어 마음속에서 일어나는 삶의 에너지라고 할 수 있다. 보살에게 '대비천제의 보살'이라는 생각이 있다. 대비란 자세하게는 대자대비大慈大悲라고 말하며, 소자소비小慈小悲에 비교되는 것이다.

천제란 일천제一闡提라고 말하며, 산스크리트어의 '잇찬띠까ichantika('원하다'의 의미)'의 음역으로 열반에 들기를 거부하고 생사에 계속 머물기를 바라는 사람을 말한다. 바꿔 말하면 깨닫지 못하고, 열반에 들지 못하며, 환생하면서 이 생사의 세계, 사바의 세계에서 계속 살아가자고 서원한 사람을 말한다.

얼마나 훌륭한 삶의 태도인가? 삶의 에너지 발휘의 확실히 이상理想의 존재 방식이 여기에 있다고 생각한다. 그러나 이러한 방식으로 살아가는 것은 어렵다. 하지만 이러한 서원을 갖는 것은 허용되어도 좋고, 만약 가질 수 있다면 이후의 삶이 달라질 것이다.

이상과 같이 '수·상·사'의 세 가지 심소에서 생각할 수 있는 삶의 문제를 검토해왔지만, 여기서 이 세 가지가 인간의 부정적인 존재 방식을 발생시키는 점을 정리해보고자 한다.

> 수: 고락을 느낀다 → 고에서 벗어나고자 락을 유지코자 한다 → 집착이 생긴다
>
> 상: 추구심과 연동하여 말이 생긴다 → 잘못된 판단이나 사고가 생긴다
>
> 사: 목적을 생기게 한다 → 나쁜 의지를 일으킨다 → 나쁜 행위(악업)이 생긴다

앞의 정리를 보면서 다음과 같이 물어보면 어떨까?

① 자신의 고와 락을 어떻게 받아들일 것인가?

② 무엇을 추구의 대상으로 해야 할 것인가? 바른 말을 사용하여 바르게 생각하려면 어떻게 하면 좋을까?

③ 선한 행위를 일으키는 목적과 의지는 어떤 것일까?

이상과 같이, '변행遍行'의 심소에서 우리는 여러 가지 것을 배울 수 있다.

제5장

자아에
집착해버리는 인간

제5장

자아에 집착해버리는 인간

심층적 자아 집착심의 발견

심층의 선천적 자아의식을 깨닫자

우리들은 항상 '나'가 있다고 판단하며 행동하고 있지만, 자세하게 말하면 이 나라는 말을 이용한 판단은 ① '이것은 나이다', ② '이것은 나의 것이다'라는 두 가지로 나뉜다.

보통 하는 것은 ②의 판단이다. 예를 들면 '이것은 나의 몸이다, 내 마음이다, 내 가정이다, 내 회사다, 내 재산이다…'라고 생각한다. 이 경우의 '이것'은 자기에게 소속된 것, 자기가 소유하는 것이다. 이러한 판단에서 알 수 있듯이 어떤 대상(신체·마음 내지 재산 등)이 있고, 거기에 대해서 '나의'라는 소유격을 부여하고, 거기에 '나'라고 하는 것이 설정되는 것이다. 여기에도 '대상이 있기에 내가 있다'라는 연기의 이치가 작용하고 있다. 그렇기 때문에 이미 반복해서 말했듯이 나라는 말의 외침이 있을 뿐이다.

이것에 대해 ①의 판단은 과연 가능할까? 거울 속의 얼굴을 보고 '이것은 나다'라고 생각하더라도 사실은 '이건 내 얼굴이다'라는 ②의 판단을 해야 한다. 원래 '이것은 나다'라는 것을 발견할 수 있을까? 그것은 내 손이라고 하는 경우의 나와 마찬가지로 어디를 찾아도 발견할 수 없다.

그런데도 우리는 '나는 ~이다', '내가 ~한다'라고 나라는 말을 주어로 해서 생각하여 사고하고, 주장하며 싸우고 있다. 다시 한번 '나란 도대체 무엇인가?'라는 질문을 던지고 조용히 마음속을 관찰해보자. 거기에서 '나'라는 것을 발견하지 못하면 이제부터는 '자기, 자신, 나, 내, 저'라는 자기주장을 그만두어야 되지 않겠는가?

그렇다고 하더라도 '나'라고 하는 생각과 말은 좀처럼 버릴 수는 없다. 그것은 왜 그럴까?

이것에 대해서 유식사상은 심층에 **'말나식'**이라는 자아집착심이 작용하고 있기 때문이라고 주장하는 것이다. 유식학파의 사람들은 자나 깨나 나, 자신이라고 생각하는 마음을 발견하고, 그것을 '말나식'[8]이라고 이름을 붙였다.

이 말나식의 설명에 들어가기 전에 자아의식(지금까지 자아집착심이라고 불렀지만, 지금은 일반적인 호칭인 자아의식이라고 하는 표현을 사용함. 이 경우의 의식은 유식사상이 설명하는 팔식속의 의식이 아니라, 현대 사용되고 있는 의미에서의 의식임)의 종류에 대해 생각해보자.

먼저 자아의식에는 ① 후천적 자아의식, ② 선천적 자아의식이라는 두 가지가 있다.

①의 후천적 자아의식이란 태어나서부터 환경·풍습·교육 등의 외적 정보에 의해서 획득된 '나'라는 의식이다. 예를 들면 부모로부터 '너는 정말 칠칠

---

8   말나식의 말나는 마나스(manas)이기 때문에 원어로서 말나식은 '마노 비즈냐나(mano-vijñāna)'가 된다. 이것은 의식과 같은 말이지만, 그 'manas'를 '의(意)'라고 번역하면 의식과 같은 역어가 된다. 그래서 '말나'로 음역을 한 것이다. 세친의 『유식삼십송』 안에는 "말나라고 이름붙일 수 있는 식"이라는 표현이 들어 있다.

치 못하고, 의지가 약한 아이구나!'라는 말을 계속 들었을 때 '아, 나는 그런 사람인가?'라고 생각하게 되는, 그러한 '자기'상이다.

가정에서만이 아니다. 교육의 장소에서도 '자기'상은 형성된다. 교사에 의한 차별적인 교육 또한 아이들끼리에 의한 집단 따돌림 등에 의해서도, 본래는 그렇지 않은 '나'라는 것이 있다고 믿어버린다.

또한 철학이나 사상을 배우는 것에 의해서도 '나'가 형성될 가능성이 있다. 예를 들면 데카르트의 "나는 생각한다, 고로 나는 존재한다"라는 유명한 명제가 있는데, 이것을 알고 나, 자신이라는 것이 있다고 생각한다. 그러한 '나'이다. 또 인도의 베단타학파에 '범아일여梵我一如'라는 사상이 있다. 참 나, 즉 나와 우주의 근원인 범(브라흐만)은 일체임을 알게 됨으로써 생사윤회의 고통에서 해탈할 수 있다는 사상인데, 이것을 배우고 '그러한 우주의 근원과 동일한 참 나가 있는 것이다'라고 생각할 때의 '나'이다.

이상 예로 든 '자기'상은 모두 태어난 후에 몸에 밴 자아의식이다. 그리고 이 모든 것은 표층의 의식작용에 의한 것이다.

이것에 대해 선천적인 자아의식이 있다. 예를 들어 태어난 직후의 유아는 엄마의 젖을 빨게 된다. 물론 그것은 동물에게도 있는 본능적인 행위일지도 모르지만, 그 행위의 배후에는 자아가 싹트고 있다는 것은 확실하다.

나는 생명이 있는 것은 '자와 타가 대립한 존재'라고 정의하고 있다. 예전에 학창시절 실험 때 경험했던 일이지만, 그 원시 생물인 짚신벌레는 근처에 자신에게 적합한 음식이 있으면 그것을 향해 나아가 그것을 체내에 집어넣어버린다. 식물도 주위 환경이 나쁘면 시들어버린다. 이와 같이 짚신벌레나 식물 속에도 분명히 '자와 타'를 분리시키는 어떤 요인이 있는 것이 확실하다(현대 유전자학에서 보면 그렇게 하고 있는 것은 DNA라고 할 수 있을까?).

또 지금까지 반복해서 실시해온 실험, 즉 손을 보고 '이것은 내 손이다'라고 생각할 때의 '나'이지만, 그 자아의식은 선천적인 것이다. 물론 나라는 말은 후천적으로 외운 것이지만, 말없이 자신에게 집착하기도 한다. 예를 들어 품에 안기는 버릇이 있는 아기를 혼자 재우면 울음을 터뜨리는 현상을 이러한 예로 들 수 있다. 성장함에 따라 감각이 선명해지고, 사고하는 힘이 붙으며, 말을 기억하는 것에 의해서 어떤 대상을, 예를 들면 신체를 보고 '나다', '나의 것이다'라고 하는 생각이 더욱더 강해진다.

그런데 왜 그런 생각을 하게 되는 걸까? 그것은 인간에게는 타고난 그런 작용이 있기 때문이라고 대답하지 않을 수 없다.

그리고 한층 더 사고가 깊어져 가면 손등을 보고 자신의 것이라고 생각하지 않을 수 없는 것은 마음의 심층에 표층심에서는 깨닫지 못하는 심층의 자아의식이 있을지도 모른다는 추측이 가능하기 때문이다. 사실 유식학파 사람들은 요가를 수행하면서 내면에 깊게 몰두하여 그러한 자아의식을 발견했다. 그리고 그것을 말나식이라고 명명했다. 이상의 후천적과 선천적이라는 두 자아의식을 술어로 정리하면 다음과 같다.[9]

구생의 아집
　　┌ 제7말나식이 제8아뢰야식을 반연하다. ― 상상속(常相續)
　　└ 제6의식은 식소변의 오온을 반연하다. ― 유간단(有間斷)

분별의 아집 ― 제6의식이
　　┌ 삿된 가르침에서 말한 온(蘊)의 상을 반연하다.
　　└ 삿된 가르침에서 말한 아(我)의 상을 반연하다.

9　구생의 아집이 선천적인 자아의식, 분별의 아집이 후천적인 자아의식에 해당한다. 구생의 아집 중에서 "제6의식이 식소변의 5온을 반연한다"라는 것은 전술한 것처럼 신체 등을 보고 '나'라고 생각하는 그러한 자아의식이다. 분별의 아집 중에서 "삿된 가르침에서 말한 온의 상을 반연하다"라는 것은 오온이 집합하여 만들어진 가상의 이런 몸을 나라고 생각하는 것 '즉온(卽蘊)의 아(我)를 계탁한다'라고도 말한다. "삿된 가르침에서 말한 아의 상을 반연하다"라는 것은 소승의 독자부가 비즉비리온(非卽非離蘊)을 아라고 생각하는 것, 혹은 앞에서 서술한 베단타학파가 설파하는 범아일여의 아 혹은 데카르트가 말한 아 등을 들고 그러한 아가 있다고 보는 것이다. 의식에 제육, 말나식에 제칠, 아뢰야식에 제팔이라고 하는 것은 팔식이 안식·이식·비식·설식·신식·의식·말나식·아뢰야식의 순서로 설명되기 때문이다. 감각에 해당하는 첫 번째 오식을 통틀어 전오식(前五識)이라고 한다.

그런데 무엇인가를 대상으로 해서 '나'가 생기는데, 그러면 이 말나식은 무엇을 대상으로 해서 나와 집착하는 것일까? 이에 유식학파는 "아뢰야식을 대상으로 하여 자신이라고 생각한다"라고 대답했다. 그러나 이것은 심층에서 일어난 것이므로 표층의 마음의 파도를 가라앉히고 마음속 깊게 침잠하지 않으면 좀처럼 알 수 없다. 그래서 『성유식론』에서는 말나식이 존재하는 증명으로써 여섯 가지를 들고 있다. 낱낱의 해설은 번거로우므로 생략하고 그중 두 가지를 소개한다.

(1) 하나는 우리들의 행위는 항상 자신이 주체가 되어 있고, 그 행위가 자기에게 되돌아온다. 촛불이 빛을 뿜어주는 것처럼 우리는 행위에 사용하는 에너지 전부를 다른 이에게 줄 수는 없다. 좋은 일을 한다. 그때 '좋은 일을 했다'라는 생각이 남는다. 봉사활동을 성실히 하면 할수록 자기 만족심의 존재를 깨닫는다. 이와 같이 우리들의 표층의 마음이나 행위가 항상 이기심(아집)으로 탁해져 있는 것은 심층에 자아 집착심이, 즉 말나식이 작용하고 있기 때문이다.

(2) 우리는 근본 진리를 알지 못한다. 태어나기 이전의 나는 무엇이었는지, 지금 살고 있는 나의 본체는 무엇인지, 우주의 참모습은 어떤 것인지, 이런 문제에 대해서 우리는 아무것도 모른다고 고백하지 않을 수 없다. 그것은 왜일까? 그것은 항상 나, 자신이라고 계속 생각하는 자아 집착심이, 즉 말나식이 심층에서 작용하고 있기 때문이다.

그런데 불교는 무아를 설명하지만 내가 없으면 살 수 없지 않은가? 말나식은 심층으로 작용하는 자아 집착심이라고 해도, 인간이 살아가기 위해서는 자아에의 집착이 필요하지 않을까? 하는 의문에 대해 잠시 생각해보자.

확실히 자신을 의식하고 그것을 행위의 중심에 두고 다양한 욕망을 가지지 않는 한, 인간은 살아갈 수 없다. 그런데 문제는 그런 자아집착심에 근거한 욕망이 타인을 괴롭히는 욕망이라면 그것은 부정되어야 할 욕망이다. 예를 들어 자본가가 재력에 맡겨 좀 더 돈을 벌고 싶은 욕망을 갖는다. 그로 인해 점점 재산을 늘린다고 하면, 돈을 착취당한 사람은 괴로워하게 된다. 그런 부자들의 지나친 욕망은 용서받을 수 있는 것이 아니다.

또한 현재 문제가 되고 있는 '왜 사람을 죽여서는 안 되는가?'라는 물음 속에서 이 문제를 생각하면, 사람을 죽이고 싶다는 욕망과 그것에 근거한 살인 행위란 다른 사람을 괴롭히는 것이 되기 때문에 사람을 죽여서는 안 된다고 쉽게 결론이 나게 된다. 또 남에게 폐를 끼치지 않는다고 생각하고 있는 행위 중에서 정말로 폐를 끼치지 않는 것이 얼마나 있을까?

인간은 실체적으로 있는 것이 아니라 관계적으로 있다는 그 '연기'의 이치에 입각해 세상을 다시 바라보면 상당히 자신의 삶이 달라지지 않을까?

'나'에게 오염된 마음

삶의 욕망은 선도 악도 아니다

다음으로 '자아 집착심은 나쁘다'라고 말하지만, 이 집착심이 나쁜지 어떤지 라고 하는 문제를 생각해보자. 불교에서는 선악의 가치판단으로 다음 세 가지를 세우고 있다.

첫째, 선이다(善)
둘째, 악이다(惡)
셋째, 선도 악도 아니다(非善非惡)

이 중 선인지 악인지의 판단은 보통 하지만. 마지막 선도 악도 아니다 라는 판단은 불교의 독자적인 것으로 무기無記(선인지 악인지 구분할 수 없다는 의미)라고 한다.

그런데 심층의 말나식과 아뢰야식이란 가치 판단으로서는 이 무기에 해당한다. 즉, "심층으로 작용하는 말나식과 아뢰야식이란 선한 것도 악한 것도 아니다"라고 유식사상을 통해 판단하는 것이다. 그 이유는 이 두 개의 식이 심층심이기에 표층의 제6의식이 관여하지 않는 마음의 영역이기 때문이다. 바꿔 말하면 '나'라는 의식을 분명하게 가진 제6의식의 작용에 의해서만 선 또는 악이라고 하는 행위가 전개될 수 있다는 입장을 취하는 것이다. 이 견해는 중요하다. 살아가는 근원적 에너지가 되는 심층의 자아집착심, 즉 "살아 있는 것 자체를 지탱하고 있는 욕망은 좋지도 나쁘지도 않다"라는 이 견해가 의미하는 것을 가까운 이 자기의 생명을 구체적으로 느끼면서 조용히 연구해보자. 욕망이라는 말의 의미를 더 깊이 이해할 수 있게 될지도 모른다.

이처럼 말나식은 선도 악도 아니다. 그러나 그것은 '오염된 마음'이라는 의미로서 부정적인 가치판단이 이루어진다. 왜냐하면 이 말나식에는 항상 '**아치我癡 · 아견我見 · 아만我慢 · 아애我愛**'라는 네 가지 번뇌가 함께 작용하고 있기 때문이다. '나'가 무엇인지? 우리들은 아무것도 모른다. 그런데도 예를 들어 손을 보고 '내 손이다'라고 말하며, 거기에 '나'가 있다고 생각을 한다.

그리고 그 설정한 나를 타인과 비교해서 자신이 뛰어나다는 자만심을 일으킨다. 더욱이 그 나에게 애착을 가지며, 죽음에 임하여 죽고 싶지 않다고 괴로워한다. 이상의 네 가지 마음을 차례로 '아치 · 아견 · 아만 · 아애'라고 말한다.

이 네 가지 번뇌는 다른 표현도 있지만 이처럼 '나我'를 써서 표현하고 정리한 것은 세친의 『유식삼십송』에서이다. 나라는 것에 미혹되고 자신에게 집착하는 마음을 훌륭하게 정리한 것이라고 할 수 있다.

이러한 나에 대한 미혹 내지 집착은 물론 구체적으로는 표층의 6식의 영역에서 일어나지만, 그것이 표층에서 일어날 수 있는 것은 심층에 있는 말나식[10]이 이 네 가지 번뇌와 함께 작용하여 항상 끈질기게 나, 자신이라고 지속적으로 생각하고 있기 때문이다.

오염되기는 해도 좋지도 나쁘지도 않은 심층의 자아 집착심, 그리고 거기서 발원하는 욕망, 이것이 표층의 마음을 흐리게 하고, 거기서 처음으로 자신뿐만이 아니라 타자도 괴롭히는 나쁜 행위(악업)가 발생하게 된다. 그러면 그런 악업이 이루어지지 않으려면 어떻게 해야 할까? 이것을 유식의 교리에게 배워보자.

예를 들어 생각해보자. 샘물에서 솟아나오는 물이 더럽다고 하자. 맑은 물로 만들기 위해서는 솟아나는 바닥에 쌓여 있는 오물을 제거해야 한다. 이와 마찬가지로 표층의 마음속의 더러움을 제거하기 위해서는 심층의 아뢰야식 속에 있는 더러운 종자를, 즉 말나식을 일으키는 종자를 제거할 필요가 있다. 그러나 말나식은 말하자면 '삶의 근원적인 에너지'이기 때문에 그 에너지를 없애버리면 살아갈 수가 없다. 그래서 유식사상은 말나식 자체를 없애는 것이 아니라, 그 '식'의 상태를 '지혜'로 변화시켜야 한다고 주장하는 것이다. 이 '식'으로부터 '지혜'로의 변화를 '**전식득지**轉識得智'(식을 전환하여 지혜를 얻는다)라고 한다. 확실히 유식사상이 목표로 하는 인격의 변혁은 이 '전식득지'의 한 마디에서 끝난다. 이것을 종자의 단계에서 말하면, 말나식을 일으키는 더러워진 종자를 태워, 맑은 지혜를 생기게 하는 종자에 비료를 주어 그것을 싹트게 하는 것이다.

지금 문제로 삼고 있는 말나식에 대해서 말하면 "**말나식을 전환하여 평등**

10 이상과 같이 검토해온 말나식이 다른 식과 다른 특징을 정리하면 다음과 같다.
①항심사량(恒審思量)이다. ②아뢰야식을 반연한다. ③항상 아치·아견·아만·아애의 네 가지 번뇌와 함께 일어난다. 항심사량이란 자나 깨나 심지어는 생사윤회하는 것을 떠나서 아주 집요하게 나를 생각하는 것이다.

성지平等性智**를 얻는다**"라고 한다. 평등성지란 나와 남이 평등하다고 보는 지혜이다. 그것은 표층심에서 개념적으로 '남과 나는 동일한 것이다. 그래서 사람을 사랑하고, 자애해야 한다'라고 생각한 마음이 아니다. 그것은 마음의 뿌리로부터 자타평등이라는 사실을 간파한 지혜이다.

물론 이것은 보통 사람에겐 없는 지혜이다. 다만 예수와 붓다, 그리고 최근에는 비폭력주의·무저항주의를 통해 인도를 독립으로 이끌고, 흉탄에 쓰러지면서도 "그대를 용서한다"라며 죽어간 마하트마 간디, 치유의 집을 지어 노상에서 죽어가는 사람에게도 구원의 손길을 내민 테레사라는 사람들만이 지닌 지혜라고 할 수 있다. 그렇다고 해도 우리도 사람이다. '좋아, 이 지혜를 이상으로 인생을 시작하자'라고 결의하는 곳에서 길은 열리게 될 것이다. 그럼 어떻게 나아가면 좋을까? 그것을 유식사상에서 배워보자. 우선 좀 더 이해를 돕기 위해 정리해보고자 한다.

정문훈습하다 ──────▶ 평등성지를 생기게 하는 종자에 비료를 주다
무분별지의 불을 태우다 ──────▶ 말나식을 생기게 하는 종자를 태워 버리다

앞서 말한 것처럼 올바른 가르침을 바르게 반복해 듣는 것(정문훈습)은 아뢰야식 안에 있는 훌륭한 가능성에 비료를 주어 스스로 깨닫게 하는 것이 된다. 예를 들어 지금 기술한 전식득지(말나식을 전환하여 평등성지를 얻음) 혹은 대비천제의 보살(중생제도를 위해 자신은 결코 열반하지 않고 계속 생사윤회를 하겠다고 결심한 사람) 등의 가르침을 들음으로써 '그래, 그런 지혜를 얻자, 그런 보살의 삶을 추구하자'라는 서원을 하게 된다. 그리고 그 서원을 바탕으로 구체적으로 무분별지의 불을 지피면서 사회 속에서 사람들을 위한 보살행을 전개하게 된다. 무분별지란 '자'와 '타'와 그 양자 사이에 전개되는 '행위'의 세 가지를 분별하지 않는 청정한 지혜이다.

예를 들어 어떤 사람에게 어떤 것을 베푼다고 하자. 보통은 '내가 당신에게 이것을 베풀었다'라고 의식하지만, 그 '나'도 '당신'도 '베풂'도 분별하지 않고, 게다가 타인에게 베푸는 것이 무분별지에 근거한 보시행이다. 그 베푸는 것이 표층에서는 이타행이 되지만, 이와 같이 무분별지로 행동하는 것이 말하자면 불이 되어 심층에 잠재된 오염된 종자를 태워 없애 버리는 것이 된다. 즉, 이타행이 자리행이 되는 것이다. 심층심은 하루 이틀에 변하지 않는다. 그러나 '정문훈습'과 '무분별지행'을 1, 2년을 계속 이어가다 보면 알게 모르게 마음이 심층에서 정화되어 간다. '교敎'에서 들어가 '행行'으로 그리고 최종적으로 '증證'에 이르겠다는 웅대한 부처의 길을 걷고자 결의를 일으킬 때, 반드시 용맹하고 과감하게 삶의 길을 개척해 나갈 수 있을 것이라고 나는 확신하고 있다.

우리 현대인은 사물과 정보에 휘둘려 삶의 에너지를 잘못된 방향으로 소모해서 수많은 문제를 껴안고 말았다. 평등성지 이것은 부처님의 지혜이다. 그렇지만 한 사람 한 사람의 인간이, 부모가, 아이가, 교육자가, 경제인이, 정치인이 이 지혜의 획득을 목표로 하여 하루하루, 조금씩이라도 자신의 말나식을 줄이면서 사람들을 위해서 살아갈 때, 붕괴 직전의 현대 사회는 재생으로 방향 전환할 수 있다고 믿고 있다.

제6장

모든 것은
마음이 만들어낸다

제6장
모든 것은 마음이 만들어낸다

일체의 마음

사과의 색과 모양은 마음속에 있다

　빨간 사과를 본다. 그때 소박실재론자素朴実在論라면, 붉은 색과 둥근 형태는 외계에 있다고 생각하지만 실제로 그럴까? 예를 들면 존 로크John Locke[11]는 대상의 속성을 제 일차 속성과 이차 속성으로 나누고, 전자는 자체에 필연적으로 속하며 그것 없이는 대상의 존재는 생각할 수 없는 성질이라고 하며, 그런 성질로서 연장延長과 불가입성不可入性 운동과 정지, 도형과 수를 생각했다. 반면 후자는 내적인 성질에서 색깔, 소리, 냄새나 맛 등의 감각이 그것에 해당한다고 주장했다. 유럽에서는 근세에 와서야 비로소 이런 논의가 이뤄지게 되었지만, 인도 불교에서는 이미 기원후 2~3세기경에 이 문제에 관해서 각 학파간에 격렬한 논쟁이 전개되었다. 그리고 유식학파는 모든 대상(예를 들면 사과)

11　영국의 철학자, 정치사상가.

과 자체의 속성(예를 들면사과의 빨간 색, 둥근 형태)이란 마음속의 영상이라는 견해를 취하기에 이르렀다.

조용히 마음속을 관찰해보면 이것은 사실이다. 왜냐하면 이미 거듭 말했듯이 우리들은 한 사람 한 사람이 우주이며, 자신의 우주 밖으로 빠져나올 수 없기 때문이다. 그래서 설령 외계에 사과가 있다 하더라도 그 사과 자체를 볼 수는 없는 것이다. 따라서 지금 보고 있는 사과 그리고 그 빨갛다, 둥글다고 하는 속성은 모두 마음속에 만들어진 영상이라고 결론지을 수밖에 없다.

그런데 전부를 만들어내는 것이기 때문에 산과 강과 같은 자연도 마음속에 영상으로 존재하는 것이 된다. 그럼 이 영상은 어디에서 생기는 것인가 하는 문제가 생기게 된다. 이것에 대해 예를 들면 주관적 관념론主觀的觀念論의 입장을 취하고 있는 조지 버클리Goerge Berkeley의 경우는 자연의 영상, 즉 관념은 신神 안에 있고, 신으로부터 주어지는 것이라고 생각한다.

그러나 신과 같은 초월자를 내세우지 않는 유식학파는 심층의 아뢰야식으로부터 모든 대상, 일체의 것이 생긴다고 말하는 것이다. 일체의 대상에는 자신의 신체, 자기 주변의 생활 도구, 산이나 강 등의 자연, 또 멀리 있는 별들 등 이른바 '대상'이라고 불리는 존재, 게다가 시각 내지 촉각의 오감(안식·이식·비식·설식·신식)과 사고하는 마음(의식) 등 더욱이 '마음'이라고 불리는 것, 이것들이 모두 포함된다. 심지어 미혹과 깨달음도 이 아뢰야식으로부터 생긴다고 설명한다. 그와 같이 일체의 존재를 생성하는 힘, 그것을 식물의 종자에 비유해서 종자라고 불렀고, 아뢰야식은 그러한 종자를 가지고 있기 때문에 일명 '**일체종자식**一切種子識'이라고도 명명했다.

아뢰야식을 '우주를 형성하는 근본심'이라고 정의할 수도 있지만, 이 경우의 우주란 자연과학에서 말하는 우주가 아니라, 한 사람 한 우주의 우주, 아뢰야식으로부터 일체종자식으로 만들어진 우주, 그 안에 자신이 갇혀 있는 자신에게 있어서의 구체적인 우주를 의미한다.

우선 아뢰야식의 기능을 항목별로 열거해보자.

① 과거 업의 결과를 저장한다.
② 현재와 미래의 모든 존재를 생성한다.
③ 육체를 만들어내고, 그것을 생리적으로 유지하고 있다.
④ 자연을 만들어내고, 그것을 계속 인식하고 있다.
⑤ 생사윤회의 주체가 된다.

이 중에서 ③과 ④는 장을 바꾸어 설명하기로 하고, 나머지 세 가지 기능에 대해서 생각해보자.

과거 업의 저장고

업 불멸의 법칙을 믿자

어떤 사람을 일단 미워하면 그 미움이 저절로 점점 더 강해지는 일이 있다. 좋지 않은 일을 당하면 어두운 감정이 계속된다. 인간관계의 불화는 스트레스를 일으킨다. 이러한 일이 일어나는 것은 표층의 마음 상태, 즉 업이 어떠한 영향을 그 행위자에게 남기기 때문이다. 그 영향이 심어지는 장소, 그것이 있다는 사실을 유식학파 사람들은 요가라는 실천을 통해 발견하고, 그것을 아뢰야식이라고 명명하였다. 그리고 아뢰야식 속에 심어진 영향을 식물의 종자에 비유하여 '종자'라고 명명하였다.

아뢰야식은 원어 '알라야 비즈냐나alaya-vijñāna'의 음역이지만, 아뢰야에 해당하는 알라야는 장藏, 창고倉庫라는 의미이기 때문에 '장식藏識'으로 의역된다. 즉, 아뢰야식이란 심어진 종자를 축적하는 곳간으로서의 식이라는 것이다. 확실히 질량 불변의 법칙과도 비슷한 '업 불멸의 법칙'은 있다. 그것이 인간의 행위에 작용해서 한순간 한순간의 표면적 업의 에너지는 결코 소멸하는 일 없이 잠재적 에너지로서 아뢰야식으로 축적되어 간다. 그때 그 표면적 에너지가 투명한 물처럼 맑으면 좋겠지만, 그 반대로 자신에 대한 집착, 즉 아집에 근거하는 번뇌에 의해서 탁해진 마음이기 때문에 그 영향을 받아서 아뢰야식도 더욱 더 탁해지게 되는 것이다.

마음속으로 무엇인가 나쁜 것을 생각하다 '뭐, 그것은 타인은 모르기 때문에 괜찮아'라고 생각하며 사람을 미워하고 싫어한다. 그러나 타인이 눈치 채지 못한다고 해도, 그 생각은 심층심을 계속 오염시켜 갈 것이다. 이 사실을 알게 될 때, 우리는 깜짝 놀라게 된다. 나이가 들수록 사는 것이 힘들고 버거워지는 사람은 이 표층심과 심층심[12]과의 인과관계를 깨닫지 못하고, 혹은 알고 있

---

12 심층심의 아뢰야식에 표층심의 업의 영향이 심어지고 모아진다는 유식학파의 발견은 마음이라는 말에 대해서도 새로운 어원 해석이 이루어졌다. 마음에 해당하는 산스크리트어는 'citta'이다. 이 말의 어원 해석에는 다음과 같이 두 가지가 있다.
①cit(考える) 생각하다.
②ci(集める) 모으다.
이중 ①은 파스칼의 "인간이란 생각하는 갈대다"라든지, 데카르트의 "나는 생각한다. 고로 나는 존재한다"라는 격언을 기다릴 것 없이 누구나 생각하는 일반적인 해석이다. 불교도 예외가 아니라 마음을 의미하는 'citta'는 '생각한다라'는 동사 'cit'에서 파생된 명사라고 해석한다. 생각하는 마음의 대표가 의식(mano-vijñāna)인데 그 뜻에 해당하는 원어 'manas'는 역시 생각한다는 동사 'man'에서 유래된 명사이다. 주지하는 바와 같이 인도의 산스크리트어, 그리스어, 독일어, 나아가 영어 등을 가리켜 인도·유럽어족이라고 한다. 모두 아리야어에서 갈라진 말로, 서로 공통성이 있다. 이 'man'도 그렇고, 산스크리트어로는 '생각하다'라는 동사인데 독일어, 영어로는 생각하는 동물, 즉 '인간'을 의미하게 되었다. 그런데 유식파는 마음의 어원을 '모으다'라는 뜻의 동사 'ci'에서 찾는 새로운 어원 해석을 하고, 그런 마음을 아뢰야식으로 생각했던 것이다. 이른바 '마음'을 나타내는 말로는 마음(citta)과 의(manas)과 식(vijñāna)이 있으며, 원래 이 세 가지는 동의어였지만 『성유식론』에서는 다음과 같이 팔식을 이 세 가지로 배분하게 되었다.
心 - 阿賴耶識
意 - 末那識
識 - 眼識·耳識·鼻識·舌識·身識·意識

어도 그것을 무시하고 살아온 대가가 돌아왔다고 말할 수 있을 것이다.

표층심이 심층심을 흐리게 한다. 이런 이치를 정확하게 자각할 때 우리들은 살아가는 자세를 바로잡아 보자는 마음이 들게 된다.

깨달은 사람이 될 가능성

이 몸을 소중히 하여 정진하자

이와 같이 아뢰야식은 과거 업의 결과를 축적하고 있는 것만이 아니다. '**일체종자식**一切種子識'이라고 불리며, 일체를 생성하는 힘을 가지고 있기 때문에 당연히 현재와 미래와의 존재를 생성하는 힘도 가지고 있다.

영화의 필름이 일순간에 영상을 비추었다가 사라져간다. 그래서 그 영상에 움직임이 나타나듯이, 우리의 마음도 아뢰야식으로부터 생겨났다가 한순간에 소멸하기 때문이다. 즉. 표층심은 찰나에 생멸하기 때문에 눈앞에 다양한 움직임이 있는 현상이 전개될 수 있는 것이다. 조용히 시간의 흐름 속에서 마음을 관찰할 때, 마음은 현재의 한순간밖에 존재하지 않는다는 사실, 한 찰나에는 사이가 없고, 마음이 그 사이가 없는 현재라는 시간에만 존재할 수 있다는 사실을 확인할 수 있다. 이처럼 생겼다가는 한순간에 사라지는 현재의 모든 현상을 만들어내는 것이 아뢰야식 속에 있는 종자이다.

또한 미래를 만들어낼 수 있는 능력까지도 아뢰야식은 가지고 있다. 지금 우주정거장 건설이 진행되고 있다. 언젠가 그곳에서 지구 밖의 별로 향하고, 거기서 인간이 살게 될지도 모른다. 그리고 마침내 인간은 생명을 조종하게 되었다. 더욱이 앞으로도 DNA의 해명이 진행되어 머지않아 인간은 생명을 만들어낼 것이다. 정말로 인간은 훌륭한 존재인 동시에 무서운 존재이기도 하다.

개인의 차원에서 말하면, 불교에서 가장 문제가 되는 것은 미혹한 내가 어떻게 깨달은 붓다覺者가 되는 것이 가능한가? 그 보증은 왜 있는가? 하는 문제이다. 이에 비해 유식사상은 원래 아뢰야식 속에 깨달은 사람이 될 수 있는 가능성, 즉 종자가 갖추어져 있다. 그러므로 그것은 말하자면 비료를 주어서 성장시키면 미래에 그것이 싹을 틔우고, 자신도 깨달은 사람이 될 수 있다고 생각하는 것이다. 이것은 불성과 여래장사상으로 통하는 생각이다. 지금 나는 미혹한 범부이다. 하지만 '깨달은 사람이 될 종자'를 갖고 있다. 먼저 이것을 믿고, 다음의 『양진비초梁塵秘抄』 속에 나오는 노래에 귀 기울여보자.

"부처님도 옛날에는 사람이고, 우리도 끝내는 부처가 되니, 삼신불성三身佛性을 구할 몸인 줄 어찌 알았으랴!"

그리고 그다음 도원道元의 말을 정리한 『정법안장수문기正法眼藏隨聞記』의 다음 글을 읽을 때 나는 용기를 얻는다.

"가리켜 말하되, 부처와 조사, 모든 시초는 범부니라. 범부일 때는 반드시 악업도 있고, 악심도 있으며, 둔함도 있고, 어리석음도 있다. 그렇다고 해도 모두 새로이 지식에 따라 수행해 나가면 모두 부처와 조사가 되리니, 지금의 사람도 그럴 것이다. 내 몸이 우둔하다고 얕보지 마라. 금생에 발심하지 않고서는 어느 때를 기다리는가? 도를 행할지어다. 지금 힘써 수행하면 반드시 도를 얻으리라."

인간이란 정말로 성가신 존재이다. 번뇌가 있고, 분별이 있으며, 노고가 있고, 죽음이 있다. 그렇지만 동시에 인간으로 태어나는 것은 멋진 일이다. 「삼귀의문三歸依文」의 첫머리 글, 즉 "사람의 몸 받기 어려우나 지금 이미 받았고, 불법 듣기 어려우나 지금 듣는다. 이 몸 금생에 구하지 않으면 다시 어느 생에 이 몸을 제도하겠는가?"를 외칠 때마다 나는 용기가 생긴다. 지금 살아 숨 쉬고 있는 이 '임시의 나'를 소중히 하며 노력 정진하려는 마음이 생겨난다.

모든 것을 생성할 수 있는 식, '일체종자식'이라는 생각은, 현재 자신의 세계와 인간의 미래 사회를 생각하게 하는 계기기 되는 개념이다.

윤회의 주체

이 몸은 순간순간에 생겨서는 사라지다

다음으로 아뢰야식이 윤회의 주체가 되는 것에 대해 생각해보자.

불교에는 원래 하나의 딜레마가 있었다. 그것은 '무아를 설명하면서 동시에 생사윤회를 인정한다면 그 윤회하는 주체가 무엇인가?'라는 물음이 나오기 때문이다. 이것에 대해서 초기불교는 "업이 상속한다"라고 답했다. 이것은 말하자면 과학적인 안목으로 생각한 윤회설이다. 불교 이외의 브라만교에 속하는 여러 학파 혹은 외도라고 불리는 사상 중에는 영혼jīva(지바) 혹은 나ātman(아트만)의 존재를 인정하고, 그것이 윤회의 주체라고 하는 생각이 많이 인정받았다. 그 영혼 혹은 아트만은 어디까지나 존재하는 것이기 때문에 같은 대상으로서 계속 존재하고, 더구나 스스로 자신을 통제하고 지배할 수 있는 힘 있는 존재로 여겨졌다. 이것을 '**상일주재常一主宰의 나**'라고 한다.

이것에 대해서 붓다께서는 그런 '아', '나'라는 것은 없다고 하는 무아설을 주장하셨다. 확실히 이 구체적인 생명, 마음을 관찰할 때 그러한 나는 어디를 찾아보아도 발견할 수 없다. 육체는 언뜻 보면 같은 육체로 계속 있는 것처럼 보이지만, 쇠약해진 세포를 대신해 새로운 세포가 차례차례로 생겨나고 있다. 이미 오래전에 NHK에서 방영된 〈경이로운 소우주 – 인체〉라는 방송 프로그램에서, 소장 표면에는 영양을 혈액 속에 넣어주는 무수한 영양흡수세포가 있다. 그것은 매일 힘든 역할을 하기 때문에 하루 만에 소멸해간다. 그러나 그 아래에서 차례차례 새로운 세포가 생긴다는 것을 알게 되어 놀라웠고 감동했었다. 세포뿐만이 아니다. 혈액도 3개월이면 완전히 새로운 성분으로 바뀐다.

재차 마음이 무상하다는 걸 쉽게 알 수 있다. 샘물에서 솟아나는 물처럼 생겼다가는 흘러가는 것, 그것이 마음이다.

다시 '육신이여, 쇠약해지지 마라'라고 염원해도 그 무상을 막을 힘이 내게는 없다. 마음도 의지와는 무관하게 계속 잡념이 일어난다. 거기에 스스로 자신을 통제하고 지배할 수 있는, 즉 주재할 수 있는 그런 나는 없다.

이와 같이 '상일하고 주재하는 나' 같은 건 어디에도 존재하지 않기 때문에 무아이다. 그러나 생겨났다가 사라지는 업의 상속체가 있고, 그것이 이 일생을 살아가고, 그것이 미래에도 계속될 것이라고 붓다께서는 말씀하셨다.

예를 들어 바람이 없는 장소에서 불타는 촛불을 보면, 거기에는 같은 하나의 불이 있다고 생각하겠지만, 사실은 순간순간 생겼다가는 사라져가는 불연속의 연속체가 있을 뿐이다. 사실을 사실로서 보았을 때, '찰나에 생멸하는 업의 존속체가 있다'라고 말하지 않을 수 없다. 이러한 견해가 플라톤이 영혼은 있다, 데카르트가 정신은 있다고 보는 견해보다 더 과학적인 견해라고 생각된다.

이처럼 과학적이라고는 하지만, 업의 상속체가 윤회의 주체라는 것은 좀처럼 납득이 가지 않는다. 그래서 부파불교 시대에 이르러서는 윤회의 주체로서 상좌부上座部는 '유분식有分識', 대중부大衆部는 '근본식根本識', 화지부化地部는 '궁생사온窮生死蘊' 등을 설하였다. 그러나 그 어느 것도 만족할 만한 설은 아니었다. 그 때문에 유식학파가 아뢰야식이야말로 윤회의 주체라고 주장함으로써 이 문제를 일단 결론지을 수 있었다.

그러나 여기에서 다시 아뢰야식이 윤회의 주체라면 그것은 '나我'와 같은 것이어서 무아설에 위배되는 것은 아닌가라는 문제가 생긴다. 이러한 비난은 아뢰야식을 세운 유식학파 사람들도 예상하고 있었다. 그래서 『해심밀경』에는 "아타나식阿陀那識은 매우 깊고 미세하여 체體의 종자는 폭류瀑流와 같다. 내가 범부와 어리석은 이에게는 말하지 않나니, 그들이 분별하고 집착해서 나라고 할까 두렵구나"라고 말하고 있다. 이해력이 없는 사람은 아타나식(아뢰야식의 다른 이름)이라고 물어보면, 그것은 나라고 잘못 생각할까 봐 지금까지 말하지 않았다는 것이다.

그렇다면 어째서 아뢰야식은 내가 아닌가? 이에 대해 『해심밀경』에서는 '폭류와 같다'라고, 또한 『유식삼십송』에서도 '폭류와 같다'라는 비유로써 대답하고 있다. 곧 강의 흐름을 눈으로 보면 항상 흐르는 '물'이 있는 것처럼 생각하지만, 그것은 시각에 의한 착각이다. 강물에 손을 담가보자. 그러면 물은 시시각각 새로운 물이 되어 간다. 즉, 거기에는 찰나에 생멸하는 불연속적인 연속체로서의 물이 있을 뿐이다. 이와 마찬가지로 아뢰야식도 실체로서 항상 존재하는 것이 아니라, 찰나로 생멸하는 불연속체로서의 마음이 있을 뿐이라는 것이다. 후에 『성유식론』에서는 아뢰야식 속의 종자가 그렇게 찰나생멸하면서 상속된다고 보고, 그것을 '종자생종자種子生種子'(종자가 종자를 생성한다)라고 표현하였다.

이것에 의해서 유식학파는 표층심뿐만 아니라 심층심까지 포함해서 마음 전체를 일대 에너지의 변화체로 파악하고 있음이 판명되었는데, 이 마음을 정확하게 표현한 것은 세친이 『유식삼십송』에서 사용한 '식의 전변轉變'이라는 말이다.

그런데 지금 나는 인간으로서의 아뢰야식을 가지고 있지만, 이번 생에서 나의 업이 선인지 악인지에 따라서 내생에 나의 생존상태가, 예를 들어 인간이냐 천상이냐 아니면 지옥이냐 아귀냐로 결정된다는 초기불교 이래의 생각을 유식사상은 아뢰야식의 종자 영역에서 설명하게 되었다.

말의 종자

단지 말이 있을 뿐

여기서 아뢰야식 중 '종자'의 검토로 넘어가고자 한다. 우선 종자에는 ① 명언종자名言種子, ② 업종자業種子 두 종류가 있다. 이 중 먼저 '명언 종자'에 대해 생각해보자.

『해심밀경』에서 처음으로 유식설이 제창된 이래로 아뢰야식 속의 종자가 무엇인가 하는 것이 추구되어 왔다. 그러나 점차 종자라는 말로써 더 엄밀히 말하면, 말에 의해 채색된 종자라고 하는 생각이 강해졌고, 결국『성유식론』에서 '**명언종자**'라는 개념이 만들어졌다. 게다가 아뢰야식 속의 종자는 모두 '명언종자'라고 하는 생각으로까지 발전했다.

이 '명언종자'라는 개념에 이르기까지는 많은 불교논사에 의한 말에 대한 깊은 탐구의 역사가 있었다. 하지만 그것은 모두 붓다의 "생사는 희론이며, 열반은 무희론이다"라는 언명에 대한 해석의 역사였다고 할 수 있을 것이다. "생사는 희론이다"라는 말에 의해 희롱으로 말해진 세계, 그것이 생사, 즉 괴로움의 세계라는 의미이다. 말이 만들어내는 세계, 거기에 집착하기 때문에 괴로움이 생긴다는 것은 이미 반복해서 확인해왔다. 실로 말은 대상을 만들어내는 대단한 힘을 가지고 있다.

예를 들어 '나는 죽으면 지옥인가? 아니면 극락인가? 어디에 태어날까? 아니면 완전히 없어져버리는 것일까?'라고 말로 생각했다고 하자. 그때 이 생각 속에는 '나'라는 존재와 사후라고 하는 '시간'과 지옥·극락이라는 '공간'이, 그것이 진정으로 있는지 없는지의 진위 여부를 깊이 사색하고, 반성하는 일 없이 말에 의해서 만들어지고 있다. 만들어내는 것뿐이라면 그래도 좋지만, 그렇게 생각하고 두려워하는 부분에 문제가 있는 것이다.

조용히 마음속에 생기는 말에 의식을 집중하고 그것이 대상을 말하고 있는

지, 아니면 대상 그 자체인지를 관찰해보자. 그러면 말은 대상 그 자체와는 전혀 다른 것이며, 결코 대상 그 자체를 말하는 것이 아님을 깨닫게 된다.[13]

정말로 말이 일체를 만들어내고 있다. 게다가 만들어낸 '대상'은 본래적으로는 존재하지 않는 것이다. 어쨌든 말과 현상과의 관계에 대한 깊은 고찰의 결과로서, 아뢰야식 속에 있는 일체의 종자를 '명언종자', 즉 '말의 종자'라고 명명하기에 이르렀다.

고요해진 마음속에서 나, 몸, 마음, 지금, 여기, 죽는다 등의 말을 꺼내보자. 이에 대응하는 것이 과연 실재하는 것일까? 단지 말, 즉 이름만 있을 뿐이라는 것을 깨닫게 된다. 따라서 유식은 유명唯名, 즉 오직 이름이 있을 뿐이라고 바꿔 말할 수도 있다.

업의 종자

선을 행하고 악을 행하지 않는 것의 목적은 무엇인가

다음으로 '업종자'에 대해서 생각해보고자 한다. 미시마 유키오三島由紀夫는 죽기 전에 유식사상을 배우고, 칠생보국七生報國의 정신으로 자결을 했지만, 아뢰야식이 주체가 되어 그 방식을 바꾸면서 육도를 윤회한다는 유식사상의 윤회설을 믿었던 것이다. 이 윤회설에 따르면, 미래세의 생존상태를 결정하는 것이 금생의 선 또는 악의 업에 의해서 아뢰야식 속에 심어진 종자, 즉

---

13 '명의객진성(名義客塵性)'이라는 말이 있다. 명(名)이란 말, 의(義)란 그것이 가리키는 대상으로 손님(客)이나 티끌(塵)처럼 서로에게 본래적인 것이 아니라 별개의 것임을 나타낸 생각이다. 우리는 '불(火)'이라고 해서 거기에 불이 있는 것처럼 생각하지만, 불이라고 해도 결코 입술은 뜨거워지지 않는다. '불'이라는 말이 향할 대상과 말은 전혀 다른 별개의 것임을 이것으로부터도 알 수 있다.

'업종자'이다. 그런데 선업과 악업으로서 십선업과 불선업이 있다. 이 중에 십 선업(불살생不殺生·불투도不偸盜·불사음不邪淫·불망어不妄語·불양설不兩舌·불악구不 惡口·불기어不綺語·불탐욕不貪慾·불진에不瞋恚·불사견不邪見)을 행하면 내세에는 천상이나 인간의 선취로 태어나며, 십불선업을 행하면 지옥·아귀·축생 중 어느 한 악취로 태어난다고 되어 있다.

선한 업을 지으면 편안한 결과가 초래하고, 반대로 나쁜 업을 지으면 고통 스러운 결과가 나온다는 '선인낙과善因樂果, 악인고과惡因苦果'라는 인과성을 믿는 사람은 금생의 삶의 방식이 깨끗해진다. 지금 '깨끗해진다'라고 했지만, 이 점이 중요하다. 물론 악을 행하지 않고 선을 행하는 것이 중요하다. 하지만 그것만을 목적으로 한다면 선악에 사로잡혀 버린다. 어디까지나 저 『칠불통 계게七佛通誡偈』에

諸惡莫作	모든 악을 짓지 말고
衆善奉行	모든 착한 일은 받들어 행하며
自淨其意	스스로 그 뜻을 정화하라
是諸佛教	이것이 여러 부처님의 가르침이다.

라고 이야기할 수 있듯이 자신의 마음을 정화하는 것이 목적이라는 것을 잊어 서는 안 된다고 생각한다. 악을 스스로 그 의미를 정화하려 해서는 안 된다. '왜 냐하면'이라고 그 이유를 생각할 때, 기독교라면 '악을 이루는 것은 하나님의 의로운 것에 반反하기 때문'이라고 대답할 것이다. 이에 반해 신과 같은 초월 자를 내세우지 않는 불교는 '악을 이루는 것은 본래 가지고 있던 청정한 마음 에서 벗어나 버렸기 때문'이라고 이유를 댈 것이다. '자성청정심自性清净心'은 불교의 선악관을 이해하는 데 중요한 개념이다.

그런데 '업종자'는 앞에서 서술한 '명언종자'와 별개의 것이 아니다. '명언

종자' 중에서 선업 혹은 악업에 의해 채색되어 미래세의 생존 방식을 결정하는 종자를 별도로 한무리로서 세우고, 그것을 '업종자'라고 부르는 것이다. 이 경우의 업이란 선, 혹은 악의 어느 하나이며, 무기無記(선도악도아님)의 업은 제외된다. 왜냐하면 가치적으로 선과 악 중에 한 가지 색을 입힌 업에 의해서만 미래세의 생존 방식이 결정되기 때문이다. 초기불교 이래 전해 내려오는 업상속설業相續說이 이 아뢰야식 속의 업종자라는 새로운 개념을 얻으면서 한단계 정비되었다고 할 수 있다.

조금 옆길로 빗나가지만, 윤회라는 것을 도외시하더라도 지금 '인간이라고 하는 아뢰야식'을 가지고 태어났지만, 다른 생물은 그 생물로서의 아뢰야식을 가지고 생존해 있다는 것을 자각하는 것이 중요하다는 사실을 알아두자. 이에 관해서 유식사상에 있는 **'일수사견一水四見'**이라는 비유를 소개해보고자 한다.

이것은 인간이 물이라고 보는 대상도, 인간과는 다른 생물이 그것을 보면 다른 것으로 본다는 사고思考이다. 예를 들어 인간이 물이나 파도로 보는 것을 천인은 유리로 만들어진 대지大地, 지옥인은 고름이 가득 찬 강, 물고기는 가택 혹은 도로로 본다는 비유이다. 물론 실제로는 불가능한 일이지만, 내가 잠자리의 겹눈을 빌려 주위를 둘러보면 지금과는 전혀 다른 세상이 될 것이라는 것은 상상하기 어렵지 않다.

'일수사견'이라는 비유는 지금까지 인간 중심주의적으로 살아온 인간의 삶의 방식에 큰 반성을 가져오는 것이다. 자연과 공생하자, 자연친화 등의 슬로건을 내걸고, 지금 인류는 지구 환경 문제에 임하고 있다. 물론 이것도 중요한 일이지만, 더 근원적인 안목으로써 '도대체 무엇인가?'라고 묻고, 인간이 '자연'이라고 생각하고 있는 것이 과연 '자연'인가를 지금 여기서 반성해보는 시대가 온 것은 아닐까?

그런데 표층의 업에 따라 아뢰야식 속에 심어진 종자의 모습을 생각해보자.

아뢰야식 속의 종자는 식물의 종자가 땅속에서 서서히 발육하는 것처럼 아뢰야식 속에서 발육 성장하고, 인연을 얻어 싹을 틔우게 된다. 이것을 현실의 사건이라고 생각해보자.

예를 들어 무엇인가 좋은 일을 해도 그 행위의 결과가 빨리 보상되지 않을 수 있다. 원래는 그런 생각을 하면 안 되지만, '내가 이러저러한 좋은 일을 했는데, 왜 이런 병에 걸렸을까?'라고 불평하는 사람들이 있다. 이것에 대해서 아뢰야식설은 심어진 종자는 어떤 잠복기[14]를 거쳐 싹을 틔우게 된다고 말한다.

원래 불교의 선악은 두 개의 세상에 걸친다고 한다. 예를 들어 어떤 일을 행하고, 그로 인해 다음 생에 미륵보살이 사는 도솔천에 태어날 수 있다면 그러한 행위, 즉 업을 선업으로 판단한다. 물론 불교는 원래부터 무아설을 근본입장으로 하기 때문에, '자신'이 더 좋은 하늘에 태어나고자 소원하는 것은 부정된다. 하지만 나라는 말을 쓰면, '임시의 나'가 그곳에 태어나 거기에서 수행하고 깨달은 후 다시 고통의 세계, 즉 사바세계로 돌아오거나 고통받는 자들의 '행복'을 위해 구제를 위하여 노력 정진하겠다는 보살의 서원으로, 다음 생에 도솔천에 태어나기를 바라는 것은 긍정된다. 그런 보살의 서원을 통해 먼저 이 세상을 살아가고자 하는 것이 대승의 정신이다. 진정한 의미에서의 '선함'이란, '행복'이란 어떠한 것일까? 어려운 질문이지만 깊이 진지하게 생각해야 할 문제이다.

또한 체육학에서 황금의 휴지(休止)라고 하는 원리가 있다. 이것은 운동을 할 때 그 기간 동안 연습에 전념하고, 그러다가 잠시 쉬었다가 다시 연습을 시작하면, 전보다 더 능숙해져 있다는 것을 설명한 것이 이 원리이다. 이것도 종자

---

14 불교에서는 업을 순현수업(順現受業)과 순차생수업(順次生受業)과 순후수업(順後受業)의 세 가지로 나눈다. 이 중 '순현수업'이란 현세에 행한 일이 현세 중에 그 과보를 받는 업, '순차적 생수업'이란 현세에 행한 일이 다음 생에 있어서 그 과보를 받는 업, '순후수업'이란 현세의 업 중에서 다음 생 이후에 그 과보를 받는 업을 각각 의미한다.

가 아뢰야식 속에 잠복해 있다가 그 사이에 성장하는 사례로 들 수 있다.

마지막으로 아뢰야식으로부터 현현하는 세계를 다음 아래의 [도표 14]로 나타내 보자(이것은 어디까지나 2차원의 그림으로 그려서 3차원의 공간의 표상으로 고쳐 생각할 수 있지만, 마음은 크기나 형태나 색상을 가지고 있지 않기 때문에, 그림과 같이 세계가 구성되어 있는 것은 아님. 비유는 어디까지나 일부분의 비유이지, 전체의 비유는 아님).

아뢰야식은 일체의 존재를 발생시키기 때문에 일체종자식이라고도 한다. '유근신有根身'이란 몸이고, '근'이란 눈·귀·코·혀·몸의 다섯 감각기관을 말하기 때문에, 신체를 감각기관을 가진 것으로 파악하고 있는 것이 불교 신체관의 특징이다. '기세간器世間'이란 현대에서 말하는 산이나 강 등의 자연을 의미하며, 자연이란 그 안에 생명이 있는 것(그것을 '유정有情'이라고 하며, 그 세계를

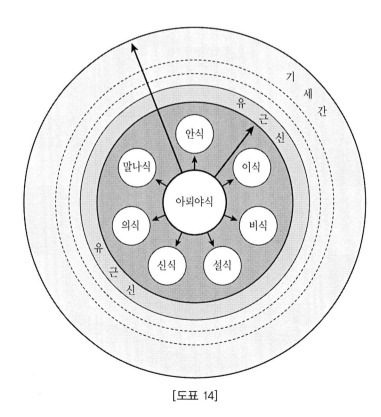

[도표 14]

유정세간이라고 함)이 살아 숨 쉬는 공간이라고 생각하는 것이 불교 자연관의 특징이다. 당연한 일이지만 그릇이 깨지면 그 안에 있는 것도 존속할 수 없다. 그런데 이 아뢰야식설에 의하면 산과 강이라는 감각으로 파악되는 자연은 진정한 자연이 아니다. 그것은 그림에서는 점선의 원으로 표현되고 있지만, 이른바 제2차적인 자연이며, 그 안쪽에 아뢰야식으로부터 변화하여 만들어낸 아뢰야식이 스스로 계속 인식하고 있는 대상(그것을 '본질'이라고 함)이 진정한 자연이다.

아뢰야식이 현대에서 말하는 원자, 분자로 이루어진 자연계를 드러내고, 게다가 그것을 계속 인식하고 있다는 이 생각을 양자역학의 미크로micro적 세계관과 함께 고찰할 수 있지 않을까 생각한다.

아뢰야식은 자신이 창조해낸 것을 계속 스스로 인식하고 있다(이것을 '소변所變이 소연所緣이다'라고 함)는 교리에 따라서 마음속을 깊이 관찰하고, 그리고 다시 눈을 뜨고, 귀를 기울이며 자연스럽게 접하다 보면 뭔가 새로운 자연이 보이지 않을까?

제7장

새로운 신체관

제7장
새로운 신체관

우리의 존재는 '마음'과 '몸'으로 이루어져 있다. 이 중 "마음이란 무엇인가?"라는 물음에서 심리학이 발달해 왔다. 불교, 특히 유식사상은 식, 즉 마음 밖에 존재하지 않는다는 입장에서 현대의 심리학 못지않은 마음에 대한 관찰과 분석이 이루어졌다. 그 결과 지금까지 보아온 것처럼 웅대하고 심오한 규모의 이른바 '심리학'을 수립했다.

그와 동시에 신체란 무엇인가에 대한 추구도 날카롭게 되어 당시 해부의 성과를 담은 서술이 인정되고 있다. 예를 들어 자신의 신체에 집착이 강한 사람에게는 신체가 얼마나 많은 더러운 것으로 이루어져 있는가 하는 사실을 관찰하는 '부정관不淨觀'이라는 관법을 수행하는 것이 권장되고 있다. 그 부정한 것으로는 다음과 같은 장기가 열거되어 있다.

"머리카락·손톱·치아·때·피부·해골·힘줄과 맥·심장·쓸개와 간·대장과 소장, 생장과 숙장·위장·비장과 신장·고름·피·열·담·지방·골수·뇌·콧물·침·눈물·땀·똥과 오줌"(『유가사지론』 제26권)

이 기술은 신체를 해부하여 얻은 지식에 기초하고 있는 것이 명백하다. 하지만 불교의 특히, 유식사상의 신체에 대한 추구는 해부에만 그치지 않고 다른 각도에서, 특히 마음과의 관계에서 신체를 고찰하여 독자적인 신체관을 수립하였다. 이하 이것에 대해서 생각해보자.

감각기관을 가진 신체

몸은 감각적 에너지를 방출한다

불교는 신체를 '유근신有根身', 즉 '뿌리를 가진 몸'으로 파악한다. 뿌리라고 하는 것은 감각기관을 말하는 것으로서 원어로는 인드리아indriya라고 한다. 그것은 번개신인 인드라(indra = 제석천)로부터 파생된 명사로서, '힘 있는 것'이라는 것이 원래 의미이다. 힘 있는 것 중 가장 강력한 것은 대상을 만들어내는 힘, 즉 '창조하는 힘'이다.

예를 들어 기독교에서 신은 인간과 생물과 자연을 창조한 유일한 절대적 창조신으로 추앙되고 있지만, 불교는 그런 신을 세우지 않는다. 그러나 말하자면 냉정한 과학적인 안목으로 일상의 일 가운데 있는 창조의 힘을 살핀다. 예를 들어 안근에서 시작하여 귀, 코, 혀, 몸, 즉 오늘날로 말하면, 시각에서 시작하여 촉각까지 다섯 가지 감각기관이 대상을 만들어내는 힘을 갖고 있다는 사실에 주목하는 것이다.

눈을 뜨면 눈은 색과 형태가 있는 다양한 것을 볼 수 있다. 하지만 지금 본다고 했지만, 유식사상은 그것들을 만들어낸다고 생각을 하는 것이다. 감각기관에 능동적인 기능이 있다고 보는 것이다. 자연과학적으로 외계에 대상이 있다고 생각하는 사람은 외계로부터 몇 마이크론micron의 파장이 눈에 닿고, 그것이 각막·수정체를 통해서 밍막 위에 영상을 맺는다고 수동적으로 생각하지만 유식은 반대이다.

즉, 눈에서부터 말하자면 에너지가 방출되어 마음속에 영상을 만들어내고 있다고 생각하는 부분이 매우 중요한 점이다. 안근의 근의 원어는 인드리아 라고 앞서 기술했지만, 이 말은 원래 근이라는 의미는 없다. 그러나 그것을 식물의 뿌리에 비유해 근이라고 번역한 점이 멋지다. 그 하나의 작은 씨앗에서 뿌리와 싹이 나오고, 그것이 큰 나무로까지 성장하는 것이기 때문이다. 야쿠 시마에 있는 수령 6,000년 된 큰 나무도 처음에는 작은 종자, 작은 뿌리에서 생장을 시작한 것이다. 식물의 뿌리는 얼마나 대단한 힘을 가졌는가?

그 거목의 뿌리 못지않게 우리 몸도 대상을 만들어내는 엄청난 힘을 가지고 있는 것이다. 몇 번이고 눈을 감았다가 눈을 떠보면 대상이 보인다. 귀로 열심히 소리를 들어보자. 먹을 때는 완전히 맛이 되어버리자. 내지는 피부 감각을 맑게 하여 다양한 것을 만져보자. 그러면 정말 감각은 수동적이 아니라 능동적이라는 것을 알게 된다.

감각기관이 능동적이며, 그리고 빛이라는 에너지를 내고 있다는 유식사상의 생각을 다음에서 소개해보자.

유식사상에서는 감각기관, 즉 근으로서 '**부근扶根**과 **정근正根**'의 두 가지를 세운다.

이 중 부근이라는 것은 구체적인 감각기관, 예를 들어 눈으로 말하면 각막, 수정체, 망막 등으로 이루어진 기관이다. 현대의 과학적 사고방식으로 보면 이러한 기관만으로도 충분하다. 하지만 유식사상은 부근 깊숙이 본질적인 기관으로서 또 하나의 정근을, 즉 진정한 근을 세우는 것이다. 그런 정근을 돕는 것이 원자·분자로 이루어진 부근이라는 이중의 감각기관론을 펴는 것이다. 이 정근이라는 생각으로부터 신체에 대한 새로운 시각이 생긴다.

먼저 정근은 '정색소조淨色所造'인, 즉 청정한 색으로 만들어진 것으로 정의된다. 여기서 말하는 '색'이란 오늘날 원자·분자로 이루어진 물질을 의미하기 때문에, 정근은 '청정한 물질'로 만들어진 것이다. 더군다나 그것은 보주寶珠에 비유되어 "청정한 보주처럼 빛을 발한다"라고 정의하고 있다. 빛을 발하고 있다는 점이 핵심이다. 결코 태양광선만이 빛이 아니다. 여러 가지 빛이 있는 것이다.

그런 의미에서 정근이 발하는 빛은 이른바 '감각적인 에너지'라고 바꿔 말하고 싶다. 안근만이 아니다. 이 몸은 '오근을 가진 몸'이기 때문에, 이 생각에서 보면 자신의 신체라고 하는 것은 엄청난 폭발적인 감각적 에너지를 방출하고 있는 것이 된다. 이것은 유식사상만의 설이 아니라 객관적 사실이 아닐까?

우리가 깊은 잠에서 깨어나는 순간에 내 주위에 세계가 다시 한번 부활한다. 그것은 몸에서 나오는 감각적 에너지가 만들어냈다고 생각하면 어떨까?

다음으로 이 정근은 눈으로 볼 수 없으며, 다만 그 존재는 짐작할 수 있는 것이라고 여겨지고 있다. 이것도 생각해보면 중요한 일이다. 왜냐하면 결코 자신의 집게손가락을 같은 손가락으로 가리킬 수 없듯이, 보고 있는 것을 결코 볼 수 없기 때문이다. 조금 어려운 표현이지만 절대 주관은 결코 객관이 되는 것은, 즉 대상화될 수 없다.

분명히 나는 다른 사람의 눈이 각막이나 수정체로 되어 있는 것을 볼 수 있다. 그러나 그것을 보고 있는 나 자신의 눈 기관, 즉 근을 보는 일은 결코 있을 수 없다. 그러므로 정근은 직접 지각할 수 없고, 추량으로밖에 알 수 없다는 생각을 납득할 수 있다.

"감각기관은 스스로 빛을 발하여 대상을 파악한다"라는 이 유식사상의 생각은 현대의 감각기관론에는 없다. 눈을 뜨면 크게는 별들이 빛나는 하늘에서부터 작게는 현미경을 통해 원자·분자까지 볼 수 있다. 그렇게 보는 눈이라고 하는 감각기관도 원자·분자로 구성된 말하자면 '대상'이며, 보이는 대상, 예를 들어 연필도 마찬가지로 원자·분자로 이루어진 '대상'이지만, 이 '대상'과 '대상'이 서로 마주볼 때, 연필을 본다고 하는 시각, 즉 '마음'이 생긴다.

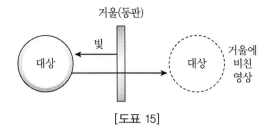

[도표 15]

이와 같이 '대상'과 '대상'으로부터 마음이 생긴다. '왜 그렇게 마음이 생기는 것일까?', '이것에 대해서 대상인가? 마음인가?'라고 하는 두 개의 존재밖에 인정하지 않는 입장에서 보면, 결코 그 원인을 해명할 수 없다.

눈을 뜨면 보이는 이것은 참으로 불가사의한 현상이 아닐 수 없다. 그런데 이 불가사의한 사건의 배후에 유식사상이 설파하는 '정근'이라고 하는 생각을 도입하면, '대상'과 '대상'이라고 하는 어려운 문제에 대한 해결의 실마리를 찾을 수 있는 것은 아닐까?

아무튼 이런 사상에 귀를 기울이고 그리고 눈을 감았다 떴다 해서 눈의 작용을 실감하고 확인해보자. 또한 소리나 목소리를 듣는 것에 주의를 기울여보자. 그러면 이상하게도 지금까지 간단하게 어딘지 모르게 기분과 말로만 파악되었던 신체가 훨씬 더 나에게 다가오고, 새로운 신체관이 생겨난다. 신체가 가진 감각은 수동적이 아니라 능동적이다. 신체는 세계 속에 있는 것이 아니라 세계를 만들어내고 있다는 사실을 깨닫게 된다.

눈이라는 감각기관에서 빛이 발하고 있다는 것을 좀 더 생각해보자. 예를 들어 여기에 동판이 있다고 하자. 그 동판이 녹이 슬어 있으면 거기에는 아무것도 비치지 않는다. 하지만 그 표면을 닦아 깨끗하게 하면 동판이 거울이 되고, 거기에서 빛을 발하여 동판 안에 영상이 생기게 된다.

마찬가지로 우리의 마음속에 영상이 생기기 위해서는 어떠한 빛이 발해지는 것이 필요하다. 빛을 발하는 근원이 정근이라고 할 수 있다.

아뢰야식과 신체와의 관계

심층심(아뢰야식)이 신체를 만들어내고, 유지하고 인식하고 있다

생겨난 것은 반드시 소멸한다. 태어난 것은 반드시 죽는다. 이것은 모든 대상을 지배하는 엄숙한 법칙이다. 그러나 태어난 대상은 삶에서 죽음에 이르기까지 계속 살아간다. 인간은 살아 있는 한 심장이 움직이고, 장기가 작동하며, 몸은 계속 따뜻하다. 그것은 왜일까? 현대 과학은 그 원인을 유전자의 DNA 작용에서 찾겠지만, 불교는 다른 각도에서 그 원인을 규명하고 있다. 먼저 부파불교까지의 생각을 살펴보자.

『구사론』권2에는 다음과 같이 설명하고 있다.

> "신체는 음식, 휴욕休浴, 도유塗油, 수면睡眠, 삼매三昧에 의해 유지되고 성장한다."

몸에 기름을 바르고, 목욕하는 등의 인도인의 풍습이 나아가서는 삼매라고 하는 선정의 마음 상태가, 신체의 유지와 발달의 원인이라고 생각하고 있는 점에 관심이 갈 수 있다.

그런데 이것들은 신체를 유지·발육시키는 이른바 외적인 원인이며, 다시 그 안쪽에 있는 내적인 원인을 찾지 않으면 안 된다. 결국 신체를 내부에서 유지하고, 그 생리적 기능을 계속 유지하고 있는 어떤 것이 상정되게 된다. 그럼 그런 것이란 무엇일까?

이 해답은 '집수執受'라는 개념을 검토함으로써 얻을 수 있다. 집수의 원어는 우파타upātta인데, 이것은 우파다upā-dā라고 하는 동사의 과거분사이다. 원래는 받아들여진 것, 감수된 것, 유지되는 것이라는 의미이지만, 그것이 변하여 오근이라고 하는 감각기관 혹은 유근신이라고 불리는 신체를 가리키는 말

이 되었다. 곧 몸은 어떠한 것에 의해서 유지되는 것upātta으로 생각되었던 것이다. 그렇다면 그 몸을 유지하는 것은 무엇인가? 이것에 관해서『구사론』권2에서는 다음과 같이 서술하고 있다.

> "집수란 마음에 의해서 유지되는 것이다. 그리고 마음과 유지되는 것과는
> 이익과 손해에 관해 서로 상응관계에 있다."

위의 정의에서 집수, 즉 신체는 마음에 의해서 유지되고, 또한 몸과 마음이란 이른바 생리적·유기적 인과관계에 있다고 생각되고 있다는 것이 밝혀졌다.

그런데 이 경우의 마음, 즉 식은 부파불교까지는 안식으로부터 의식까지의 육식이다. 게다가 마음과 몸이란 한쪽의 존재를 없애면 다른 쪽도 존재할 수 없는 관계, 그래서 상의相依관계에 있다고 생각되고 있다. 이 심신이 서로 의지하고 있다는 것을『청정도론清淨道論』에는 다음과 같이 설명하고 있다.

> "배에 의해서 사람들이 바다를 건너는 것처럼 신체에 의해 마음이 생긴다.
> 사람들에 의해 배가 바다를 건너는 것처럼 마음에 의해 신체가 생긴다. 사
> 람들과 배가 어울려 하나로 되고, 서로 의지하여 바다를 가듯이 몸과 마음
> 은 서로 의지하고 있다."

불교는 언제나 그것만으로 실체로서 존재한다는 사실을 부정하고, 대상은 항상 관계적으로 존재한다고 하는 연기적 견해를 취하지만, 그것은 몸과 마음에 관해서도 예외가 아니다. 그래서 "정신과 신체는 서로 다른 두 실체이다"라고 보는 데카르트의 생각을 불교는 결코 받아들일 수 없는 것이다.

그런데 유식유가행파 사람들은 기본적으로는 지금까지의 생각을 계승하면서도 아뢰야식이라는 새로운 개념을 도입하여 신체의 유지기구에 새로운

설을 내세웠다. 이에 신체를 생리적으로 유지하는 것은 표층심인 육식이 아니라 근원적인 마음, 즉 아뢰야식이라고 주장하기에 이르렀다. 이 설은 확실히 종래보다 진보한 것이다.

왜냐하면 부파불교처럼 육식이 신체를 유지한다고 하면, 잠들어 있으면 감각도 의식도 없어지기 때문에 육식이 활동하고 있지 않을 때는 무엇이 신체를 유지하느냐 하는 의문이 생기게 된다. 이에 비해 유식사상은 항상 존재하고 활동하는 아뢰야식이 자나 깨나, 심지어는 태어나서 죽을 때까지 신체를 썩히지 않고 계속 유지하고 있다고 보는 것이다. 이와 관련하여 『섭대승론』은 다음과 같이 설명하고 있다.

> "수명이 있는 한 아뢰야식은 오근으로 된 신체를 부패하여 썩게 하는 일 없이 유지한다."

이처럼 아뢰야식이 신체를 유지한다면 이 식은 신체 안에 존재하며, 신체의 구석구석까지 널리 퍼져 있다고 보는 것이 적절하다. 확실히 '유식'이라는 사상을 최초로 내세운 『해심밀경』에서는 다음과 같이 설하고 있다.

> "아뢰야식은 신체 속에 잠재한다."

그러나 훗날 모든 것은 아뢰야식으로부터 생긴다고 하는 일체유식이나 유식무경唯識無境이라는 생각이 강해지고, 세친의 『유식삼십송』에서는 다음과 같이 설명하고 있다.

> "아뢰야식의 대상은 집수(종자와 유근신)와 처(기세간)이다."

집수 중의 유근신, 즉 몸은 아뢰야식으로 말미암아 생긴 것이며, 한편 아뢰야식의 인식 대상이 되고 있다는 생각이 확립되었다. 이를 통해 아뢰야식이라는 마음속에 모든 것이 포괄되었고, 몸도 그 속에 존재한다고 생각하기에 이르렀다.

깊어져 가는 신체관

신체는 견해에 따라 달라진다

이와 같이 아뢰야식이 몸을 만들어내고, 그것을 생리적으로 유지하고 있다는 유식사상의 생각에서 보면, '신체'라고 불리는 것에는 다음 두 가지가 존재한다.

① 우리들이 눈으로 보거나, 손으로 만지거나, 통증을 느끼는 신체
② 아뢰야식이 만들어내고, 생리적으로 유지하며, 게다가 아뢰야식의 대상이 되고 있는 신체

유식사상에 따르면, 우선 이 두 가지 신체의 차이를 명확하게 할 필요가 있다. 여기서 유식사상에서 아뢰야식설에 이어 대표적인 **'삼성**三性**'**이라는 교리의 술어를 이용해 이 ①과 ②의 신체관의 차이를 정의해보면, ① 변계소집성으로서의 신체, ② 의타기성으로서의 신체가 된다.

여기에 감각의 데이터로서의 신체도 아니고, 아뢰야식의 대상으로서의 신체도 아닌 이른바 진정한 '신체 그 자체'로서 ③ 원성실성으로서의 신체를 추가하여, 합계로서 세 가지의 신체관이 가능하게 된다.

삼성이라는 생각은 중요하지만, 그 술어의 난해함 때문에 망설이고 뒤로

물러나는 분들이 많이 있으리라 생각되므로, 이하는 가능한 한 쉽게 설명하고자 한다. 삼성이란 '존재의 세 가지 모습'으로 대략적으로 말하면 다음과 같이 정의된다.

변계소집성遍計所執性(말로 일컬어지며, 게다가 집착된 것)
의타기성依他起性(다른 것에 의존하여 생긴 것)
원성실성圓成實性(완성된 것)

지금 어떤 하나의 존재, 예를 들면 A를 인식한다고 하자. 먼저 시각(안식)에 의해서 눈앞에 A를 본다. 엄밀히 말하면, 아직 A라는 말로 그것을 인지하고 있지는 않지만, 굳이 말하면 '그것'이 눈앞에 영상으로 생겨난다. 그것을 내가 본다고 생각하고 본 것이 아니라 보여주고 있는 것이다. 거기에는 자신의 의지나 의도나 스스로 하는 말 등은 관여하고 있지 않다. 순전히 나 이외의 다른 힘에 의해서 거기에 생긴 것이다. 이와 같은 존재 방식을 삼성에서 '의타기성'이라고 한다.

다음으로 '그것'에 대해서, '그것이 무엇일까?'를 추구하며 의식을 움직여서, 언어를 이용해 '그것이 A다'라고 파악한다. 그때 그 A는 실체로서 마음과는 별도로 있는 것으로 인식되고, 그것이 돈이라면 그것에 집착을 일으킨다. 이렇게 마음을 떠나있다고 생각하고, 게다가 집착된 것, 그것을 '변계소집성'이라고 한다.

의타기성은 사실 마음의 일이다. 정말로 마음이라는 것은 내 의지와는 상관없이 생겨난다. 하지만 그 마음은 변계소집성으로 오염되어버린다. 그 탁함을 없애는 것이 유식사상의 목적이고, 이를 위한 실천이 요가 수행이다.

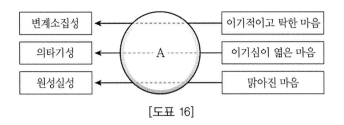

[도표 16]

그리고 이 실천을 통해서 마음속에서 모든 더러움이 불식되고 깨끗하게 된 마음, 완성된 마음, 그것이 '원성실성'이다. 이상을 [도표 16]으로 나타내었다.

이와 같이 무엇이든지 하나의 존재에 대해서 이상과 같은 세 가지의 견해가 가능하다. 그리고 이 세 가지 견해에 따라 하나의 존재 양상이 세 가지의 형태로서 서로 다르게 보인다. 이 세 가지 견해를 신체에 적용시키면, 앞에 기술한 것처럼 변계소집성으로서의 신체, 의타기성으로서의 신체, 원성실성으로서의 신체라고 하는 세 가지 신체관이 가능해진다.

이하는 이것에 대해서 좀 더 자세하게 검토해보자.

1. 아름다운 얼굴, 추한 얼굴(변계소집성으로서의 신체)

우선 '변계소집성으로서의 신체관'이지만, 이것은 예를 들면 자신의 몸을 보고, '정말 쇠약해지기 시작한 신체인가?'라고 파악할 때의 신체관을 말한다.

자신의 신체는 확실히 존재한다. 그리고 그것은 나이가 들면서 쇠약해졌다고 생각한다. 하지만 그렇게 파악한 신체는 정말 있는 걸까?

이 문제를 생각하는 데 있어서, 우선 '신체는 있다'라고 생각해보자. 그러면 거기에는 하나는 '신체', 또 하나는 그렇게 보고 있는 '마음'이 있게 된다. 그 둘 사이의 관계를 고찰해보자.

먼저 눈을 아래로 향하면 자신의 몸통에서 발에 걸쳐 신체를 볼 수 있다. 그리고 '이것은 내 몸이다'라고 판단한다. 여기서 ①이 신체는 마음을 떠나 존재하는가? ②마음속에 존재하는가? 라는 문제를 제기하고 싶다. 마음이라고 하면 알기 어렵기 때문에 마음을 시각으로 바꾸어보자. 신체를 보는 시각이 작용하고 있다고 생각한다. 그렇다면 ①은 그럼 그 시각을 떠나서(공간적인 거리를 두고) 그것과는 별도로 '신체는 존재하는 것인가?'라는 물음이 된다. 그것은 시점을 바꾸면 시각 속에 신체가 있는지 어떤지에 대한 물음이 되기도 한다.

하지만 가만히 생각해보면, 이 질문에는 무언가 무리가 있는 것 같다. 왜냐하면 시각이라는 마음은 3차원의 공간적 확장을 가진 것이 아니기 때문에 시각 속으로라는 공간적인 개념으로 문제를 설정하는 것 자체가 무의미한 것이다.

그렇다면 보는 시각과 보이는 신체와는 어떤 관계에 있는 것일까? 예를 들어 다음과 같이 생각할 수 있다.

눈으로 보기 이전에 신체라는 것이 있었다. 그것이 눈을 뜨자마자 그 신체에서 나오는 파장이 각막·수정체를 통해서 망막에 이르고, 그곳에 영상을 맺게 되며, 그것이 대뇌의 작용에 의해서 신체의 영상을 눈앞에 생긴 것이라고 이렇게 생각할 수 있다. 좀 더 깊이 생각해보면, 시각이 작용하지 않으면(넓게 말해서 감각이 작용하지 않으면) 우리는 결코 3차원의 공간이라는 것을 상정할 수 없다. 3차원의 공간은 ① 감각이 작용하고, 다음으로 ② 3차원의 공간이 있다고 말로 함으로써 비로소 설정되는 것이다. 그런데도 우리들은 이전의 경험에 근거해서 비록 눈을 감고 보지 않아도 '공간은 있다. 그 안에 신체는 있다'라고 생각한다. 그러나 그렇게 생각하는 '신체'와 '공간'은 과연 정말로 존재하는 것일까?

이에 대해 유식사상은 그렇게 생각하고 상정된 신체와 공간은 변계소집성이고, 무無이며, 결코 존재하지 않는다고 주장하는 것이다. 이 변계소집의 원어는 파리카르피타Parikalpita로서, 전체적으로 '널리 말로 생각되어진'이라는 뜻이므로 변계라는 번역으로도 충분하지만, 현장이 변계에다 소집이라는 의미를 부가하여 변계소집이라고 옮긴 것에 주목하자. 즉, 현장은 변계소집성이란 '말로만 생각되고, 게다가 집착된 것'이라고 해석했다. 확실히 우리들의 '말로 생각하다'와 '집착하다'라고 하는 두 가지 행위가 얼마나 많은 '대상'을 만들어내고 있는 것인가? 이 두 가지 중에서 먼저 '말로 생각하다'라고 하는 것을 고찰해보자.

예를 들어 여기에 연필 한 자루를 보고 있다고 하자. 그것에 대해 우리들은 '연필'이라고 이름을 붙인다. 여기서 잠시 마음을 가라앉히고, 그 연필을 마음속에 끌어들이고 "만약 이것(연필)에 의식이 있어서 말을 할 수 있다면, '인간들이여, 왜 나를 연필이라고 부르는 것인가?'라고 불평할지도 모른다"라고 반성해보자.

내가 수업에서 이렇게 문제를 제기하면 반드시 많은 학생들이 웃을 것이다. 그것은 이상해서가 아니라, 학생들이 무엇인가 그때까지 잊고 있던 소중한 존재를 직관하고, 동시에 우리가 무심코 행하고 있는 인식에 문제가 있음을 깨달았기 때문이다.

그 소중한 존재, 그것은 말에 의해 말해지고, 색칠되며, 가공되기 이전의 마음속에 있는 존재이다. 눈을 뜨고 그것을 본 순간 그것은 연필도 아무것도 아니다. 혹은 그렇게 될 때도 그것은 연필이 아니다. 그것을 '연필이다'라고 말로 판단한 순간 그것이 연필로 변모하고, 게다가 그것은 실체로서 마음 밖에 있는 것으로 변해버린다. 이상이 '말로 생각하다'라는 작용에 대한 고찰이었다. 다음으로 '집착하다'에 대해 생각해보자.

앞서 말했듯이 현장이 변계에 다시 소집이라고 부가한 점에 번역의 묘미가 있다. 확실히 말로 파악하는 것만으로는 문제가 없다. 그 말로 이야기하고, 말로 파악한 '대상'에 집착하는 점에 큰 문제가 생겨나는 것이다. 이야기를 연필에서 본 주제인 신체로 되돌아가보자.

예를 들어 얼굴이다. 거울 앞에 서서 얼굴을 본다. 그때 그것을 '내 얼굴이다'라고 생각하고, 그리고 그 모습에 집착해서 '이런 얼굴은 아름답다, 추하다'라고 그런 미추에 집착해버리는 것이다. 그리고 아름답다고 생각하는 사람은 거만하고, 못생겼다고 생각하는 사람은 고민하는 것이다.

예를 들어 얼굴에서 돈으로 옮겨보자. 정말로 인간은 돈에 집착한다. 특히 현대의 일본인은 그런 경향이 강하다. 그 좋고 나쁨과는 별도로, 예를 들면 옛날에는 무사도武士道라는 가치관이 있었다. 주군을 위해 죽는 것이 자기 존재보다 더 가치 있었던 것이다. 그러나 확고한 가치관을 상실한 현대의 일본인은 모든 것을 돈의 가치로 환원하고 생각하게 되어버렸다. 여기서 조용히 '돈이란 대체 무엇일까?'라고 생각해보자. 정말 돈이라는 게 있는 걸까? 돈은 자신을 떠나 있는 걸까? 돈은 그냥 돈일까? 돈뿐만이 아니다. 우리들은 신변에 무수히 많은 집착의 대상을 설정하고, 그것들에 집착하여 괴로워하고 있다.

이러한 현실에 대해 유식사상은 그러한 집착의 대상은 모두 존재하지 않으며, 무라고 일도양단하에 그 존재를 부정해버리는 것이다. 생각해보면 얼마나 기분 좋은 일인가?

자기 얼굴의 미추나 노약에 집착하는 것이 인지상정이다. 그렇지만 그것은 가면과 같은 것, 아니 전혀 존재하지 않는 것이라는 유식사상의 주장을 믿고, '좋아, 그 가면의 얼굴 깊숙이, 넓게 말하면 미추에 집착하는 신체 깊은 곳에 도대체 무엇이 있는가?'라는 추구심을 일으켜보자. 거기에 새로운 신체가 보인다.

2. 활용되고 있는 신체(의타기성으로서의 신체)

다음으로 '의타기성으로서의 신체관'을 생각해보자. 의타기란 다른 것에 의해 생기한다는 의미이지만, 그럼 다른 것은 대체 무엇일까? 조용히 생각해보면, 우리들의 이 신체는 헤아릴 수 없을 정도의 무수히 많은 인연에 의해 살아왔고, 실제로 지금도 살아가고 있다. 이처럼 수없이 많은 인연들을 생각할 때 참고가 되는 것이 우주의 생성, 생명의 진화, 신체 구조 등에 관한 자세한 자연과학 정보이다. 지금 그러한 정보를 바탕으로 이 신체가 넓게는 신체를 가진 자신이 얼마나 많은 다른 존재에 의해 유지되고 있는지를 검토해보자.

[도표17]을 보자. 신체를 가진 자신의 존재를 가운데 동그라미로 그리고 있지만, 그 '나'가 지금 여기에 이렇게 존재하기 위해서는 어느 정도의 원인이 관여해 왔는지, 또한 지금 관여하고 있는지를 그림으로 나타낸 것이다.

우선 세로축의 선은 시간의 경과 속에서의 인과를 나타낸 것이다. 30수억 년 전에 지구에 생긴 한 방울의 생명의 근원에서 원인猿人(원시인)·원인原人(화석인류)·구인舊人(구석기인)·신인新人(신석기인)으로 발달하여 가깝게는 양친에 이른다. 그 양친의 정자와 난자와의 결합으로 자신의 존재가 시작되고, 출생하고 성장하며, 나아가 환경과 교육 등의 영향을 받아 지금 여기에 자신이 존재하는 것이다. 또한 유전자 측면에서는 부모님으로부터 태어나고, 부모님은 또 각 부모님으로부터 태어나…라고 거슬러 올라가면, 이미 헤아릴 수 없이 무수히 많은 조상들과 관계하게 된다. 따라서 내 염색체 안에 있는 유전자는 헤아릴 수 없이 많은 한 생명의 유전자와의 관계를 통해 형성된 것이 된다.

다음으로 시간을 멈추고 가로축 선의 인과를 생각해보자. 우선 오른쪽 선에 대해서지만, 우리들의 신체는 60조 개의 세포로 형성되고 있다고 한다. 그리고 그런 수많은 세포들로부터 이 또한 수많은 기관·근육·신경 등에 의해서 신체는 구성, 유지되고 있다. 다음으로 왼쪽 선을 거슬러 올라가면, 지금 이 방에 있다고 할 수 있는 것은 이러한 바닥이 있기 때문이며, 이런 바닥은 건물, 대지, 지구에, 또 지구는 태양에, 태양은 다른 천체에 의지하고 있다. 이와 같이 인과의 사슬을 점점 더 거슬러 올라가면, 이 신체는 우주의 끝과도 관계하고 있다는 것을 알 수 있다.

다음의 그림에 정신을 집중해보자. 이렇게 보다 보면 '나'를 제외한 모든 존재들로 인해서 지금 여기에 이렇게 '나'는 존재하고 있다는 것을 알 수 있다. '나' 이외의 무량무수한 인연에 의해서 존재하고 있는, 아니 살아가고 있다는 것을 깨달을 때, 그럼 '나'라고 하는 것은 도대체 무엇인가? 자신이라고 하는

'대상'이 정말로 있는가? 하고 다시 보자. 그러면 가운데 동그라미로 그려져 있는 '나' 등은 사라져 간다. 그것을 불교는 '**연기이기 때문에 무아이다**'라고 하는 것이다. 유식사상은 연기를 의타기라고 바꿔 말한다. 그래서 '의타기이기 때문에 무아이다'라고 할 수 있다.

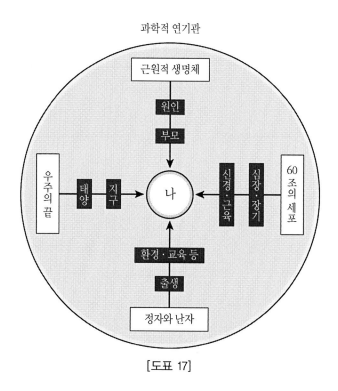

[도표 17]

신체를 의타기성적으로 보는 것은 이 신체를 무아적인 신체, 즉 '자신의 것이 아닌 신체'라고 보는 것이다. 앞에서 손을 보고 '나의 손'이라고 할 때, '나'에 대응하는 '대상'을 발견할 수 없고, '나'라는 부끄러운 말의 외침만 있을 뿐이라고 하는 사실을 지적했는데, 이것이 바로 이러한 고찰을 통해서 그 논리적 근거를 얻었던 것이다.

지금까지 말로써 의타기성으로의 신체를 생각해왔다. 그러나 이렇게 말로만 생각되는 신체는 역시 변계소집성으로서의 신체관이 되어버린다. 의타기성으로서의 신체는 아뢰야식의 대상으로서의 신체이기 때문에, 그것을 직접 알기 위해서는 요가와 함께 선정을 닦아서 마음속에 깊이 몰두해나갈 필요가 있다. 하지만 그렇게까지는 아니더라도, 어쨌든 마음을 가라앉히고 감각의 데이터도, 생각도, 말도 없이 무분별의 세계에 살아 보자. 신체에 집착하는 자신을 버리고, 또 한 사람의 '나'로 '살아지는 신체'를 차분히 관찰하여 맛을 볼 때, 거기에 새로운 신체관이 생겨나고, 동시에 새로운 삶의 방식이 전개된다.

3. 진정한 신체(원성실성으로서의 신체)

마지막은 '원성실성으로서의 신체관'이지만, 이것은 깨달은 사람만이 처음 알 수 있는 신체관이기 때문에, 좀처럼 알기 어렵고 또한 설명하기가 어렵다. 그래서 이에 대해 "색신을 보는 자는 부처를 보지 않는다. 법신을 보는 자는 부처를 본다"라는 문장을 들어보고자 한다. 이것은 붓다가 입적한 뒤 제자들은 붓다가 돌아가셨다며 슬퍼한다. 그러나 붓다의 진정한 신체는 눈으로 볼 수 있는 구체적인 신체(색신色身)가 아니라, 진리로서의 신체(법신法身)가 진정한 신체라는 생각이 일어나서, "법신을 보는 사람은 부처를 본다. 색신을 보는 사람은 진실한 부처를 볼 수 없다. 법신을 보라"라는 사고가 강조된 것이다.

이 신체론은 붓다에 대해서뿐만 아니라 자신의 신체 혹은 타인의 신체를 어떻게 보는가에 있어서도 많은 참고가 된다. 『유가사지론』에서는 '진여신眞如身'을 관찰할 것을 강조하고 있다.

> "보살은 몸에 있어서 순신관循身觀에 머무른다는 것은, 이른바 상신相身에 있어서 순환하여 진여신을 보지 않는다"(『유가사지론』 권75)

원성실성은 이러한 진여를 의미하기 때문에, 원성실성으로서의 신체를 보는 것은 진여로서의 신체를 보는 것이다. 이 진여란 '있는 그대로 있다'라고 하는 의미이기 때문에, 진여신이란 있는 그대로의 신체라는 것이 된다. 이것은 분명히 깨달은 사람에게만 관찰되는 것이지만, 우리들도 우선은 실제로 요가를 배우고 선정에 들어가서 의타기의 세계로 돌아가 진여신을 깨닫는 첫걸음을 내딛어 보자. 앉아 내쉬는 숨, 들이마시는 숨에 몰입하는 순간에 이 신체가 달라진다. 마음이 변화된다. 불가사의한 일이다. 숨에 완전히 몰입하는 것은 대단한 일이다.

정말로 숨에 완전히 몰입하지 않으면 우리는 아무것도 모른다. 이 한 찰나의 숨에 몰입한다. 상당이 어렵지만, 그것 이외에는 아무것도 알 수 없는 것이다. 숨에 완전히 몰입하고, 몰입하여 보자. 그 너머에 있는 그대로의 신체가 진여로서의 신체로 보이는 것을 믿고….

아뢰야식과 신체의 상호 인과관계

신체의 상태를 준비하자

현대의 의학에서는 마음이 신체를 만들어낸다고 하는 생각은 인정할 수 없지만, 신체와 마음이 밀접한 관계에 있다는 것은 현대의 의학에서도 인정되고 있는 사실이다. 물론 뭔가 신경 쓰이는 일이 있으면 금방 위가 아파지고, 그것이 지속되면 때로는 위궤양이 되기도 한다. 오늘날 문제가 되고 있는 거식증이나 폭식증도 그 근원적 원인을 마음의 상태에서 찾을 수 있다.

어쨌든 표층심에서는 깨닫지 못한 심층심의 상태가 표층의 신체에 큰 영향을 준다고 하는 것이 의학적으로도 증명되어 있다. 그러한 발견의 공로자가 프로이트나 융 등의 정신분석학자이다.

이것은 20세기에 들어서서 유럽에서 일어난 움직임인데, 인도에서는 이미 기원후 3, 4세기에 유식사상이 신체와 심층의 아뢰야식과의 관계를 '**안위동일安危同一**'이라는 말로 설명하고 있다. 이 말의 원어는 '에카요가크세마ekayogakṣema'이다. 이 중 '요가크세마yogakṣema'는 '니르바나nirvāṇa'(열반)와 실질적으로 같은 의미로 사용되었으며, 안온安穩·적정寂靜·해탈解脫 등으로 번역된다. 처음의 '에카eka'는 동일함을 나타내고, 전체로는 '편안과 위험이 동일하다'라는 의미가 된다. 심층의 아뢰야식과 표층의 신체는 한쪽이 안安, 즉 안온하고 좋은 상태에 있으면 다른 한쪽이 같은 상태가 되고, 반대로 한쪽이 위危, 즉 위해나 위험한 나쁜 상태에 있으면 다른 쪽도 나쁜 상태가 된다고 한다. 몸과 아뢰야식은 생리적·유기적인 상호 인과관계에 있다는 것을 나타내는 말이다.

이 사상은 프로이트 등의 정신분석학이나 현대의 심신증心身症의 연구에도 필적하는 발견이다. 왜 이러한 사상이 나오게 되었는가 하면, 그것은 유식사상을 형성한 사람들이 요가의 실천을 통해 신체와 마음과의 관계를 날카롭게 관찰했기 때문이다.

이 '안위동일'이라는 사고는 우리들에게 다음의 두 가지에 대해 가르쳐준다.

그 하나는 심층심의 영역으로부터의 마음의 정화를 구하려고 한다면, 우선은 표층의 신체에 바람직한 자세를 갖출 필요가 있다는 것을 가르치고 있다. 좌선의 앉는 자세에는 결가부좌라는 자세가 있는데, 이 앉는 자세가 몸과 마음이 모두 편안하고 안락한 자세이다.

최근 시내의 요가 센터에서 복잡한 자세로 요가를 짜는 일이 유행하고 있는데, 그것은 7, 8세기경에 일어난 하타요가 혹은 라자요가의 앉는 방법이며, 전통적인 정규 자세는 가부좌다. 정수리는 우주의 끝까지 닿을 생각으로 척추를 펴고, 꼬리뼈는 지구의 대지에 뿌리내리는 기분으로 묵직하게 앉는 이 자세는 우주의 근원과 일체가 되어 갈 수 있는 최고의 훌륭한 앉는 방법이다.

누워서 진리란 무엇인가를 생각할 수 있을까? 소크라테스나 플라톤 같은 사람들은 어땠을까? 『향연饗宴』의 시작이 재미있다. 소크라테스는 술이 셌던 것 같은데, 다른 사람들은 숙취가 있었다. 그래서 이날은 가벼운 화제, 즉 에로스(사랑)에 대해 논의하려고 시작하는 것이다. 그들은 옆으로 누웠다가 자세를 바꾸어 가면서 서로 논쟁을 벌였겠지만, 그것은 "육체는 영혼의 감옥이다"라는 플라톤의 말에서 알 수 있듯이 육체를 경시했기 때문이다.

이에 비해 불교는 원래 연기적 입장에서 신체가 있는 것은 마음이 있기 때문이며, 마음이 있는 것은 신체가 있기 때문이라는 상의관계에서 양자를 파악되기 때문에, 마음의 정화는 신체의 바람직한 자세로부터 들어가야 한다고 생각한다.

신체의 바람직한 자세를 '위의威儀'라고 한다. '위의를 바르게 하자'라고 할 경우의 위의이다. 이것은 원래 불교 용어로서 위엄威嚴이 있고, 의칙儀則·의식儀式에 따른 이상적인 신체의 행동거지를 말한다. 위의는 대개 행行·주住·좌坐·와臥, 즉 움직인다·멈추어 서다·앉는다·잠잔다의 네 가지로 이루어진다. 이것을 위의라고 번역한 것은 우리들의 신체적 상태는 항상 진리에 입각하여 위풍당당해야만 한다고 생각하기 때문이다. '위의즉불법威儀即佛法'이라고 하는 도원선사道元禪師의 말이 있다. 이것은 불법, 즉 불교가 설파하는 진리는 어딘가 멀리 있는 것이 아니라, 한순간 한순간의 행동 속에 있다는 생각이다.

'안위동일' 그리고 '위의즉불법', 모두 신체적 상태가 얼마나 중요한가를 가르쳐 보여주는 훌륭한 사상이다.

심층심으로부터의 건강을 지향하다

안위동일의 사상은 또 하나, 건강이라는 것은 심층의 영역까지 파고 들어가서 생각해야 한다는 것을 가르치고 있다. 병에 걸리면 보통은 약으로 치료하지만, 그것은 어디까지나 일시적이고 표층적인 치료이다. 물론 모든 병이 그런 것은 아니지만, 많은 병은 그 '병'이라고 하는 말로부터도 마음이 아픈 것이 원인이다.

지금 안위동일의 사고에 따르면, 병은 심층심인 아뢰야식이 앓고 있는 것이 된다. 술을 과음하면 위암에 걸릴 수도 있다. 그러나 술을 마시지 않았는데도 위암에 걸리는 사람의 대부분이 성실하게 일하면서도 스트레스가 쌓이는 사람이라는 데이터도 나와 있다. 스트레스를 받는다. 그것은 아뢰야식이 오염되고 무거워지는 것으로 해석할 수 있다. 너무나 약에 의존하기 쉬운 현대인에게 '심층심으로부터의 건강', '아뢰야야식으로부터의 건강'이라는 생각은 큰 참고가 된다.

무엇이 행복하냐고 물으면 많은 사람들은 '건강한 것이 행복하다'라고 대답한다. 확실히 건강은 최고의 보물이고 행복이다. 그렇다면 그 건강이란 무엇인가? 유식학적으로 말하면 '심층심으로부터 상쾌하게 자유로워지는 것'이라고 할 수 있다.

우리들은 언제나 번뇌에 가득차 있고 몸과 마음이 상쾌하지 않아 생각대로 행동할 수 없다. 무언가를 하고 싶다, 해야 한다고 생각해도 몸이 따라주지 않는다. 예를 들어 노인이 곤란해하고 있을 때, 도와주려는 생각은 할 수 있어도 행위까지 가지 않는다. 거기에 에고가 작용하여 여러 가지 생각이나 예상이 일어나기 때문이다. 또한 마음속 깊은 곳에서 상쾌한 기분으로 아침마다 눈을 뜨는 사람이 몇 명이나 될까? 조금 지나친 말일지도 모르지만, 아침에 눈을 뜰 때마다 살아 있는 것에 중압감을 느끼는 사람이 거의 대부분일 것이다.

이것은 우리 한 사람 한 사람의 아뢰야식 속에 오염된 종자가 쌓여, 신심身心이 무거워지고 있기 때문이라고 유식사상은 생각하여 그 무거운 심신을 '추중麤重의 신심'이라고 말한다. 이에 비해 아뢰야식으로부터 오염된 종자가 소멸되어 심층에서부터 청정해졌을 때, 심신이 모두 상쾌해지고 또한 자유롭게 활동할 수 있게 된다. 그러한 상쾌하고 자유로운 심신을 '경안輕安의 신심'이라고 부른다. '추중'에서 '경안'으로, 그것은 병에서 건강해지는 것과 동시에 미혹에서 깨달음으로, 생사에서 열반에 이르는 것에도 있다. 문제는 그러한 보통의 건강뿐만이 아니다.

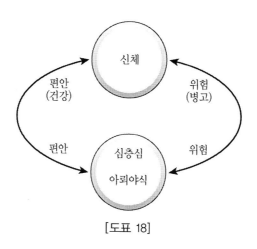

[도표 18]

불교는 마음의 평안과 안심, 즉 열반에 이르는 것을 목적으로 한다. 그런 의미에서 안위동일의 '안'이란 궁극적으로는 열반을 의미하며, 그 열반이란 아뢰야식 영역의 변혁에 의해서 비롯된다고 생각하는 것이다. 그러므로 마음속 깊은 곳으로부터 상쾌하게 자유로워지려면 아뢰야식 속에 쌓이고 쌓인 무거운 스트레스를 모두 태워버리는 것이 필요하다.

지금 이야기를 건강이라는 것만으로 한정지었지만, 그럼 심층심에서 건강해지기 위해서는 어떻게 해야 할까? 안위동일의 사고에서 보면, 이미 말한 바와 같이 표층적인 신체의 상태에서부터 개선해 나가지 않으면 안 되는 것이다.

그렇다. 확실히 뭔가에 몰두하면 상쾌해진다. 그것은 현대적으로 말하면 스트레스가 없어지는 것이지만, 유식적으로는 아뢰야식의 영역에서 마음이 정화되어 심층부터 건강해지는 것이라고 할 수 있다.

　남에게 폐를 끼치지 않으면(정말로 폐를 끼치지 않는 것일까?) 무엇을 해도 좋다고 하는 개인주의의 지나친 행보로 현대의 젊은이들은, 예를 들면 도로에 앉거나, 담배를 피우면서 길거리를 걷거나, 수업에서는 팔꿈치를 괴고 강의를 듣기도 한다. 이래서는 더욱 심층의 마음이 탁해지고 건강하지 못하게 된다. 현대 젊은이들에게 부족한 것은 신체를 통해 배운다는 자세이다.

제8장

마음의 심층이
만들어내는 자연

제8장
마음의 심층이 만들어내는 자연

추상적 자연과 구체적 자연

마음속의 자연에 의식을 집중하자

어릴 때, 만약 잠자리의 겹눈을 통해 세상을 보면 어떻게 보일까를 생각해본 적이 있다. 그것은 불가능한 일이지만 아마도 전혀 다른 풍경, 세계가 될 거라는 건 상상하기 어렵지 않다.

이와 관련하여 유식사상에는 '일수사견'이라는 흥미로운 의견이 있다. 그것은 인간에게는 물로 보이는 것이 물고기에게는 '집', 천인에게는 보석으로 만들어진 '도로', 지옥인에게는 고름으로 가득 찬 '강'으로 각각 보인다고 하는 생각이다.

이렇게 생물의 상태에 따라서 세계가 달라지기 때문에, 각각의 생물에 공통된 무엇인가 실체적인 것이 외계에는 존재하지 않는, 즉 '유식무경'이라고 주장하는 것이다. 천인이나 지옥인은 어떻든, 물고기가 물을 어떻게 보는지는 결코 알 수 없지만, 이러한 사상은 적어도 인간의 독단을 강하게 응징하고 있다는 것만은 확실하다.

이런 관점에서, 여기서 인간이 그리고 사람 한명이 '자연'이라고 하는 것이 과연 존재하는지 반성해보자.

일률적으로 '자연'이라고 말하지만, 그것은 ① 인간에게 있어서의 자연, ② 인간인 자신에게 있어서의 자연, ③ 다른 생물에게 있어서의 자연 이렇게 세 가지로 분류된다.

동일하게 '자연'이라는 말을 사용했지만, ①과 ②와 ③은 전혀 다른 것이다. 이들 중 ③은 어떤 것인지는 상상도 할 수 없으니 비교 대상에서 제외한다. 그럼 ①과 ②에 한정해보았을 때, 양자는 어떻게 다른 것인가? ①은 인간들끼리 서로 말로써 이야기를 주고받으며 존재할 것이라고 상정된 자연이다. 이렇게 말하면, '상정되었다'라는 것은 터무니없는 것이라고 반발하시는 분도 있겠지만, 여기서 조용히 생각해보자.

나무 한 그루를 세 사람이 본다고 하자. 그러나 이 경우 한 그루의 나무가 세 사람의 눈앞에 있는 것이 아니라, 각자의 마음속에(결코 다른 사람이 볼 수 없는) 나무의 영상이 있다. 그에 대해 각자가 '거기에 한 그루의 나무가 있군요'라고 서로 이야기하는 것에 의해서 외계에 한 그루의 나무가 있다고 서로 인정하는 것에 지나지 않는 것이다. 물론 세 사람을 떠나서 나무는 존재할 수 있다. 그러나 세 사람은 나무 자체를 볼 수도 만질 수도 없다. 그 나무의 모양과 빛깔, 그리고 감촉은 모두 마음속의 영상이기 때문이다. 따라서 우리가 보통 자연이라고 말하고 있는 ①의 자연은 인간끼리 말로 서로 이야기 나누며, 인정한 이른바 추상적인 자연인 것이다.

이것에 대해서 ②의 자연은 한 사람 한 사람의 개개인에게 있어서의 삶의 구체적인 자연이다. 서로 말로써 소통하고 외계에 있다고 서로 인정한 추상적인, 그리고 때로는 집착의 대상이 되는 그런 자연이 아닌, 마음속에 있는 구체적인 자연이다.

이렇게 자연은 '추상적 자연'과 '구체적 자연'이라는 두 가지로 나뉜다. 이 중에서 우리들이 먼저 그것이 무엇인가를 고찰하는 것은 당연히 후자의 구체적 자연이지만, 우리는 그것을 잊고 전자의 추상적 자연에만 의식이 향한다. 그래서 예를 들어 여행을 하고 관광지를 방문하면 기념으로 그곳의 스냅 사진을 찍는다. 물론 그것도 괜찮지만, 유식사상으로 말하면, 그와 같은 외계의 자연계는 없는 것이다.

한발 물러서 외계에 산과 강이 있다고 하자. 엄밀히 말하면, 개개인에게의 구체적인 자연은 각자의 마음속에 있는 영상으로서의 자연이다. 그러니까 외계에 있을지도 모르는 자연을 사진으로 찍기 전에, 그 마음속의 구체적인 자연으로 이루어져 그 이미지를 마음속 깊이, 말하자면 인화印画하려는 것이 아닐까? 어떤 풍경에 의식을 집중해 계속 응시하고 마음을 전념하여 갈고 닦아서 자연을 보면, 그 영상은 마음속 깊이(아뢰야식 속에) 새겨진다.

개인적인 일로 죄송하지만, 예전에 네팔의 포카라를 찾았을 때, 호텔 정원의 의자에 앉아 저물어가는 아름다운 안나푸르나 산을 계속 바라보았다. 산 표면의 색은 시시각각 바뀌어 갔다.

금빛에서 한순간에 보라색으로 변화하였다. 그 웅장하고 아름다운 히말라야의 산들에 의식을 집중하기를 30분, 그 덕분에 지금도 눈을 감고 그것을 생각하면, 아름다운 산들의 또렷한 영상이 마음속에 재현된다. 폭이 좁은 깔때기를 통해서 물이 세차게 병 속으로 흘러 들어가듯이, 집중된 마음을 통해서 자연의 풍경이 제대로 심층심에 인화되는 것이다. 그래서 그 영상이 선명하게 떠오르는 것이다.

이렇게 재현된 자연의 영상은 기억 속에 심어진 아뢰야식의 종자로부터 생겨나는 것과 마찬가지로, 지금 눈으로 현실에서 눈앞에 보이는 산이나 강의 자연계도 아뢰야식의 종자에서 비롯된 것이라고 유식사상은 주장하는 것이다.

이 마음속의 영상으로서의 자연은 삼성으로 말하면, 의타기성으로서의 자연, 즉 구체적인 자연이다. 이에 반해서 외계에 있다고 생각한 자연은 변계소집성으로서의 자연이므로, 그것은 존재하지 않는다. 그렇지만, 한발 양보해 외계에 자연이 있다고 해도, 우리는 우선은 각자의 마음속에 나타나는 '자연'에 의식을 집중하여, 말이나 생각을 덧붙이는 일 없이 그것을 생생하게 파악해보자. 게다가, '아! 자연은 얼마나 아름다운 것인가?'라고 말과 생각으로 그것을 받아들여보자. 살아 있는 것으로부터 가공된 것으로, 이것이 자연을 인식하는 경우에도 중요한 과정이다. 꽃을 가만히 보고 있으면 꽃과 하나가 된다. 꽃의 생명이 자신의 생명이 된다. 불단佛壇의 꽃이나 방에 장식된 꽃들에게 2, 3일 물을 주지 않으면 꽃이 시들 수 있다. 그럴 때, 나는 '꽃아, 미안해'라고 사과하고 있다. 그것은 꽃도 나무도 나와 같은 생명이 있는 것, 마찬가지로 세포로 구성된 생명이기 때문이다.

자연에는 산과 강이 있다. 장미와 국화가 있다. 벌레나 새가 살고 있다. 또 다양한 인간들이 있다. 현상세계는 이처럼 차별의 세계이다. 그러나 이 차별의 세계의 깊은 곳에서는 같은 것으로 연결되어 있다. 그것을 '**제법의 진여**'라고 한다. 제법이란 차별의 세계에 존재하는 다양한 존재들을 말한다. 하지만 그런 차별은 인간이, 내가 그렇게 하고 있을 뿐이지, 그것들이 돌아가는 곳은 동일하다.

"나와 만물은 동일한 뿌리"라는 말이 있다. 이것은 우리들 범부에게는 좀처럼 이해가 안 된다. 그렇지만 이 말을 이정표로서, 우선은 마음속에 나타난 자연의 영상을 관찰의 대상으로 하고, 그것이 '무엇'인가? '어느 것'인가? 하고 추구해나가야 한다. 될 수 있으면 궁극의 있는 그대로의 것, 즉 진여에 이르는 것을 목표로…

아뢰야식이 만들어낸 자연

마음의 심층에 있는 자연에 접촉하자

유식사상이 유심론적 경향이 강한 사상인 한 가지 이유가, 자연계도 아뢰야식이 만들어내고 있다고 보는 데 있다. 자연을 불교에서는 '기세간器世間'이라고 한다. 자연을 기器라고 생각하는 점에 불교의 자연관의 특징이 있다. 그 안에 생물이 살 수 있는 장소, 그것이 자연이라고 하는 사고는 현대의 환경파괴의 문제를 생각하는 데 참고가 되는 견해이다.

그런데 초기불교나 부파불교에서는 소박실재론적 경향이 강하여, 자연은 외계에 있다고 생각되었다. 그러나 유식학파는 이를 부정하고, 산천초목과 같은 자연조차도 마음이 변화한 것이라고 주장하기에 이른 것이다. 유식의 원어는 '비즈나프티-마트라vijñapti-mātra'라고 하고, '비즈나프티vijñapti'란 '알다'라는 동사 '비즈나vijñaā'의 사역형에서 나온 명사로 '알리다'라는 의미이므로, '유식'이란 근원적인 아뢰야식이 대상을 알린다는 의미가 된다. 따라서 자연도 아뢰야식에서 변화하여 아뢰야식이 알려준 것이라는 이야기가 된다. 외계에 자연이 있고, 그것으로부터 어떤 자극이 와서 자신의 외부에서 알려준 것이 아니라, 자신의 아뢰야식이 자신에게 알려준 것이라고 주장하는 것이다. 이처럼 '유식'이라는 말은 '모든 것은 알려진 것'이라는 것을 본래의 의미로 하고, "근원적으로 존재하는 것은 아뢰야식뿐이다"라고 주장하는 사상이다. 그럼, 자연은 아뢰야식이 변화한 것이라는 사상에서 우리는 무엇을 배울 수 있을까?

우선 첫 번째로, '진정한 자연은 무엇인가?'라고 하는 것을 우리에게 묻는다. 우리는 자연의 일부만을 다섯 감각으로 인식하고 있다. 오히려 요가를 수행하여 감각을 무無로 해나간다면, 감각으로는 파악할 수 없는 자연을 지각해나갈 수 있게 된다.

우리는 자연이라고 하면, 예를 들어 색깔, 모양, 소리 등에 의해 지각되는 산과 강 등을 말하지만, 그보다 더 깊숙한 곳에 있는 아뢰야식이 만들어낸 자연, 그리고 만들어낸 아뢰야식 자신이 대상으로써 인식하고 있는 자연이 있다. 기세간, 즉 자연에 대해서는 '소변所變이 소연所緣이다'라고 설명되는 점이 중요하다. 아뢰야식으로부터 변화한 것이 동시에 아뢰야식의 대상이 된다고 하는 것이다. 그래서 감각에 의해 잘라낸 부분적인, 표층적인 자연이 아니라, 더 본질적이고 심층적인 자연을, 우리는 요가를 통해 접할 수 있다는 것을 이 사상으로부터 배울 수 있다.

나는 니시다 기타로西田幾多郞의 순수 경험이라는 사상을 좋아한다. 그는 순수 경험이야말로 실재라고 하는 입장에서 자신의 사상을 구축했지만, 그 순수 경험에 있어서의 자연관이 유식하게 말하는 자연관에 가까운 것이 아닐까라고 나는 생각한다. 이 순수 경험이란 어떤 특별한 경험이 아니라, 모든 인식의 기반이 되고 있는 것이다.

예를 들어 물건을 보았을 때, 그것이 무엇인지 사려분별을 하기 이전의 삶의 순수한 경험, 그것을 순수 경험이라고 부른다. 혹은 피아니스트가 열심히 피아노에 몰두하여, 마치 자신과 피아노가 일체가 되어 있는 것 같은 영속적인 순수 경험도 있다. 이 순수 경험에서는 '대상'도 '마음'도 없다고 그는 말한다. 확실히 '대상'과 '마음'이란 인간이 반성적으로 분별한 것이지, 본래적으로 있는 것은 아니다. 따라서 과학자들이 말하는 자연이 가장 추상적인 자연이고, 오히려 예술가들이 받아들이는 자연이 삶에 더 가까운 자연이라고 그는 강조한 것이다.

이 생각과는 다소 다르지만, 이것에 가까운 자연관을 유식사상은 가지고 있다. 바꾸어 말하면, 유식사상은 심층적으로는 아뢰야식이 만들어낸 기세간(자연), 표층적으로는 제2차적인 자연, 이 두 자연은 모두 마음속에 있는 영상으로서의 자연(정확히는 아직 자연이라고도 이름 붙일 수 없는 것)이라는 것이다.

이러한 자연관은 인간의 지식을 힘으로 여기고, 그 힘으로 자연을 지배해 온 유럽의 근세 이후 인간의 생활 방식이 물질문명을 발전시켰지만, 결국 인류뿐만 아니라 모든 생물의 생존을 위협하는 지구환경 문제를 야기시킨 현대인에게 하나의 참고가 되는 사상이 아닐까?

뒤에 기술하겠지만, 최근의 양자역학도 우리들은 자연을 객관적으로 보는 관찰자가 아니라, 자연과 하나의 세트가 된 관여자라는 것을 알게 되었다. 이러한 양자역학의 성과와 또 다른 하나는 유식사상의 자연관, 즉 "내가 표층의 감각으로 파악한 자연, 그리고 그것에 생각과 언어로써 색칠된 자연, 이와 같은 자연만이 자연이 아니다. 내 마음속에는 아뢰야식이 대상으로 하는 자연이 있다"라고 하는 자연관, 이 두 가지를 참고로 하여 자연에 대한 의식혁명을 실시하는 것은 어떨까? 라고 나는 제안하고 싶은 것이다. 삼림의 벌채 등에 의한 자연 파괴를 방지하기 위해서는 물론 정치적·경제적·사회적 관점으로부터의 개혁과 개선이 필요하다. 그러나 근본적으로는 역시 한 사람 한 사람의 인간이 자연에 대한 견해를 바꾸어 가는 것이 중요하다.

'자연에 친화적으로', '자연과 공생을'이라고 주장하기 전에, '자연이란 도대체 무엇인가?' 그것을 자신과의 관계 속에서 조용히 추구해보는 것이 먼저 해결해야 할 일이라고 생각한다.

감각의 데이터와 생각과 언어로서 파악한 '자연'의, 말하자면 맞은편에 있는 삶의 '자연'으로 생각을 해보자. 그러면 지금까지 딱딱하고 차가웠던 자연이 따뜻하고 친근하게 느껴진다.

마음속의 담배꽁초

쓰레기 청소는 마음의 청소

나는 지금 대학 캠퍼스 안에 버려진 담배꽁초를 학생과 함께 점심식사 후 휴식시간에 주우면서 걷고 있다. 30분 정도 구내를 구석구석 빠짐없이 돌면서 줍다보면, 무려 500개 이상의 담배꽁초가 떨어져 있다. 이 얼마나 한심스러운 일인가?

나는 분노마저 느낀다. 옛날 일본인의 예의 바르고 우아한 행동거지는 세계의 사람들에게도 칭찬을 받았지만, 그것이 전쟁 후 50년 동안에 일본인과 그 사회는 전혀 다른 세계로 변모해버렸다. 담배꽁초를 버리는 것부터 시작하여 차량 내에서 휴대전화를 걸거나 헤드폰으로 소리를 크게 하여 음악을 듣거나, 길거리에 앉아 보행을 방해하는 등 일일이 열거할 수가 없다. 왜 그렇게 되었는지 다각적인 시야에서 그 분석과 그 치료법을 검토하는 것이 필요하겠지만, 어쨌든 나는 담배꽁초 버리는 것만은 저지하려고, 우리 대학에서는 꾸준히 뜻이 있는 학생과 노력하고 있다.

그 운동에 동참하는 학생의 수도 많아져서 기쁜 일이지만, 최근 나는 유식적인 생각에 근거해 담배를 줍는 것을 다음과 같이 해석하게 되었다. "더러운 담배꽁초를 주우면 캠퍼스가 깨끗해지지만, 그것은 동시에 자신의 마음속을 깨끗이 청소하게 되는 것이다. 담배꽁초는 마음속의 영상이기 때문이다"라고 이것을 함께 줍고 있는 학생에게 이야기한다. 그래서 그들은 담배를 줍는 것은 타인과 공유하는 캠퍼스를 청소함과 동시에 자신의 마음을 정화하고 있다는 이중의 효과가 있다는 것을, 즉 타인에게 도움이 되는 것이 동시에 자신에게 도움이 된다는 사실을 깨닫고, 담배 줍기에 보다 열정적으로 임하게 되는 것이다. 담배꽁초뿐만이 아니다. 넓게는 "대상은 마음속의 영상이다"라는 이 유식의 교리에 비추어 대상을 재검토해보자. 거기에 새로운 세계가 전개된다.

유식과 양자역학

모든 것은 꿈이다

유식사상의 기본적 주장인 '**유식무경**'은 오직 식이다. 이는 오직 마음뿐이며, 마음 외에는 경계, 즉 '대상'은 존재하지 않는다고 하는 생각이다. '대상'이라는 것을 지금 '사물'이라는 것으로 한정해보자.

우리는 보통 자신 외에 원자·분자로 구성되는 '사물'이, 예를 들어 돈, TV, 냉장고, 에어컨 등의 주변의 '사물' 혹은 산이나 강이라고 하는 자연이 존재한다고 생각하고 있다. 물론 그렇게 생각하는 것뿐이라면 문제는 없지만, 예를 들어 편리·쾌적을 목적으로 TV나 에어컨을 구입하고 싶다고 생각하고, 그것을 위해 돈을 벌고자 한다. 돈이 없는데도 빌려서 구입했다가 대출 지옥에 빠지는 사람도 많이 있다. 또한 인간이 레저를 즐기기 위해서, 그리고 업자가 돈을 벌기 위해서 삼림을 벌채하여 골프장을 건설한다.

하지만 정말 그런 '사물'이, 그리고 '사물'을 구성하고 있는 원자·분자는 외계에 엄연히 존재하는 것일까?

이 물음에 대해서 옛날에는 불교의 유식사상, 새롭게는 현대의 양자역학, 이 두 가지가 'No'라고 대답했고, 모두 외계에는 우리가 생각하는 것처럼 '어떤 크기를 가진 입자'로서의 원자·분자는 존재하지 않는다는 결론에 도달했다.

우선 유식사상의 생각부터 검토해보자.

그리스에서 데모크리토스Demokritos가 물질은 궁극의 원소인 아톰atom(분할되지 않는다는 의미), 즉 원자로 구성되어 있다는 생각을 처음으로 밝힌 것은 유명하지만, 불교에서도 처음부터 그런 원자론이 전개되었다. 불교에서는 아톰, 즉 원자에 해당하는 것을 파라마아누parama-anu(가장 작은 것이라는 의미)라고 하고, '극미極微'라고 한역된다(이하 이해하기 쉽게 극미를 원자라고 표현함). 그리고 이 원자와, 그리고 원자로 구성된 '사물'이 외계에 존재한다는 학파와 이를 부정하는 학파 사이에서 격렬한 논쟁이 벌어졌다. 자세한 논쟁의 내용은 할애하고 그 대립을 간결하게 정리하면, 원자 내지 '사물'이 있다고 보는 외계실재론을 주창한 학파가 불교 이외에서는 승론파勝論派였고, 불교 내에서는 비바사사毘婆沙師와 경량부經量部였다. 이것에 대해서 외계에는 원자와 '사물'은 존재하지 않는, 즉 유식무경이라고 주장한 것이 유식유가행파이다.

이 유식유가행파의 '유식무경', 즉 외계에는 원자도 '사물'도 존재하지 않는다는 주장은 요가라는 실천을 통해 얻어진 체험, 바꾸어 말하면, 깨달음의 지혜에 바탕을 둔 것이다. 그러나 외계실재론자들의 반론에 대해서는 논리로 대항할 필요가 있었다. 이러한 여러 학파의 비판을 하나하나 논리적으로 반증한 것이 세친의 『유식이십론』이다. 이 책에서 세친은 현대의 과학적 내지 철학적 관점에서도 충분히 납득할 수 있는 논증을 전개하고 있기 때문에 반드시 현대어역 등을 참조하여 한번 읽어보기를 권한다.

세친은 이 책에서 외계실재론을 논리적으로 부정해나갔는데, 이 책의 마지막 부분에서 그는 다음과 같이 말하고 있다.

> "나는 내 능력에 따라 유식이라는 것을 논구해왔다. 그러나 유식이라고 하는 것의 전체를 나와 같은 사람에 의해서는 사유될 수 없다. 왜냐하면 그것은 개념적 고찰의 대상이 아니다. 그것은 부처의 경계이기 때문이다."

'유식이라는 것'은 부처, 즉 깨달은 사람이 되어야 진정으로 이해할 수 있다는 점에 주목해야 한다. 우리들은 지금 살아서 눈을 뜨고, 이 세계 안에 살고 있다고 생각한다. 하지만 정말로 깨어 있는 것일까? 자신이 보고, 듣고, 생각하는 대로 모든 것은 존재하는 것일까? 유식사상은 "그렇지 않다. 모든 것은 꿈과 같다, 아니 꿈이다"라고 주장하는 것이다. 꿈이기 때문에 외계에 대상이 없다고 하는 것이다. 이 주장은 꿈을 꿈으로 인식하지 못하는, 즉 꿈에서 깨어나지 못한 우리들은 진심으로 납득할 수 없다. 하지만 '유식무경', 나아가 '유심여몽唯心如夢'이라는 말을 조용히 마음속에 떠올리고, 그것에 의식을 집중하여 관찰하고 사유해보자. 그러면 그 말이 의미하는 바가 조금은 분명해진다.

관찰자에서 관여자로

종이는 겉면과 뒷면으로 이루어져 있다. 그런데 우리는 겉만 보고 그것이 종이라고 생각하고, 뒷면이 있다는 것을 잊어버리고 있다. 이처럼 숨은 측면에 의해서 드러난 측면이 뒷받침되고 있다는 것이 모든 존재에 해당되는 존재의 형태이다. 그래서 종이의 겉만 보는 사람과 겉과 뒤의 양면을 본 사람과는 사물을 보는 견해, 삶의 방식이 달라진다.

20세기에 들어와서 물리학 영역에서도 이른바 종이 뒷면의 세계를 보게 되었다. 즉, 양자 역학의 발전으로 미시적[micro] 세계에서의 사물의 존재 양상이 거시적[macro] 세계에서의 상태와 전혀 다르다는 사실이 발견된 것이다.

양자역학은 물질을 구성하는 궁극의 입자, 즉 소립자는 어떤 크기를 가진 입자로서 존재하는 것은 아니라는 결론에 도달한 것이다. 게다가 그 존재의 상태는 우리들이 관찰하는 측면의 마음의 상태에 따라 영향을 받는다는 사실도 발견되었다. 이것에 대해서 더 고찰하기 전에 유식사상이 설명하는 두 개의 세계관을 먼저 소개해보자.

예를 들자면 종이에 겉면과 뒷면이 있듯이 하나의 존재에는 양면이 있는 것을 "붓다는 이제二諦로써 법을 설한다"라고 말한다. 법이란 가르침, 이제의 제란 진리라는 의미로 세속제世俗諦와 승의제勝義諦이다. 이 중 세속제는 이른바 종이 겉면의 세계이고, 사람들과 더불어 살아가며, 나와 타인이 대립하는, 더구나 언어가 통용되는 세계이다. 이에 대하여 승의제는 자타의 대립이 없어지고, 게다가 말이 통용되지 않는 있는 그대로의 세계, 진리의 세계이다. 그것을 유식사상은 진여·하늘·법계·원성실성 등 다양하게 표현하지만, 본래적으로는 말로 표현할 수 없는(불가언설可言說, 불가사의不可思議, 이언離言) 세계, 한 사람 한 사람이, 말하자면 냉난자지冷暖自知하지 않으면 안 되는 세계이다.

앞서 말한 바와 같이 세친의 "유식이란 부처의 경계이다"라는 언명은 승의제의 세계에서 머물러야 비로소, 일체가 마음의 표현인 동시에 꿈이라는 것을 알 수 있음을 표현한 것이다.

그런데 여기서 이야기를 양자역학으로 되돌리자면, 양자역학을 발전시킨 사람들의 눈은, 그 방법은 다르다고 해도, 이 언어로는 이야기할 수 없는 세계, 자타 대립이 지양된 세계에 가까워지고 있는 것은 아닐까? 라고 최근 나는 생각하게 되었다. 그런 일은 있을 수 없다. 과학과 불교는 다르다고 반박하시는 분도 계실 것이다. 하지만 여기서 조용히 관찰하고 생각해보자.

"과학의 한 분야인 양자역학이라는 물리학의 연구자는 관찰의 눈을 밖으로 향해서 밖에 있는 원자 내지 소립자의 형태를 고찰하는 것이라면, 유식이란 사상을 내세운 사람, 즉 요가를 실천하는 사람의 눈은 마음속으로 향하고, 마음속에 있는 영상의 상태를 고찰하는 것이기에 양자는 관찰의 방향과 관찰의 대상이 다른 것이다." 이렇게 반론자는 양자의 차이를 지적할 것이다.

그러나 정말로 양자의 '관찰의 방향'과 '관찰의 대상'은 다른 것일까? 결론부터 말하자면, 양자가 다르지 않다고 말할 수 있다. 왜냐하면 물리학자나 요가행자나 관찰하는 이른바 '장소'는 모두 항상 '마음'이다. 더구나 관찰 대상으로서의 원자(불교에서는 극미)는 물리학자에게도 마음속의 영상이기 때문이다. 양자는 모두 같은 자리에서 같은 존재성(즉, 영상으로서의 존재성)을 갖는 대상을 관찰하고 있다는 사실을 명확하게 인식할 필요가 있다.

또 한 가지 문제로 삼아야 할 것은, 우리가 지금 살고 있는 이 거시적 세계(유식에서 말하는 세속제의 세계)에서는, 언어가, 더구나 A와 非A로 나누는 이분법적 사고가 통용되는 세계이다. 예를 들어 '여기에 한 자루의 연필이 있다'라고 판단한다면, 그 판단 속에는 '연필'과 '연필이 아닌 것'으로 나누어 여기서는 '연필이다'라고 판단하고, 또한 '있다'와 '없다'라고 하는 두 가지 존재의 상태를 전제로서, 여기서는 '있다'라고 판단한 것이다. 그러나 승의제의 세계와 양자역학이 해명한 미시적 세계에서는 어느 쪽도 이러한 판단이 성립하지 않는다는 점에 주목하자.

우선 유식사상이 설명하는 승의제의 세계는 앞서 말한 것처럼 말이 통용되지 않는 불가언설, 불가사의의 세계이지만, 굳이 말로 하자면, 존재는 '있는 것도 아니고, 없는 것도 아니다'. 즉, '비유비무非有非無'라고 할 수 있다. 혹은 '있지도 않고, 없지도 않은', 즉 '유즉무有即無, 무즉유無即有'라고 할 수 있을 것이다.

이것에 대해서 양자역학도 이분법적 사고가 통용되지 않는 세계에 들어선 것 같다. 예를 들어 빛은 입자성과 파동성이라는 두 가지 성질을 겸비하고 있다는 것을 알 수 있었지만, 빛(전자도 그렇지만)을 입자와 파동으로 나누어 그중 어느 쪽이라고 판단할 수 없는 것이다. 그러니까 빛은 굳이 말하면, '입자도 파동도 아닌 것', 즉 '비립자비파동非粒子非波動'이라고 말하지 않을 수 없을 것이다. 혹은 '입자이고 또한 파동이며, 파동이며 또한 입자이다', 즉 '입자즉파동粒子即波動, 파동즉입자波動即粒子'라고 해야 한다.

또한 하이젠베르크Werner Heisenberg의 불확정성의 원리에 주목해보자. 이 원리는 "전자의 위치를 알면 속도를 알 수 없게 되고, 속도를 알면 위치를 알 수 없게 된다"라는 원리이다. 이 전자의 행동은 거시적 세계에서는 생각할 수 없는 것이다. 거시적 세계에서는, 예를 들어 '지금 여기에 하나의 공이 있고, 그 위치와 속도는 ○○이다'라고 관찰하여 판단할 수 있다. 그러나 전자에 관해서는 '하나의 전자가 지금 여기에 있고, 그 위치와 속도는 ○○이다'라고 관찰하여 판단할 수 없다. 그래서 '전자는 있는 것 같지 않고, 없는 것 같다'라고 판단하는 편이 그 상황에 가장 가까운 표현이라고 할 수 있는 것이다.

(겉) 세속제(有 혹은 無) 거시적 세계(드러난 세계)
(속) 승의제(非有非無) 미시적 세계(숨은 세계)

이렇듯 양자역학의 미시적 세계와 유식사상이 설하는 승의제의 세계와는 공통의 면모를 지니고 있다. 이것에 의해서 양자를 단번에 동등하다고 단정하는 것은 위험하지만, 적어도 이 두 견해는 종이의 겉면뿐 아니라, 종이의 뒷면에까지 들어가 깊게 연구하여, 숨겨진 심오한 존재의 양상을 해명하고 있다는 점에서는 공통성이 있다.

유식이라는 사상은 유식무경으로부터 경무식무境無識無로, 즉 공의 세계에 이르러 진정한 지혜를 얻고, 사람들의 구제활동을 행하기 위한 방편으로서의 유심론인 것에 반해서, 양자역학은 결코 괴로워하는 사람들의 구제를 목표로 한 것은 아니다.

그러나 양자역학이 해명한 물질이란, 대상이란, 자연이란, 세계란 무엇인가라고 하는 정보를 배우는 것에 의해서 우리 현대인은 너무나도 '대상'에 집착해 괴로워하고 고민하는 병폐를 조금이라도 치유할 수 있는 것은 아닐까?

어쨌든 양자역학의 미시적 세계의 해명에 의해서 다음과 같은 사실이 발견되었다. 즉, "우리들 인간은 '존재의 상태'를 관찰하고 있는 것이 아니라, 존재에 관여하고 있는 것이다"라고 하는 사실이 해명된 것이다.

우리들은 지금까지 자신의 앞에 있는 것을 넓게는 어떤 존재의 '존재 상태'를 그것들로부터 벗어나서, 그것을 객관적으로 대상으로서 지각하고 있는 관찰자라고 생각해왔다. 그러나 그것이 아니라, 그 존재와 이른바 '하나의 세트' 안에 있는 관여자라는 사실이 밝혀졌던 것이다.

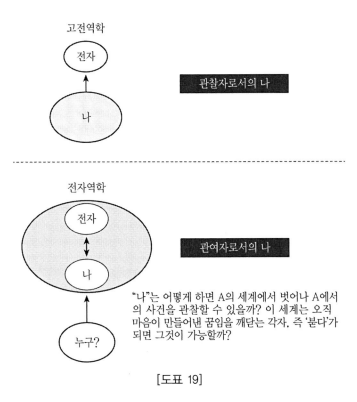

고전역학

전자

관찰자로서의 나

나

전자역학

전자

관여자로서의 나

나

"나"는 어떻게 하면 A의 세계에서 벗어나 A에서
의 사건을 관찰할 수 있을까? 이 세계는 오직
마음이 만들어낸 꿈임을 깨닫는 각자, 즉 '붇다'가
되면 그것이 가능할까?

누구?

[도표 19]

이 '존재로서의 관여자'라고 하는 양자역학의 결과를 단번에 유식사상의
'유식소변唯識所變', '유식무경', '일체불이식一切不離識'이라고 하는 생각과 동
일시하는 것은 위험하다. 하지만, 이러한 양자역학의 발견에 입각하면, '유식'
이라는 사상이 적어도 완전히 독단적인 사상은 아니라고 할 수 있을 것이다.

제9장

요가의 생활

제9장
요가의 생활

요가의 본래 의미

  인도인이 인류에게 이룩한 큰 공헌의 하나로서 요가(한역으로 유가瑜伽)라고 하는 실천, 수행 방법을 발명한 적이 있다. 현재 일본에 선종이라는 종파가 있지만, 그 선이라는 것도 혹은 공부삼매, 도락삼매道樂三昧(불도 수행으로 깨달음을 얻는 즐거움)와 일상적으로 사용되고 있는 삼매도 모두 요가의 하나이다.

  그렇다면 요가란 무엇인가? 인도 일반으로 넓게 말하면, 요가는 '해탈에 이르는 길'이라고 할 수 있다. 좀 더 내용적으로 말하면, '감각기관을 통제하여 마음을 고요하게 하고, 정신을 통일하는 방법'이라고 정의할 수 있다. 불교를 연 붓다도 6년간의 고행 끝에 결국 요가를 수행하여 깨달음을 얻었다. 이후 불교에서 요가의 실천이 중시되었고, 특히 유식사상을 세운 학파는 유식유가행파라고 불리듯 요가의 실천을 중요시하였다. 그 결과 아뢰야식설 혹은 삼성설 등의 새로운 교리를 제창하였다. 여기서 요가가 어떤 것인지 자세히 생각해보자.

먼저 요가를 원어부터 분석해보자. 요가의 원어 'yoga'는 결합하다라는 동사 'yuj'에서 파생된 명사로 '결부되다', '결합하다'라는 것이 본래의 의미이다. 그러면 무엇과 무엇이 결합하는 것인가? 그것은 다음의 두 단계에 걸친 결합을 의미한다. 첫 번째는 '몸과 마음의 결합'이다.

보통 우리들은 나라는 존재는 몸과 마음으로 이루어져 있다고 생각한다. 그래서 몸을 아름답게 보이고 싶고, 몸은 언제까지나 젊고 강하게 있고 싶어 한다. 그때는 '신체'와 그렇게 생각하는 '마음'이 분리되어 있다. 그 둘의 분리를 하나로 결부시키는, 이것이 요가가 지향하는 첫 번째 목적이다.

그 방법의 하나가 예를 들면 내쉬는 숨, 들이마시는 숨으로 완전하게 만들어보는 것이다. 숨이 자신인가? 내가 숨인가? 할 정도로 온 에너지를 숨에 집중하고, 더욱 집중한다. 그러면 거기에 몸과 마음이 결합된 몸도 마음도 아닌 비신비심非身非心의 세계가 나타난다. 이와 같이 몸도 마음도 아닌 숨을 매개로 비신비심의 세계에 복귀하는 것, 이것이 우선은 요가가 목표로 하는 제일의 목적이다.

다음으로 목표로 하는 것은 그러한 심신이 결합한 곳에 눈앞에 숨지 않고, 그대로 나타나는 '새로운 "나"와 진리와의 결합'이다. 즉, 말하자면 개인이 그 속으로 융해되어버리는 진리, 즉 진여와 연결되는 것이다. 이로써 요가의 목적이 완성되는 것이다.

네 개의 요가

생활 속에서 요가로 살아가다

이상은 요가의 원어에서의 고찰이었지만, 다음은 경론의 구체적인 서술에 따라서 요가의 내용을 자세히 생각해보고자 한다. 우선 『유가사지론』 38권에 요가로서 네 가지 종류가 거론되고 있다.

하나, 믿음(信)

둘째, 바람(欲)

셋째, 정진(精進)

넷째, 방편(方便)

여기에는 믿다, 원하다, 정진하다, 방편(수행)하다 등 네 가지가 요가라고 설하고 있다. 이를 통해 요가, 즉 유가라고 하면 조용히 앉는 것을 상상하게 되는데, 결코 그것뿐만 아니다. 말하자면 진리 · 진실을 추구하는 생활 전체가 요가인 셈이다.

이러한 『유가사지론』의 설한 바에 따라 잠시 다양한 문제들을 고려하면서 구체적인 생활의 터전에서 어떻게 살아야 할지를 생각해보자.

1. 믿음이라고 하는 요가

① 믿는 마음이란 맑은 마음澄清心, 맑고 깨끗한 마음淸淨心이다. 즉, 맑고 깨끗한 마음이라고 정의되고 있다. 저 브라만교의 믿음이 박티bhakti라고 불리며 열애熱愛로 번역되듯이 정열적이고 격렬한 신앙인 것에 반해, 불교의 믿음은 스라따raddha라고 하며, 맑고 조용한 신앙이다.

그리고 그 맑은 마음에 나타나는 이치, 도리, 진리가 신앙의 대상이 되는 것이다. 『유가사지론』에는 "믿음이란 제법의 도를 관찰하는 것이다"라고 설하고 있다. 제법의 도리란 일체의 존재를 지배하고 있는 '**연기의 이치**'이다. 연기의 이치란 이미 반복해서 말했듯 'A가 있으면 B가 있고, A가 없으면 B가 없다'라고 하는 법칙이다. 이것은 참으로 간단하고 명확한 법칙이지만, 조금 과장되게 말하면, 물리物理, 심리心理, 생리生理 내지 윤리倫理의 모든 이치의 근저에 있는 이치라고 할 수 있다.

나는 이런 이치를 일상생활 속에서 살려 보려는 의지를 갖는다면, 그 사람의 삶의 방식이 크게 달라질 것이라고 믿는다. 지금 한순간의 '나'가 있다. '그것은 무엇이 있기 때문인가?' 하고 추구해가면 헤아릴 수 없이 많은 인연의 힘에 의해서 살아가고 있다는 것을 깨닫는다. 그리고 그 깨달음은 감사의 마음을 일으키고, 그것이 다른 사람에게로 자비의 행위가 되어 전개해나가게 된다.

예를 들어 다랑어를 입에 넣었을 때, 그 맛에 완전히 집중해보자. 그리고 지금 자신의 혀 위에서 느껴지는 이 맛있는 '맛'은 무엇 때문에 생긴 것인지 생각해본다. 그러면 혀의 존재로부터 시작해서 신경, 뇌 내지 몸 전체, 심지어는 맛을 맛있다고 맛보는 이 마음, 게다가 그 뱃살을 요리해 준 사람, 물고기를 잡아준 사람, 물고기 그 자체, 심지어 물고기를 길러 준 바다 내지 태양과 그 인과의 사슬은 무한히 퍼져 우주 전체로 연결되어간다. 그 다랑어를 맛볼 수 있는 것은 정말 우주 전체의 덕분이라는 것을 깨닫게 된다.

연기의 이치, 즉 유식의 용어로 말하면 의타기의 이치야말로, 확실히 살아가면서 잊어서는 안 될 근거로서의 도리이다.

젊었을 때는 좀처럼 이해할 수 없었던, "연기를 보는 자는 법(진리)을 본다. 법을 보는 자는 연기를 본다"라는 붓다의 말씀이 지금 내 마음속 깊이 스며들고 있다.

② 그다음 "보특가라補特伽羅의 신력神力을 믿는다"라고 설하고 있다. 보특가라란 자신, 신력이란 훌륭한 힘, 즉 이런 자신에게는 잠재적으로 훌륭한 힘이 있다고 믿는 것이다.

그렇다면 어떤 힘일까? 그것을 유식적으로 해석하면, 심층심의 아뢰야식은 일체종자식이라고 불리듯이 일체를 생성하는 힘을 가지고 있는 것이다. 나뿐만이 아니라 넓게는 인간 일반을 생각해보자. 확실히 인간은 선하든 악하든 무슨 일이든 이루어왔고, 앞으로도 해낼 것이다. 인간은 환경에 적응하는 지혜와 힘을 몸에 익힘으로써 실제로 보는 것과 같은 고도의 과학기술 문명을 쌓아 왔다. DNA의 해명, 유전자 치료의 개발이 진행되어, 유전자 조작에 의한 새로운 식품이 차례차례로 만들어지고 있다. 어쨌든 인간은 스스로가 그 일부인 생명 그 자체를 창조할 날도 그리 멀지 않을 것이다.

이처럼 인간은 무한한 힘을 지니고 있다. 하지만 이러한 힘은 훌륭함과 동시에 무서운 측면도 가지고 있다. 과학 기술이라고 말하지만, 과학과 기술과는 다르게 과학은 지식이며, 기술은 그 응용이기 때문에 지식을 기술에 응용할 때 거기에 인간의 의지가 개입되어, 그 의지가 지향하는 목적 여하에 따라서는 거기에서 무서운 산물이 생긴다. 다시 말하면 과거에는 원자폭탄이라는 살인 무기가 만들어졌고, 이제는 복제 인간이 만들어지려고 한다. 과학적 지식에 대한 인간의 욕망은 끝이 없다. 정말로 인류가 목표로 하는 '지知'의 방향은 이것으로 좋은 것인가? 이런 지식의 폭주를 막기 위해서는 어떻게 하면 좋을까? 그 방법을 생각하는 것이 지금 인류에게 부과된 급선무가 아니겠는가?

이상은 인간으로서 문제가 있는 힘을 논의해 왔지만, 여기서 말하는 '보특가라의 신력을 믿는다'라는 것은 인간이 진리·진실을 깨닫는, 즉 부처가 될 가능성을 가지고 있다고 믿는 것이다. 대승불교에는 '**여래장如來藏**'이라는 사상이 있다. 이것은 길 잃은 범부들은 번뇌의 더러움에 덮여 있지만, 원래는 여래, 곧 부처가 될 힘을 잠재하고 있다고 하는 사상이다. 나중에 유식사상도 이 여래장사상과 결부되어 가지만, 초기 유식사상(예를 들면 『유가사지론』이나 『해심밀경』 등의 설명하는바)에서는 부처가 되거나 열반을 얻는 힘은 아뢰야식 속에 종자로 잠재해 있다는 생각이었다.

참으로 인간은 훌륭한 힘을 가진 존재이다. 그중 하나가 붓다에게 그 선례先例를 보듯이, 인간에게는 '생로사'라는 고충을 해결할 수 있다는 것이다. 늙어가는 시스템이, 지금 유전자나 DNA의 단계에서 해명되고 있다. 머지않아 노화의 진행을 늦추는 기술이 개발될 것이다. 하지만 거기에는 한도가 있다. 인간은 결코 영원히 계속 살아갈 수 없고, 항상 늙어 죽는 고통에서 벗어날 수 없기 때문이다.

이것에 대해 불교는 인간이 노력 정진하면 이러한 노사의 괴로움을 해결할 수 있다고 설명한다. 실제로 붓다는 보리수 아래에서 무상정각無上正覺을 얻어 깨달았을 때, "불로불사不老不死의 세계에 접했다"라고 언명하셨다. 인간은 의지와 그것에 근거한 행위(업)에 의해서 죽음도 극복할 수 있다는 것이다.

그런데 힘에는 '무상력無常力'과 '업력業力'의 두 가지가 있다. 어느 쪽이 더 강한가 하는 것이 『파사론』 등의 부파불교의 논서 속에서 이미 논의되고 있다. 그러나 나는 후자의 업력이 더 강하다는 의견에 부합하고 싶다.

물론 무상의 힘은 인간 존재뿐만 아니라, 산과 강 등의 자연계도 지배하고 있다. 참으로 제행무상諸行無常이며, 만물은 변화해 마지않는다.

이 지구도 앞으로 수십억 년 뒤에는 태양의 인력에 이끌려 가까워지고 불타 없어질 것이다. 생겨난 것은 반드시 소멸한다.

그러나 이 무상력에 지배되는 '늙음'을, '죽음'을, 인간은 스스로의 업의 힘으로 해결하고 극복하여 불생불로불사不生不老不死의 세계에 이를 수 있다는 것이다. 인간의 업력은 무상력을 이긴다. 이것은 대단히 훌륭한 일이 아닐까?

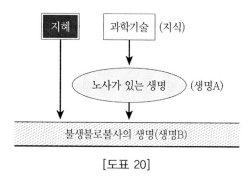

[도표 20]

위의 [도표 20]은 '생명'이 무엇인지 알려준다. '생명 A'는, 말하자면 현상으

로서의 표층적인 수명(생명)이다. 유식의 술어로 말하면 의타기성, 변계소집성으로서의 생명이다. 이에 반해서 지혜에서 주로 얻은 '생명 B'는, 생명 A가 그 안에 융해되는 근원적인 '큰 생명'이다. 인간은 거기에 이르려는 의지(서원)를 가지고, 몸과 마음을 다해 노력 정진한다면, 반드시 그 소원은 이루어질 수 있다는 사실을 믿는다는 것이 '보특가라의 신력을 믿는다'라고 나는 해석하고 싶다. 살면서 노사의 고통을 해결할 수 있다면 얼마나 좋을까? 그때 비로소 "남쪽에 죽어가는 사람이 있으면 별거 아니니까 그만두라 말하고"(宮澤賢治, 미야자와 겐지 「雨ニモマケズ, 비에도 굴하지 않고」)라고 말할 수 있는 사람이 될 수 있기 때문이다.

2. 바람이라고 하는 요가

욕欲은 '애욕愛欲', '탐욕貪欲'이라고 하는 의미에서는 부정해야 할 말이지만, 이 경우의 욕은 긍정해야만 하는 좋은 의미에서의 바람이다. 이러한 바람으로서, ① 증득욕證得欲, ② 청문욕請問欲, ③ 수집자량욕修集資糧欲, ④ 수순유가욕隨順瑜伽欲이라는 네 가지가 거론되고 있다.

① '증득욕'이란 해탈하고자 하는 바람이다. 해탈이란 기본적으로는 '고에서 벗어나는 것'이라고 정의할 수 있다. 그 괴로움을 정리하면 생·노·병·사의 네 가지 고(四苦), 혹은 그것에 애별이고愛別離苦·원증회고怨憎會苦·구부득고求不得苦·오음성고五陰盛苦를 더하여 여덟 가지 고(八苦)가 된다.

이것들은 정리하면 이렇다는 것이지, 실제로는 이미 무량무수한 괴로움을 인간은 맛보고 사는 인생을 보내게 된다. 만약 '종교'라는 것이 있다고 한다면, 모든 종교는 '고로부터의 해탈'을 공통의 목적으로 한다고 할 수 있을 것이다. 붓다도 사문유관四門遊觀의 이야기에서 볼 수 있듯이 노병사의 고통을 해결하기 위해 출가하셨다. 또한 구약성서의 첫머리에 나오는 아담과 이브의 에덴동산에서의 추방 이야기는 결국 왜 인간에게는 죽음이라는 고통이 주어졌는지, 그것으로부터 벗어나려면 어떻게 해야 하는가에 대한 인간 공통의 문제의식에서 만들어진 것이라고 해석할 수 있다.

지금 '죽음'이라고 하는 근원적인 괴로움을 문제 삼았지만, 내 신변에 가까이 있는 괴로움으로서는, 예를 들어 콤플렉스가 있다. 콤플렉스는 확실히 괴로운 것이다. 때로는 그것은 사람을 자살로까지 몰고 간다. 특히 젊을 때는, '나는 왜 이럴까?'라고 고민한다. 거기에는 에고(아집)가 강하게 작용하고 있기 때문이다. 그러나 그 콤플렉스를 발판으로 '좋아! 그것을 극복하고 새로운 나를 확립하자'라고 결심할 때, 그 콤플렉스는 반대로 도약으로의 탄력이 된다. 땅을 강하게 딛는 사람일수록 높이 뛰어오를 수 있듯이, 고통의 현실을 강하게 맛본 사람일수록 이상을 향해 높이 비상할 수 있다.

현실을 음미하고 이상을 향해 도약하고자 하는 사람, 그것을 불교에서는 '보살菩薩'이라고 한다. 상구보리上求菩提·하화중생下化衆生이라는 두 가지 큰 서원을 가지고, '도대체 무엇인가?'를 해결하고자 염원하고, 동시에 '어떻게 살 것인가?'를 추구하며, 괴로워하는 사람들을 구제하고자 염원하는(하화중생) 사람이다. 이러한 서원에 사는 것, 이것은 불교에만 국한되지 않고, 인간의 보편적인 생활방식이라고 나는 최근 강하게 확신하게 되었다. "보살도의 부활을!"이라고 제창하는 이유이다.

② '청문욕'이란 깊은 깨달음을 얻은 사람에게 가서, 그 사람으로부터 가르침을 듣고자 원하는 것이다. 올바른 가르침을 듣는 것이 중요하지만, 그 전에 올바른 가르침을 설해 보여주는 올바른 스승을 만나는 것도 중요하다. 그런 스승을 찾으려고 바라는 것, 이것도 진리 추구의 과정에서 중요한 계기가 된다.

우리들은 강한 에고심을 가지고 있기 때문에, 그 에고심을 억제하려고 생각해도 자신 스스로는 좀처럼 억제하기 어렵다. 이와 같이 자아에 대한 집착이 인간에게는 있지만, 그것은 심층에서 작용하는 자아 집착심, 즉 말나식이 하고 있는 일이다. 끈질기게 심층에서 작용하는 자아 집착심이 있는 한, 우리들의 행위는 항상 자기중심적일 수밖에 없다.

그렇게 스스로는 어찌할 수 없는 강한 에고심을 없애기 위해서는, 책에서 배우거나 지적으로 무언가를 이해하는 것만으로는 안 된다. 그 사람 옆에 있기만 해도 에고심의 실수를 부끄러워할 것 같은, 엄격하고 무섭지만, 실은 자비심 가득한 상냥한 바른 스승을 만나는 것이 필요하다. 끈질긴 에고심은 근원에까지 돌아올 수 있었던 사람의 강력한 영향에 의해 처음으로 깎여나가는 것이다. 올바른 훌륭한 스승을 만나고 싶고, 만나고 싶다고 하는 행운유수行雲流水의 마음을 품는 것이 특히 젊을 때에는 필요하다. 대학에서 배우는 것도 필요하지만, 훌륭한 스승과의 만남을 위해 세상에 들어가라고 항상 대학에서 나는 학생에게 호소하고 있다.

③'수집자량욕'이란 깨달음에 이르기 위한 자량을 몸에 익히고자 하는 바람이다. 무슨 일이든, 일이란 단번에 도달할 수는 없다. 식물도 오랫동안 영양을 흡수함으로써 최종적으로 결실을 맺게 된다. 인간에게 있어서도 깨달음이라는 열매를 맺기 위해서는 그 준비 단계에 영양을 섭취할 필요가 있다. 자량이란 그 영양이나 비료에 해당하는 것이다.

그러면 '어떻게 생활을 하는 것이 영양을 섭취할 수 있는가?'라고 하면, "계율을 지키고, 음식에 있어서 양을 알고, 수면을 줄이며, 올바른 지혜를 가지고 살아간다"라고 설명되고 있다.

계율에 대해서는 나중에 언급하기로 하고, '음식에 있어서 양을 안다', 즉 '먹는 양을 알고 식사를 한다'라는 것에 대해 생각해보자.

이것이 바로 포식의 시대를 살아가는 우리들에 대한 큰 교훈이다. 제7장에서 안위동일이라는 사상을 소개했는데, 그것은 표층의 신체와 심층의 아뢰야식이 생리적·유기적인 상호 인과관계에 있다고 하는 사상이다. 그러므로 예를 들어 몸이 너무 뚱뚱해지면, 실제로 아뢰야식에게 나쁜 영향을 미쳐 심층부터 병든 상태가 되는 것이다. 반대로 아뢰야식에 이상이 있을 경우, 신체에 그 영향이 나타나게 된다. 현재 문제가 되고 있는 폭식증이나 거식증의 근본 원인은 깊은 마음의 영역에서 찾을 수 있다고 알려져 있다.

계율의 하나로 비시식계非時食戒라는 것이 있다. 그것은 식사는 한낮까지 두 끼니로 하고, 정오 이후로는 식사를 해서는 안된다는 규율이다. 지금도 태국이나 미얀마의 승려들은 이 계율을 엄격하게 지키고 있다. 예전에 왜 그런 계율을 지키느냐고 물었더니, 밤에는 이제 자기만 하면 되니까 굳이 식사를 할 필요가 없다는 대답이 돌아왔다. 저녁 식사를 주식으로 많은 양의 식사를 하며, 밤늦게까지 깨어 있는 현대인, 그것은 시대의 풍조라고 치부해도 괜찮을까?

'수면을 줄인다'라는 것은, 잠을 자는 것은 살아가는 데 있어서, 그리고 건강을 위해 필요하지만, 인간의 욕망 중 하나인 수면욕에 그만 자신도 모르게 빠져서 게으르게 잠자는 것만 탐하고, 인생의 귀중한 시간을 낭비하는 것에 대한 경계이다.

> "사람 몸 받기 어려우나 지금 이미 받았고, 불법 듣기 어려우나 지금 이미 듣는다. 이 몸 금생에 제도하지 못하면, 다시 어느 생에서 이 몸을 제도하리요."

앞의 「삼귀의문」의 서두의 한 문장과 "제행은 무상하니, 너희들은 방일하지 말라"라는 붓다의 유언에 생각이 미칠 때마다, '정진하라, 정진하라'라는 소리가 안에서 터져 나온다.

④'수순유가욕'이란 유가, 즉 요가를 수행하고 싶다는 바람이다. 우리들의 일상생활은, 말하자면 큰 파도와 잔물결이 일어났다 사라지는 바다의 표면을 떠돌고 있는 상태로써 마음은 혼란스럽고, 방황하며, 괴로워하고 있다. 그런 마음의 상태를 통틀어 '산심散心'이라고 한다. 그 혼란스러운 마음을 조용하게 안정된 마음, 즉 '정심定心'으로 하기 위해서 요가를 실천하고 싶다는 것이 이

바람이다. 정말로 하루 수십 분이라도 좋고, 조용하고 안정된 마음, 즉 '정심'으로 돌아가고 싶은 것이다. 백은선사白隱禪師의 『좌선화찬坐禪和讚』에 다음과 같은 구절이 있다.

"한 번 앉은一座 공功을 이룬 사람도 쌓인 무량無量한 죄 멸하라."

나는 젊을 때는 일좌의 '일'과 무량의 죄의 '무량'에 사로잡혀, '잠깐 앉은 것만으로 왜 무량한 죄가 없어지는지, 그런 터무니없는 일이?'라고 생각했었지만, 최근에는 정말로 잠시나마 정심으로 돌아가서 무분별지의 불을 태운다면, 아뢰야식 속에 있는 오염된 종자가 타들어가고 없어져 가는 것을 실감하게 되었다. '조금이라도 많은 시간 요가를 수행하고 싶다, 정심으로 돌아가고 싶다'라고 바라는 것이 자기 변혁에 대한 큰 동기가 된다.

3. 정진으로서의 요가

믿고 바라는 과정을 거쳐서 다음에 정진하는 행위들이 전개된다. 이 정진으로는 ① 문정진聞精進, ② 사정진思精進, ③ 수정진修精進, ④ 장정정진障淨精進의 네 가지가 설해진다.

이 중 ①부터 ③까지는 문聞 → 사思 → 수修로 전개되는 일련의 정진이다. 유식사상은 '식을 전환하여 지혜를 얻는다'는 것을 목적으로 하는데, 그 지식, 즉 지혜를 '문혜聞慧'와 '사혜思慧'와 '수혜修慧'의 세 가지로 분류하고, 문혜에서 출발하여 사혜를 거치고 최종적으로 수혜가 되어 지혜가 완성된다고 본다. 이 중에서 '문혜'는 가르침을 통해서 얻는 지혜이다. 예를 들면 '일체는 오직 식에 의해 만든 것이다', 즉 '유식소변이다'라고 들음으로써 '오직 식이다'라고 아는 지혜이다. 그러나 이 단계에서는 아직 정식으로는 '유식이라고 아는 지식'이라고 해야 한다.

그러고 나서 이렇게 들은 가르침, 예를 들어 '유식'이라는 가르침의 내용을 사고함으로써 얻는 지혜가 '사혜'이다. 이 단계에서는 말은 쓰기도 하고 사용하지 않기도 한다. 이러한 사고에 의해서 가르침이 가리키는 사실 그 자체에 접근해 간다. 그리고 이미 말을 떠나 가르침이 가리키는 사실 그 자체, 예를 들면 유식 그 자체 속에 반복해서 머묾으로써 얻을 수 있는 지혜가 바로 '수혜'이다.

이와 같이 문 → 사 → 수로 전개되는 인간의 마음의 깊이와 정진에 대해서도 말하고 있는 것이다. 이하 이 세 가지의 정진에 대해서 좀 더 자세히 생각해 보자.

① 문정진

가르침을 듣는다라고 하는 정진이다. 인간은 말로 인해 실수하고 헤매고 괴로워하고 있다는 것은 이미 반복해서 말해왔다. 손을 보고 '나의 손'이라고 하지만, '나'라고 하는 것은 말의 외침이 있을 뿐, 거기에 대응하는 것은 어디를 찾아도 발견되지 않는다. 그런데도 없는 나를 있다고 생각하고 그 '나'에 집착해서 괴로워하고, 때로는 죄악까지 저지르게 된다. 이에 대해 유식사상은 '무아이다', '나는 공이다'라고 말한다.

또한 더욱이 인간은 자신의 밖에 '대상'을 설정하고, 그것을 얻고 싶다고 추구하며 괴로워한다. 이에 대해 유식사상은 '유식무경이다'라고 일도양단하에 잘라버린다.

이 '무아' 혹은 '유식무경'이라는 가르침을 반복해서 들음으로써 이상하게도 그것을 믿게 되고, 에고심이 희미해져서, 보다 자유롭게 구애받지 않고 살아갈 수 있게 된다. 그것은 올바른 가르침의 말씀이 심층심인 아뢰야식 속에 잠재해 있는 맑은 종자에, 이른바 물과 비료를 주고 그것을 생장시켜, 마침내 싹을 틔우기 때문이다. 반복해서 듣는 것, 이것을 '정문훈습正聞熏習'이라고 하는데, 자기변혁의 과정에서 이것도 중요한 계기가 된다.

② 사정진

"일체의 현상에서 항상한 것은 존재하지 않는다. 모든 것은 생겨났다가 소멸하는 무상한 것이다"라는 '제행무상'의 가르침이 있다. 유식사상은 이 가르침을 듣고 믿는 것만으로는 부족하며, 그렇게 들은 가르침의 내용을 스스로 생각하는 것이 다음으로 요구된다.

눈이나 귀와 같은 감각기관을 작용시켜서, 예를 들어 떨어지는 나뭇잎을 관찰하거나 혹은 조용히 앉아서 날숨과 들숨을 대상으로 하여 숨이 순간순간 생겼다 사라지는 것을 관찰한다. 이를 통해 제행은 무상하는 것을 스스로 관찰하고, 그리고 납득한다. 이것이 사정진이다. 생각한다고 했지만, 그것은 단지 지적으로 머릿속으로만 생각하는 것이 아니다. 앞에서 말한 것처럼 그 사고의 상태는 '여리작의如理作意'라고 불린다. 그것은 어원적으로 해석하면, 자궁으로부터 사고하는 것이다. 자궁이란 아이를 낳는 근원이지만, 현상, 즉 '사事'을 낳는 근원을 '이理'라고 생각하고, 그러한 이치에 준하여, 이치에 따라 대상을 생각해 나가는 것이 요구되고 있다.

이러한 사실을 예를 들어 생각해보도록 하자. '대상'과 '대상'의 사이에는 만유인력이라고 하는 법칙이 작용하고 있다. 그래서 예를 들면 손에서 물체를 놓으면 지구의 인력에 이끌려서 그 물체는 낙하한다. 지금, 이 인력의 법칙, 즉 인력의 이치를 이해하는 데는 두 가지 방법이 있다. 하나는 눈앞에 있는 물체가 낙하하는 것을 보고, 거기에 인력의 이치가 작용하고 있는 것을 인식하는 방법이다. 이를 통해 알려진 인력은 어디까지나 대상화된 인력이다.

반면, 다른 하나는 어딘가 높은 곳에서 뛰어내려 스스로 인력의 이치에 맡기고 낙하하여, 그것을 통해 인력을 지혜로 아는 지혜로운 방법이다. 이 두 가지 인식방법 중 전자는 '지식'이고, 후자는 '지혜'로 구별할 수 있다. 물론 후자의 사고방식을 유식사상은 강조하는 것이다. 이와 같이 이치에 맡기고, 이치에 입각하여 사고하는 것, 이것이 '여리작의'이다.

이러한 사고에는 의식을 집중하여 예리하게 사물을 관찰하는 것이 요청된다. 붓다가 되면 의식을 전환하여 묘관찰지를, 즉 묘하게 관찰하는 지혜를 얻는다고 알려져 있다. 우리들 범부는 거기까지는 아니더라도 범부로서 교묘히 일체의 대상을 관찰하기 위해서 의식을 최대한 회전시켜야 하지 않겠는가?

의식에는 '감각과 함께 작용하여 감각을 선명히 하는' 기능과 '언어를 이용해 개념적으로 생각한다'라고 하는 두 가지 작용이 있는 것은 이미 말했다. 이 두 가지 기능을 동시에 능숙하게 사용하면서 존재 속으로 점점 더 깊이 들어가는 것, 이것이 사정진이다.

의식을 이용해서 이렇게 생각해 나가는 자세는, 생각이란 언어로 논리적으로 생각하는 것이라고 가르쳐지고, 대상의 이른바 표층 밖에 파악할 수 없는 현대인에게 결여되어 있는 것이 아닐까?

③ 수정진

듣고 생각하는 것은 등산에 비유하면 산 중턱에 이르기까지의 과정이며, 마지막으로 산 정상에 오르려면 요가와 선정을 계속 수행할 필요가 있다.

이 수정진의 수修는 수습이라고도 한다. 그것은 또한 '수많은 수습'이라고도 하며, 반복해서 계속 수행하는 것이다. 붓다도 무상정각無上正覺을 얻기까지 6년에 걸친 혹독한 수행을 거쳤다. 달마대사의 '면벽구년面壁九年'의 수행도 유명하다.

듣는 것, 말로 생각하는 것을 통과해서 최후의 마지막, 반복하고 반복해서 진리·진실에 계속 머무르는 정진, 이것이 수정진이다.

지관(요가)의 실천

'고요한 마음'과 '있는 그대로 보는 마음'

4. 수행으로서의 요가(방편유가)

네 가지의 유가 중 마지막 방편유가方便瑜伽는 바로 결가부좌하고 조용히 앉는 요가에 관한 것이다. 이런 요가는 ① 지止(śamatha, 사마타, 奢摩他): 고요한 마음, ② 관觀(vipaśyanā, 비파사나, 毘鉢舍那): 있는 그대로 보는 마음의 두 가지로 이루어져 있다.

'지'도 '관'도 모두 마음의 상태이지만, 전자의 '지'는 흐트러진 마음을 멈춘 '고요한 마음', 후자의 '관'은 '있는 그대로 보는 마음'이다. 이 두 가지는 따로따로 일어나는 것이 아니다. 예를 들어 통의 물 표면이 물결 하나 없이 고요해지면, 거기에 보름달이 있는 그대로 비춰지듯이 고요해진 마음이 동시에 존재를 있는 그대로 보는 마음이 된다는 것이다.

우리의 마음은 큰 파도와 작은 파도에 출렁이는 바다의 표면처럼 정말로 어지럽게 흐트러져 있다. 그래서 거친 파도의 바다가 섬들을 고스란히 비추지 못하듯이, 흐트러진 마음은 존재의 진상을 볼 수 없다. 또한 뭔가 햇빛 앞에서 사물이 움직이면 그것을 보고, 어디선가 '쾅' 소리가 나면 움찔하면서 마음이 동요한다.

이처럼 마음의 에너지는 주로 눈과 귀라고 하는 두 개의 감각기관을 통해서 밖으로 흘러나오고, 감각의 대상을 위해 낭비되고 있다. 그러한 마음의 낭비를 끊고, 마음의 에너지를 안에 머물게 하고, 동시에 흐트러진 마음을 가라앉혀 가는, 이것이 요가의 첫 번째 상태이다.

시각의 자극을 없애기 위해 눈을 감아보자(정식으로는 눈을 감으면 망념이 생기므로 반쯤 닫은 상태, 즉 반눈으로 함). 하지만 주변에서 소리가 나면 거기에 마음이 빼앗기고 흐트러져버린다. 그 청각에 의한 혼란을(또한 그 외의 후각·미각·촉각에 의한 혼란을) 일으키지 않기 위해서, 예를 들어 내쉬는 숨, 들이마시는 숨에 마음의 모든 에너지를 집중시켜 오롯이 숨이 되어보자. 그러면 마음이 스르르 가라앉고 맑아진다. 이 완전히 변모된 마음의 기능, 힘力을 '**염念**'이라고 한다. 염불이라고 할 경우의 염이다. 염불이란 지금 예로 든 숨 대신에 부처의 모습을 마음속에 그리고, 그 모습을 언제까지나 지우는 일 없이 계속 생각하는, 즉 계속하여 염을 하는 것이다. 기억하고 그것을 잊지 않는 마음의 작용을 말한다.

이 염이, 흐트러진 마음을 조용하게 해 나가는 힘이 된다. 염에 힘을 붙여서 염력이라고 하는 경우가 있다. 예전에 염력에 의해 숟가락을 구부리는 등 화제가 되었었지만, 염력이란 결코 그런 것이 아니다. 마음을 고요하게 하고, 존재의 있는 그대로의 상을 관찰하기 위한 최초의 동력인動力因이 되는 것, 그것이 바로 염이다.

이 '염'의 힘으로 마음의 혼란을 계속 가라앉히면, 예를 들어 호흡이 제대로 이루어지고, 온전히 이루어지면, 저녁의 잔잔한 해면海面과 같이 마음은 고요해지고 안정되어 간다. 즉, '정定'이 생긴다. 지관으로 말하면 지止의 마음이 생긴다. 그리고 잔잔한 바닷물에 섬들이 고스란히 비춰지듯이 그 고요해진 마음에 존재가 있는 그대로 비춰진다. 이러한 마음의 작용을 '혜慧'라고 한다. 지관으로 말하면 관觀의 마음이다. 이렇듯 염이 정을 일으키고, 정이 혜를 생기게 한다. 이러한 염 → 정 → 혜로 전개되는 마음의 과정이 요가의 내용이다.

우리의 일상생활을 반성해보자. 거리에는 소음이 넓게 퍼지고, TV나 신문 등을 통해서 정보가 난무하고 있다. 바로 외계로부터의 자극에 져서, 우리 현대인의 마음은 심층의 영역으로부터 혼란스럽게 흐트러져 있다. 이런 현대인의 병을 치유하기 위해서도 고요한 '지止의 마음'을 수행해야 한다.

또한 우리는 얼마나 잘못된 인식을 하고 있는가? '물건'이 넘쳐나는 현대, '물건'에 대한 '나'의 욕망이 점점 더 심해져서 거기에 괴로움이나 죄악이 생긴다. 사실은 '물건'도 '나'도 존재하지 않는데, 존재한다고 잘못 알고 있다. 그런 그릇된 인식을 없애기 위해서는 대상을 있는 그대로 보는 '관觀의 마음'을 일으키는 것이 필요하다. 지와 관, 즉 요가가 지금만큼 요구되고 있는 시대는 없다.

정문훈습과 무분별지(자기변혁을 가져오는 두 가지 힘)

바른 말을 반복해서 듣는다

인간은 얼마나 부정하고, 미혹하며, 괴로워하는 존재인가? 그 친난성인親鸞聖人의 '죄악심중罪惡深重', '번뇌치성煩惱熾盛'이라고 하는 자기반성처럼 우리들의 가슴 속을 헤치고 들여다보면, 이미 가난, 분노, 질투 등의 번뇌로 가득 차 있다고 해도 과언이 아니다. 또한 이미 반복해서 말해 왔던 것처럼 '나'도 '대상'도 존재하지 않는데, 그것이 엄연히 실체로서 존재한다고 착각하고, 그것들에 집착하여 방황하고 괴로워하고 있다.

그런 자신을 바꾸고 싶고, 변혁하고 싶다는 생각, 이것은 누구나가 가지는 소원이다. 그런 자신을 변혁하는 힘이 되는 것으로서 유식사상은 ① 정문훈습正聞熏習, ② 무분별지無分別智의 두 가지를 생각한다.

이 중 정문훈습이란 이미 언급했듯이, 바른 가르침과 바른 말을 반복해서 듣고, 그것을 심층의 아뢰야식에 베어들도록 하는 것을 말한다. 확실히 말은 인간을 미혹시키는 근원이 된다. '말에 의해서 인식하는 것처럼 사물이란 존재하지 않는다'라는 것은 사실이다. 이것도 반복해서 말해왔지만, '나의 손'이라고 할 때 '나'라고 하는 것이 있다고 생각한다. 하지만 '나'라고 하는 것은 말의 외침이 있을 뿐이다. 이렇게 우리는 말에 의해서 헤매고 있다. 그러나 그렇기 때문에 반대로 먼저 우리들은 말, 그것도 올바르게 말해지고, 진리에서 흘러나온 말로서 그 미혹에서 벗어나는 첫걸음을 내디뎌야 한다.

바른 말은 물론 바른 사람, 바른 스승으로부터 듣는 것이 바람직하다. 그러나 그것은 경전을 읽는 것이어도 좋다. 나는 『반야심경』을 외울 때는, 특히 "색즉시공色即是空·공즉시색空即是色"의 부분을 힘차게 외워 그 말을 심층 깊숙이 스며들도록 했다. 그것은 이 구절이 "있는 것은 곧 없는 것, 없는 것은 곧 있는 것"이라고 하는, 즉 '有即無·無即有'라고 하는 존재의 상태를 간결하게 표현한 것이라는 확신하에서, "있는 것은 곧 없는 것"이라면, 마음속의 베일을 제거하여 진리를 깨닫자. '없는 것은 곧 있는 것'이라고 하니, 고통받는 사람들에게 손을 내밀자 라는 생각이 점점 더 강하게 내 안에서 일어나기 때문이다.

물론 경전의 문구보다는 직접 인간으로부터 듣는 말이 더 강력하다. 나는 초등학교 시절 오이타시大分市에 있는 선종禪宗의 전문도량의 문 앞에서 살고 있었다. 전쟁 후 얼마 되지 않아 승려의 수도 적었기에, 우리 이웃에 사는 사람들과도 쉽게 어울렸다. 어려서 나는 스님들의 귀여움을 많이 받아 거의 절 안을 놀이터로 삼았었다. 그러던 어느 날 선방에 앉아 있는 스님의 모습을 보고, 주지스님께 "무엇을 하고 계십니까?" 하고 물은 적이 있다. 주지 스님은 그 질문에 직접 대답하지 않고, "다음에 내가 방안에 앉아 있을 때 방문을 열어보아라. 그러면 방 한가운데 쿵하고 커다란 소나무 한 그루가 심어져 있단다"라고 대답해주었다. "에이, 그런 바보 같은" 하고 어린 마음에 깜짝 놀랐다. 하지만 그 말이 자꾸만 내 마음에 새겨지고, 기회가 있을 때마다 그 생각이 되살아나곤 했다. 그때 주지스님으로부터 들었던 그 말이 나의 심층심에 강한 인상을 남겼고, 그것이 어른이 되어 싹을 피우더니 마침내 내가 삭발을 하게 된 하나의 원인이 되었는지도 모른다.

바른말이나 가르침은 물론 논리적인 것이지만, 이렇게 비논리적인 것이어도 될 것이다. 어쨌든 바른 가르침을 올바르게 듣는 것을 반복하는 것은 심층에 잠재하는 훌륭한 종자 내지 가능력可能力에 말하자면 물과 비료를 주어 생육시키는 작용이 있다. 그리고 성장한 종자는 언젠가 반드시 인연을 얻고, 싹을 틔우게 될 것이다. '정문훈습' 생소한 말이지만, 살아가는 데 중요한 부분이다.

또한 이것은 정문훈습은 아니지만, 무언가 훌륭한 것을 체험했을 때, 예를 들어 맛있는 것을 먹었을 때는 동심으로 돌아가서 '아아, 맛있었어!'라고, 혹은 길가에 피는 아름다운 꽃을 만나면 '아아, 아름다워!'라고 소리 내어 외쳐보자.

이렇게 구체적으로 말해봄으로써 마음도 즐겁고 유쾌해진다. 그런 마음의 상태와 입에서 나오는 말이 아뢰야식에 훈습되어 심층심을 바꾸어 간다. 아름답고 청정한 말과 마음이 심층을 온화하게 하며, 아름답고 청정하게 해나가기 때문이다.

청정하고 편안한 마음

자기 변혁을 가져오는 또 하나의 계기는 무분별지로 살아가는 것이다. 이 무분별지를 검토하기 전에 '자기 변혁'이라는 것에 대해 잠시 생각해보자.

유식사상 속에서 자기 변혁이라고 하는 것에 대응하는 것이 있다고 하면, 그것은 '**전의轉依**', 즉, '소의所依를 바꾼다'라고 하는 생각이다. '**소의**'란 '나'(물론 그 '나'란 임시로 있는 것이지만)라고 하는 것이 존재하는 근거를 의미하지만, 구체적으로는 그것은 '몸'와 '마음'이다. 그것은 원시불교 이래의 말로 말하면, 5온(색·수·상·행·식, 이 중 색이 신체이고, 수·상·행·식의 네 가지가 마음에 해당)이지만, 유식사상에서는 모든 것을 마음으로 환원하여 '오직 식, 곧 마음만이 있다'라고 보기 때문에, 소의란 '마음'이라는 입장을 취하고 있다. 게다가 마음속에서도 아뢰야식이 근본이기 때문에, 자기를 변혁한다는 것은 근본적으로는 아뢰야식을 변혁하는 것이다.

그렇다면 아뢰야식을 어떻게 변혁하는 것일까? 그것을 간결하게 술어로 표현하면, "추중신麤重身을 전환하여 경안신輕安身을 얻는다"라고 할 수 있다.

추중신은 무거운 몸을 말한다. 정말 인간은 무거운 존재이다. 한 사람 한 사람이 말하자면 코뿔소처럼 무거운 심신을 짊어지고 살고 있다.

눈을 뜬다. 몸도 마음도 무겁다. 하지만 어쩔 수 없이 천천히 일어나 하루를 무겁게 시작하고, 하루 종일 자타대립의 세계에서 이리저리 살다가 지쳐서 밤을 맞이하며, 다시 무겁게 잠들어 간다. 다소 과장된 표현을 썼지만, 우리들은 크든 작든 이런 삶의 방식을 갖고 있다고 해도 과언이 아니다. 이처럼 무거운 마음을 가볍고 편안한 마음으로 바꾸어가는, 이것이 "추중신을 전환하여 경안신을 얻는다"라는 것이다. 경안이란 '신심의 감능성堪能性'이라고 불리며, 그것은 신체적으로나 정신적으로도 상쾌하고 자유롭게 활동할 수 있는 상태를 말한다. 하지만 그것은 이상이고, 현실은 정반대의 상태이다.

거기에 곤란을 겪고 있는 사람이 있기 때문에 손을 내밀고 싶다. 거기에 담배꽁초가 떨어져 있기 때문에 줍고 싶다. 하지만 사람들의 이목을 의식하고, 어떤 때는 나는 왜 그렇게까지 해야 하나 라는 생각을 되새겨보고는 행동에 옮기지 못한다. 정말 우리들은 자유롭게 행동할 수 없다.

그러한 표층의 몸과 마음의 상태는, 심층의 마음의 상태를 바꾸는 것에 의해서 바뀌어 간다. 이미 여러 번 언급했듯이, 심층의 아뢰야식에는 표층의 있는 그대로의 영향이 훈습되어서 거기에 스트레스나 오염된 종자가 쌓여, 마음속에서부터 무거운 상태로 되어 있다. 그러면 표층의 심신이 상쾌하고 자유스러울 리가 없다.

그런 심층의 무거운 상태를, 즉 추중을 없애고 마음속 깊은 곳에서 맑고 가볍게 편안한 상태로 변혁시키는 힘, 그것이 '**무분별지**'이다. 혹은 무분별지에 의해 전개되는 행위이다. 앞에서 말한 지관의 힘이라고 해도 좋을 것이다. 왜냐하면 지관, 즉 '고요한 마음'과 '있는 그대로 보는 마음'의 본질은 무분별지이기 때문이다.

그럼 무분별지에 근거한 행위란 어떤 것일까? 그것은 조용히 앉는 요가, 혹은 좌선 등을 수행하는 것이며, 혹은 동적動的으로는 사람들 속에서 자타불이 自他不二의 정신으로 타인의 행복을 위해 노력하는 것, 또는 일상의 한 장면 한 장면 속에 완전히 몰입하여 살아가는 것이다.

예를 들어 내가 어떤 사람에게 물건을 준다고 할 경우, 자신은 물건을 베푸는 '시자施者'이고, 받는 사람은 '수자受者'이며, 그 두 사람 사이에 '베푼다'라는 행위 혹은 '시물施物'이 있다고 분별한다. 그리고 확실히 의식하지 않더라도 내가 베풀어준 일로 인해 조금이라도 자만의 마음이 생기게 된다. '상대에게 베푼 것이다'라고 하는 자만의 마음이 내 안에 전혀 생기지 않는다고 말한다면 거짓말이 된다. 여기가 무서운 점이다. 사람에게 물건을 주는 이타행에 의해서, 반대로 자아의식을 더욱 강하게 할 수도 있기 때문이다. 그런 생각으로 보시를 하는 것이 아니라, 시자와 수자와 시물(혹은 베푸는 행위)을 전혀 분별하지 않는 무분별지를 가지고 보시를 실천하는 것이 중요하다.

보시뿐만이 아니다. 무엇을 하든 '자'와 '타'와 그 양자 사이에 성립하는 '행위'의 세 가지를 인간은 분별하고, 나와 남이라는 삶의 방식을 내내하고 있다. 그러나 그런 세 가지를 분별하지 않는 지혜, 그것을 '삼륜청정三輪清浄의 무분별지'라고 한다. 그러한 무분별지는 분명 불같은 작용을 하고, 심층에 쌓여 있는 오염된 종자를 태워 없애버린다. 거기에는 틀림없이 인과필연因果必然의 이치가 작용하여 표층심이 심층심을 바꾸어 가는 것이다.

이 무분별지에 의한 행위는 두 가지 기능을 한다. 하나는 타자에 대해서 진정으로 깨끗한 행위를 전개한다. 다른 하나는 지금 말한 것처럼, 그것이 말하자면 불이 되어 자신에게 되돌아와서 자신의 심층의 아뢰야식 속에 있는 오염된 종자를 다 태워 없애버린다. 지금 '불'이라고 말했지만, 정말로 무분별지라는 지혜는 불과 같은 것이다.

그런데 양초가 탈 때 두 가지 일이 일어난다. 하나는 불빛과 열을 낸다. 다른 하나는 불타는 것에 의해서 양초 자체가 줄어들게 된다. 이 비유처럼 무분별지라는 불이 태우는 것은 내 안에 있는 번뇌라는 연료가 타고 있는 것이며, 그로 인해 생긴 에너지가 타자에 대한 자비의 행위로 전개되어 간다. 이것은 정말 과학적인 접근방식이다. 인간의 마음 작용 역시 자연의 이치에 따르고 있는 것이다.

그래서 산속에 홀로 은둔하여 수행하고, 청정한 마음이 되더라도 그것만으로는 결코 진정한 인간의 삶의 방식이 아니다.

나도 스물두세 살 무렵 출가 직전까지 갔었다. 선의 길로 뛰어들어 멋진 마음 상태로 살아가야겠다고 생각했었다.

당시 대학에서 돌아오자마자 방에 틀어박혀 향을 피우고, 배꼽 아래 기해단전氣海丹田이라는 곳에 힘껏 힘을 주고 앉아, 어머니나 동생이 TV를 보고 있으면, 인간은 그런 일을 해서는 안 된다, 죽을 때까지 항상 노력 정진해야 한다고 설교를 하곤 했다. 당시에는 젊었기 때문에 산이나 선당에 틀어박혀 어쨌든 진리를 깨닫고, 일체의 사람들을 구하겠다는 생각에 불타고 있었다. 물론 이것도 틀린 것은 아니다. 하지만 지금의 내 생각으로는 역시 그런 것만으로는 사람들을 구할 수 없다고 생각한다. 설령 출가하더라도 사람들 속에서 무분별지를 바탕으로 한 행위를 전개하지 않으면 불교 본연의 수행이 아니다. 이것은 유식사상이 특히 강조하는 점이다.

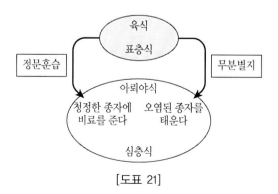

[도표 21]

정말로 일상생활 속에서 청소, 빨래, 요리, 업무, 어떤 것이라도 그 행위에 몰입하여 행동할 때, 거기에 무분별지가 현실 속에 그대로 드러나게 된다. 그리고 그것이 말하자면 불이 되어 아뢰야식에 있는 오염된 종자를, 바꾸어 말하면, 에고를 중심으로 한 이기적 행위를 일으킬 수 있는 가능성을 하나하나 태워 버리는 것이다.

어떻게 에고심을 없앨 수 있을까? 책을 읽어도, 다른 사람의 가르침을 받더라도, 결코 에고심은 없어지지 않는다. 그 안에 에고심은 말하자면 융해되어 버리는 행위를 통해서만 달성할 수 있다.

무리라도 좋다. 에고심을 없애고 사람들 속에서 행위를 계속해보자. 그러면 반드시 에고에 물들여진 종자가 태워지고, 그로 인해 표층의 행위 속에서 서서히 에고의 냄새가 옅어져 간다. 여기에 실천의 훌륭함이 있는 것이다.

어쨌든, 이렇게 다른 사람과 함께 살아가는 방식은, 하나는 타자에게 좋은 영향을 주는 동시에, 자신의 마음을 깨끗하게 하는 이중의 기능을 하고 있다는 것을 알게 될 때, 우리들의 삶의 방식은 크게 변화하게 된다. 하지만 다른 사람들 속에서 뭔가 적극적인 행위를 할 필요도 없다.

예를 들자면, 나이가 들어 아무것도 할 수 없다고 해도, 항상 조용히 미소 짓고 앉아 있다. 단지 그것만으로도 사람들에게 편안한 마음을 불러 일으킨다. 동시에 그 미소는 본인에게 기분 좋은 감정을 만들어주고, 마음이 편안해진다. 화안애어和顔愛語, 훌륭한 말이다.

제10장

상쾌한 각성의
아침을 맞이하다

제10장
상쾌한 각성의 아침을 맞이하다

식의 세계

기나긴 밤의 꿈에서 깨어나자

가마쿠라시대의 법상종法相宗의 승려인 료헨화상良遍和上의『관심각몽초觀心覺夢鈔』에 다음과 같은 문구가 있다.

> "우리들은 지금, 생사의 꿈속에 처해 있지만, 누차 오직 마음이 꿈과 같다는唯心如夢의 도리를 깨닫고 각오覺悟의 아침에 이른다."

나는 이걸 정말 좋아한다. 지금까지 본 것처럼 정말로 우리들은 한 사람 하나의 우주이고, 스스로의 마음의 세계에 갇혀 그 속에서 다양한 영상을 만들어내며, 그것들에 얽매여 고민하고 괴로워하고 있다. 모든 것은 마음이라는 캠퍼스 위에 그려진 그림이다. 혹은 프로젝터에 의해 투영된 영상과 같은 것이며, 모든 것은 꿈과 같은 존재이다. 아니, 꿈과 같은 존재가 아니라 꿈 그 자체이다.

그러나 범부인 우리들은 그것을 꿈이라고 깨닫지 못하고, '내'가, '대상'이 엄연히 있다고 생각하며, 그것들에 집착하여 괴로움에 방황하고 있다. 어두운 밤길을, 긴 밤의 꿈속을 헤매고 있다. 그래서 료헨화상은 그 꿈의 세계에서 한시라도 빨리 깨어나라고 교화하고 있는 것이다.

이 꿈에서 깨어난 사람, 그것이 붓다이다. 붓다의 원어 buddha는 깨어난다는 뜻의 'budh'의 과거분사로, '깨어난 사람', 즉 각자覺者를 말한다. 기원전 4, 5세기경에 깨달은 사람이 석가모니불이다. 현대에 사는 우리 범부도 노력 정진하면 붓다, 즉 깨달은 사람이 될 수 있다.

이 깨달은 사람, 즉 붓다는 어떤 사람인지, 이것을 이하에서 검토해보자. 유식사상이 지향하는 목적을 한마디로 말하면, **'전식득지'**다. 즉, '식을 전환하여 지혜를 얻는' 것이다. 따라서 붓다란 '식을 전환하여 지혜를 얻은 사람'이 된다.

마음은 둘로 나누어서 안다

그렇다면 '식識'과 '지智'란 어떻게 다른 것인가? 우선 식은 어떤 것인가? 식의 원어 비즈냐나vijñāna는 둘로 나누어 안다는 의미이다. 사실 우리들의 인식 상태는 둘로 나누어 알 수밖에 없다.

예를 들어 여기 있는 연필을 본다. 그때 '연필'과 '나'라고 하는 두 가지가 나뉘어 서로 대립하고 있다. 방금 연필과 나라는 명사로 불렸다. 하지만 그렇게 이름 짓기 전에 나의 마음은 이미 둘로 나뉘어 존재하고 있다.

눈을 뜬다. 그러면 눈앞에서 무언가를 본다. 아직 그것이 무엇인지 지각하기 전에 이미 '무엇'인가가 눈앞에 나타나고 있다. 이렇게 마음이 생겼을 때는 이미 '아는 것'과 '알게 되는 것'으로 이분화되어 있는 것이다. 마음은 둘로 갈라져 있다. 이것은 '나'의 의지와는 무관하게 그렇게 되어버린다. 눈을 뜨자마자 내 주위에 세계가 뚜렷이 나타나게 된다. 이 세계와 자신과의 이원화는 자신을 초월한 힘, 자신이 관여하지 않는 힘에 의해 일어난다. 이 힘을 불교에서는 '연기의 이치', 유식적 술어로는 '의타기의 힘'이라고 한다. 그리고 이 스스로는 안 된다고 해도 어렵게 성립된 세계 속에서, 더욱이 이번에는 '자신'이 적극적으로 관여하고, 언어를 사용하여 더욱더 존재를 둘로 나눌 것이다. 예를 들어 눈앞에 있는 것을 '연필'이라고 부르고, '연필'과 '연필이 아닌 것'의 두 가지로 나누어 파악하는 것이다. 혹은 '미운 사람'과 '밉지 않은 사람'으로 나누어 눈앞에 있는 사람을 미워한다고 생각한 '미운 사람'이라고 부르는 것이다.

이와 같이 고찰해보면, 마음속으로는 ① '자신'이 관여하지 않는 힘, ② '자신'이 관여하는 힘, 두 힘의 작용에 의해서 다양한 존재가 만들어지고 있는 것이 판명되었다.

이처럼 이분화는 두 힘에 따라 두 단계로 생기는데, 처음을 인연변因緣變이라 하고, 후자를 분별변分別變이라고 한다. 이 두 개의 이분화에 의해서 우리가 파악하는 것은 원래의 '그것 그 자체'의 원형과 크게(거창하게 말하면 하늘과 땅 차이) 다른 것이 되어버리는 것이다.

이 이분화에 의한, 이른바 인식의 변형을 기초로 되돌리는 것이, '염念→정定→혜慧'로 전개하는 요가의 마음이다. 이 중 마지막 혜가 의식을 전환하여 얻을 수 있는 지혜이다. 이 지혜에 대해 생각하기 전에 좀 더 식에 대해 고찰해보자.

우리의 보통의 인식, 예를 들어 연필을 본다는 지각은 보이는 연필과 보는 시각으로 이루어져 있는데, 전자가 '인식되는 것', 후자가 '인식하는 것'이다. 이것을 유럽적인 말로 하면 객관과 주관이라고 할 수 있고, 유식적으로는 '소취所取와 능취能取'라고 한다. 즉, 유식사상에서는 인식하는 것을 '취하다'라고 하고, 취해지는 것을 '소취', 취하는 것을 '능취'라고 표현한다.

$$식 \begin{cases} 인식하는\ 것(능취 \cdot 주관) \\ 인식되는\ 것(소취 \cdot 객관) \end{cases}$$

이렇게 우리의 인식은 '소'와 '능'으로 나뉘어 있기 때문에 여기서 큰 문제가 발생한다. 예를 들자면, 눈앞의 다른 사람을 손가락으로 가리킬 수는 있지만, 손가락 자체를 가리킬 수는 없다. 혹은 식칼은 무나 당근 같은 다른 것을 자를 수는 있지만, 식칼 자체를 자를 수 없듯이 인식하는 자는 인식하고 있는 자기 자신을 인식할 수 없다고 하는 문제가 생기는 것이다. 따라서 우리는 궁극의 자신을 알 수 없다. '나'는 무엇인가라는 중요한 문제를 생각해보자.

예를 들어 어제는 내가 이런 일을 했다는 것을 기억하고, 그때의 '나'를 알수 있다. 그러나 그렇게 생각하여 알고 있는 '나'를, 방금 전의 손가락이나 식칼의 비유에서도 알 수 있듯이 결코 알 수 없는 것이다.

그래서 우리들은 '알려진 나'를 알 수 있지만, 말하자면 가장 안쪽에 있는 '알고 있는 나'를 결코 알 수 없다. 조금 어려운 표현을 하자면, 제7장에서 말한 것처럼 절대 주관은 결코 객관이 될 수 없는 것이다. '식'으로 사는 우리 안에는 항상 '남겨진 대상', '알려지지 않은 영역', 즉 '알 수 없는 나'가 있다. 무지無知, 무명無明인 것이다. 그래서 방황하고 괴로워한다.

따라서 이 식으로서의 마음의 상태를 지智로 전환시킬 것이 요청되는 것이다. 즉, 전식득지가 강조되는 것이다.

지혜의 세계

종횡으로 아는 반야의 지혜

그럼 '지智'란 어떤 것인가?

지는 지혜라고도 말하며, 그 대표가 반야라는 지혜이다. 반야는 팔리어 빤

냐Panna의 음역으로, 산스크리트어로는 쁘라즈냐prajñā라고 하여 뛰어난 지혜라는 의미이다. 최고의 지혜는 물론 부처님의 지혜지만, 그 불지佛智를 검토하기에 앞서 보살의 반야에 대해 생각해보자. 보살의 반야에 대해서『유가사지론』43권에는 다음과 같이 정의되어 있다.

> "능히 일체의 소지所知를 깨달아 증득해 들어갈 뿐만 아니라, 이미 일체의 소지에 오입悟入하여 제법을 간택하고, 널리 오명처五明處를 인연하여 전환된다."

우선 지혜, 즉 반야란 일체의 소지에 오입한 지혜라고 정의된다. 소지란 '알려지는 것'이라는 의미에서 엄밀히는 '알려져야만 하는 것', '모르면 안 되는 것'이라고 하는 강력한 의미로 전환된다.

여러 가지 알려져야 할 것을 불교는 설명하지만, 궁극적으로 알려져야 할 것은 진여이고 '공'이다. 그리고 이 공이라고 보는 지혜가 다음의 일체의 고통받는 사람들의 구제를 향해서, 일체의 고난과 재액을 구하는 자비행이 되어 전개된다.

이런 반야의 타자他者구제의 활동이 위의『유가사지론』의 문장에서는 "뿐만 아니라, 이미 일체의 소지에 오입하여 제법을 간택하고, 널리 오명처를 인연하여 전환된다"라고 설하고 있다. 일체의 알아야 할 것을 다 알고, 그다음으로 널리 오명처를 배워야 한다는 것이다.

오명처란 '내명內明(불도佛道)·인명因明(논리학)·의방명醫方明(의학)·성명聲明(문학·문법학)·공교명工巧明(문예·기술·공업)'을 말한다. 학문적 이론뿐만 아니라, 의학이나 과학기술도 고려한 폭넓은 영역에 걸친 활동이 보살의 반야에는 요구되는 것이다. 그래서 일체의 고난과 재액을 막을 수 있는 것이다. 어쨌든 사람들을 구제하기 위해서는 이 다섯 가지 학문에도 정통해야 한다는 광대한 이상이 여기에 설명되어 있는 점에 주목하자.

여기서 '알려져야 할 것', '알아야 할 것'이 무엇인지 좀 더 생각해보자. 알아야 하는 것은 도대체 무엇인가? 위의 인용문 중에 '일체의 소지'라는 문장이 있기 때문에, 일체, 전부인 것이다. 그래서 자연과학의 대상도 당연히 들어오는 것이다.

예를 들자면, 수백 수십억 년 전에 대폭발과 함께 우주가 탄생했다는 그 빅뱅설도 알아야 할 대상 중 하나에 포함되고, 지금 유행하는 유전자나 DNA 해독도 포함해도 좋을 것이다. 불교는 결코 과학적 지식을 배제하지 않는다. 오히려 그로부터 많은 것을 배우려는 자세가 불교에는 있다.

그러나 과학적 지식은 어디까지나 현상의 영역에 관한 것일 뿐이지만, 유식사상은 그 현상의 본질을 한층 더 규명하는 것을 목표로 한다. 지금 현상과 본질이라고 말했다. 조금 어려운 말을 사용하게 되는데, 이 두 가지를 유식의 술어에 적용하면 다음과 같다.

현상現象 – 유위有為 – 심心 – 상相 – 진소유성盡所有性
본질本質 – 무위無為 – 진여眞如 – 성性 – 여소유성如所有性

마지막 두 가지 술어에 주목해보자. 이 중 진소유성이란 '존재하는 모든 것'이라는 의미로써 현상적 존재 전부를 말한다. 유식사상의 관찰의 눈은 바로 과학적 시각에도 통하고, 모든 존재를 향한 것이다. 그 모든 존재는 아뢰야식으로부터 만들어진 것(유위)이며, 모든 것은 마음속에 생긴 영상에 불과하다고 보는 것이다. 모든 존재를 마음속에 환원하여 관찰하고 사유하는, 이것이 바로 요가라는 관찰 방법이다.

유식사상은 여기에 부가하여 하나 더 여소유성, 즉 '있는 그대로 있는 것'을 추구한다. 있는 그대로 있는 것, 그것은 진여라고 하며, 만들어질 수 없는 것(무위)이며, 마음의 본성性이다.

이처럼 유식사상의 관찰은 비유하자면, 횡橫만이 아니라 종縱으로도 향할 수 있다고 말할 수 있다. 다시 말해서, 관찰의 눈을 옆으로 돌려서 '현상적 존재 모든 것은 무엇인가?'라고 추구하는, 즉 진소유성을 추구하는 동시에, 다음으로 그것을 추구하고 있는 자신의 마음속을 말하자면 종으로 깊게 가라앉히고, 그 마음속에 '있는 그대로의 것은 무엇인가?'라고 추구하는, 즉 여소유성을 추구하는 것이다. 유식사상의 관찰은 이와 같이 종횡에 걸친다고 할 수 있다. 이상으로 보살 반야, 즉 지혜는 무엇을 대상으로 해야 하는가를 논의해 왔지만, 그것은 모두 어떻게 사람들을 구할 것인가 하는 목적을 위해 아는 것이라는 점에 유의해야 한다.

현대, 과학기술의 상태가 문제가 되고 있다. 과학적 지식, 예를 들어 유전자 조작의 지식이 복제 인간 제조에 응용될 위험이 생겨왔다. 과거에는 우라늄의 핵분열로 인해 방대한 에너지가 방출된다는 발견에 의해서 그 지식이 원자폭탄의 제조를 낳았다. 그러한 과학기술의 폭주를 막기 위해서, 나는 불교가 설파하는 '선교방편善巧方便'이라는 개념을 소개하고 싶다.

'선교'란 지혜를 말하며, 지금 말한 '있는 그대로 있는 것'을 아는 지혜를 말한다. 그 지혜를 바탕으로 타자구제를 전개하는 것이 '방편'이며, 방편이란 자비라고도 할 수 있다. 이 선교·방편이라는 생각과 과학·기술이라는 것을 말하자면, 오버랩함으로써 과학기술이 범하는 오류를 시정하는 생활 방식이 가

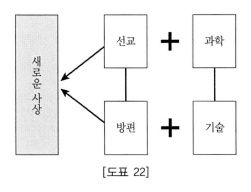

[도표 22]

능해지는 것은 아닐까? 지식에 지혜를 더하고, 기술에 자비를 더해 인류의 미래에 광명을 가져올 새로운 사상을 구축해나갈 것을 제안하고 싶은 것이다.

붓다의 네 가지 지혜

여기서 부처님의 지혜, 즉 불지에 대해 생각해보자. 붓다가 된다는 것은 유식사상에서는 여덟 가지 식을 전환하여 다음과 같이 네 가지 지혜를 얻는 것이라고 설명한다.

오식五識   –   성소작지成所作智
의식意識   –   묘관찰지妙觀察智
말나식末那識   –   평등성지平等性智
아뢰야식阿賴耶識 –   대원경지大圓鏡智

감각을 타자 구제를 위해 사용한다

오식(안식·이식·비식·설식·신식)이란 시각에서 촉각까지의 다섯 감각을 말하는 것이지만, 깨달은 사람이 되면 다섯 감각이 전환하여 성소작지가 된다. 성소작지란 '해야 할 일을 성취하는 지혜'이다. 그렇다면 소작所作, 즉 해야 할 일이란 무엇인가? 그것은 고통받는 사람들을 구하는 것, 즉 이타행利他行이다.

붓다는 다섯 감각을 타자구제他者救濟를 위해 일할 수 있게 된 사람이다. 이에 반해 우리들 범부는 왜 자신을 위해서만 감각을 사용하고 있을까? 아름다운 것에 눈이 빼앗긴다. 아름다운 소리에 귀가 온화해진다. 좋은 향기, 맛있는 것, 기분 좋은 촉감에 마음이 끌린다. 오묘욕五妙欲이라는 말이 있다. 이것은 시각(안식)에서 촉각(신식)까지 다섯 가지의 감각대상, 즉 색·성·향·미·촉을 의미하는 말인데, 우리는 이러한 감각의 대상을 묘하고 훌륭한 것으로 착각하고, 그것들에 욕망을 갖게 되기 때문에 오묘욕이라고 이름한다. 정말로 인간의 본성으로서 수긍되는 말이다.

대학 수업에서, 학생들에게 '무엇을 하고 있을 때 행복한가?'라고 질문하면, 여러 가지 대답이 돌아온다. 그중에서 자신이 좋아하는 음악을 듣고 있을 때 혹은 아름다운 꽃, 맑고 깨끗한 하늘을 바라보고 있을 때 등에 행복을 느낀다는 대답도 많이 있다. 물론 음악을 듣거나 자연을 바라봄으로써 행복해도 '좋음'일 것이다. 하지만 그럴 때는 보고, 듣는 등의 말하자면 감각의 에너지를 '나'만을 위해서만 소비하고 있는 것이다. 그렇다면 이것이 진정한 의미에서의 '좋음'이라고 말할 수 있을까?

이에 반해, 붓다는 다섯 가지 감각을 다른 사람을 위해 사용하는 것이다. 우리들 범부와 대단히 다른 삶의 방식이 아닐 수 없다.

우리들은 살아 있는 한 좀처럼 이기심을 없앨 수 없다. 하지만 성소작지라는 지혜에 사는 깨달은 사람의 삶의 방식을 살아가는 목표로 삼아보면 어떨까? 여기서도 그 미야자와 켄지宮澤賢治의 「비에도 지지 않고雨ニモマケズ」의 다음 구절이 생각난다.

"약간의 야채를 먹고, 어떤 경우에도 내 이익만 챙기려 하지 않고, 잘 보고, 듣고, 행하고, 이해하고."

모든 일에 대해 자신을 계산에 넣지 않고 견문각지見聞覺知한다. 만약에 이것을 할 수 있다면, 대단히 훌륭한 생활 방식이 아니겠는가?

의식으로 존재의 깊숙한 곳을 본다

다음의 묘관찰지란 의식이 변화하여 묘하게 관찰하는 지혜가 된 것이다. 그러나 우리들의 의식은 다섯 가지 감각으로 받아들인 감각의 데이터를 소재로 하여, 그것에 생각과 말을 부여하고, 에고심으로 채색하여 그것을 파악한다. 예를 들어 자신의 얼굴을 바라본다. 그것에 대해 아름답다거나 못생겼다고 생각해서, 우쭐해하거나 혹은 고민하기도 한다.

그러나 묘하게 관찰한다는 것은 사실을 사실로 아는 것이다. 사실을 사실로 아는 것은 일단 완전히 아는 것이다. 예를 들어 거울 속의 얼굴을 본다. 그것을 자신의 얼굴이라든가, 못생겼다든가, 예쁘다고 생각하지 않고 그냥 본다. 보는 것에 집중하자. 그러면 얼굴 자체의 본질이 곧 자신의 것도 아니고, 항상 있는 것도 아니라는 본질이 분명해진다. 이 부분을 술어로 "묘관찰지는 흔히 제법의 자상自相과 공상共相을 깨닫고 무애無礙로 전환된다"라고 설하고 있다. '자상'이란 마음속에 있는 그 자체의 상相과 존재 양상이며, '공상'이란 다른 것과 공통되는 상과 존재 양상이다. 우리는 시각으로 파악하는 것, 예를 들어 앞에서 거론한 얼굴에 대해서 '그것은 얼굴이다'라고 말로써 판단하면, 그것은 다른 얼굴에도 공통되는 '얼굴'이라는 보편성을 가져오는 것이다.

'관찰하다'라는 의미에서 중요한 것은 말로 파악하기 이전의 마음속에 생긴 영상에 의식을 집중하고 완전히 몰입하여 관찰하는 것이다. 예를 들어 마음속에 '존재'라는 영상이 생긴다. 그에 대해 '사람이다. ○○ 씨다, 미워한다'라고 판단한다. 하지만 그렇게 판단하기 전에 그 '존재'라는 영상에 완전히 몰입해서 관찰해보는 것, 즉 자상을 관찰하는 것이 중요하다.

이와 같이 완전히 몰입하여 관찰하는 것을 통해서 그 대상의 본질을 알 수 있다. 그것을 나타낸 것이 공상인데, 불교는 자기 존재에 공통되는 보편적인 공상은 '**무상無常·고苦·무아無我·부정不淨**'이라고 주장한다. 그러나 우리는 그 반대로 우리의 심신은 '**상常·락樂·아我·정淨**'이라고 잘못 판단하는 것이다. 확실히 이것은 대상을 깊이 생각하지 않는, 게다가 에고심으로 생각한 견해 혹은 소원, 희망이다. 우리는 자기라는 것이, 즉 '나'가 있다. 그리고 어제의 나와 오늘의 나는 동일하며 항상 존재하고 있는, 즉 '상常'이라고 생각하고 있다. 하지만 이미 반복하여 보았듯이, 그러한 '나'는 어디를 찾아도 존재하지 않는, 즉 '무아'이다. 또한 몸과 마음이 모두 변화해 마지않는 '무상'한 것이다. 왜냐하면 신체를 구성하는 세포는 날마다 신진대사를 반복하고, 마음도 샘에서 뿜어져 나오는 물처럼 생겼다가 소멸해가는 것이기 때문이다.

또한 이 몸은 '편안'했으면 좋겠다고 누구나가 바란다. 그러나 현실은 괴로운 일이 많다. 더구나 때에 따라 편안하게 있어도 그 편안한 상태는 언제까지나 지속되지 않고, 그것은 '괴로움'으로 변화해간다. 또 자신의 신체를 보고 아름답고 '청정'하다고 생각하지만, 자세히 생각해보면, 신체는 내장, 뼈 등으로 구성되어 있고, 먹은 것이 악취를 가지고 위나 장 속에 쌓여 있다. 정말로 몸은 안에서 보면 '부정'한 것이다.

이렇듯 우리들 범부도 붓다의 지혜만큼 묘하고 예리하게 관찰하지는 못하더라도 자신의 본질을 이렇게 꿰뚫어보는 힘을 가지고 있다. 이 통찰력을 지혜라고 부를 수 있다. 이와 관련해서 한 가지 예를 들어보자.

가마쿠라 시대에 만들어진 '오노코마치小野小町·구상도九相圖'라는 것이 있다. 그것은 사실 절세의 미인인 코마치小町가 죽은 후 점점 썩어 부패해가는 양상을 아홉 개의 그림으로 그린 것이다. 그것을 앞에 두고 자신의 신체에 그 양상을 적용시킴으로써, 자신의 신체도 이렇게 되어 가는 부정한 것으로 간주하여, 자신에 대한 집착을 끊는 수행방법이다. 이것을 '부정관不淨觀'이라고 하며, 요가의 한 방법으로 알려져 있다.

그런데 이 이야기를 수업에서 소개하면 수업이 끝난 후 자주 학생들이 "자신은 더러운 부정한 존재라는 것을 알고 겁이 났었다"라고 호소한다. 그때 나는 "그렇게 자신이 부정하다는 것을 알게 된 또 다른 '나'가 마음에 있는 것은 아닐까?"라고 지적하면, 그 학생은 문득 깨닫고는 안심한다.

예를 들면 우리들은 '부정한 자신'을 알아차리고 그것에 대해서만 의식이 향하지만, 그 의식의 이른바 스포트라이트를 '부정한 자신'을 알아차린 '자신'으로 향하면, 거기에 부정하지 않은 '나'가 있다는 것을 깨닫게 된다. 그것이 인간의 멋진 점이다. 알아차림은 자각하는 것이며, 자각하는 것은 새로운 '나'가 거기에 나타난 것이며, 새로운 지혜가 생겼다는 것이다.

'묘하게 관찰하는 지혜' 아름다운 말이다. 이 말을 단서로써 평소에 무심코 사용하고 사물의 표면밖에 파악하지 못하는 '의식'을 날카롭고 묘하게 움직이려고 노력해보자. 그러면 조금씩 존재의 깊은 곳이 보이기 시작한다.

모든 존재를 평등하게 관찰하다

다음의 평등성지란 말나식을 변화시켜 얻을 수 있는 지혜이다. 인간은 얼마나 자기중심적으로 사는 생물인가. 물론 동물에게도 에고심이 있고, 그것에 근거한 행위의 전형이 그 세력권 다툼이다. 그러나 생물 중에서 자타의 대립이 가장 강한 것이 인간이다. 그래서 인간은 결코 동물에게는 없는 '전쟁'이라는 어리석은 행위를 저지르고 만다. 가까운 인간끼리의 증오에서 전쟁에 이르기까지 자타대립은 왜 일어나는 것인가?

유식사상은 그 근원적 원인을 심층에서 작용하는 끈질긴 자아집착심, 즉 말나식에서 찾았다. 이 말나식에 대해서는 이미 제5장에서 논하였으므로 여기서는 생략하지만, 이 식을 변화시켜 얻을 수 있는 평등성지는 자아집착심을 뿌리부터 없애고, 자신과 다른 모든 존재가 평등하다고 본다. 그리고 나아가 주위에 전개되는 모든 존재를 차별하지 않고 평등하게 보는 지혜이다. 자타를 평등시하기 때문에 타인의 괴로움을 자신의 괴로움으로 짊어지고, 그 구제에 열정적으로 임할 수 있게 된다. 또한 모든 존재를 평등시하기 때문에 구제의 손길이 광범위하게 걸쳐진다.

지금 '모든 존재'라고는 했지만, 우선 인간에 한해서 보자. 우리는 타인을 모두 동일시하지 않고 차별해서 본다. '좋아하는 사람, 친한 사람'과 '미운 사람, 싫어하는 사람'과 '어느 쪽도 아닌 사람'의 세 그룹으로 구분하여 각각에 따라 태도를 바꾸어 행동한다. 첫 번째 그룹에는 적극적으로 친애의 정을 베풀지만, 두 번째 그룹 사람들에게는 손을 내밀어 도와주기를 거부하고, 때로는 짓궂은 행위를 하기도 한다. 이러한 것들은 모두 자신의 에고심을 기준으로 판단하고 행동하는 것이다. 이것은 반복해서 말해왔듯이, 이렇게 타인을 차별하는 우리들의 마음속 깊은 곳에는 자아집착심인 말나식이 작용하고 있기 때문이다. 붓다는 그 말나식을 평등성지로 전환시킨 사람이다. 그래서 사람들을 차별하지 않고 평등하게 보고, 누구에게나 온화한 얼굴로 바라보고 상냥한 말을 건네며, 구제의 손길을 내미는 것이다. 우리 범부들은 좀처럼 할 수 없지만, 그래도 한 걸음이라도 이러한 마음의 경지에 다가가고자 하는 서원을 일으키는 것이 중요하다.

존재로서는, 인간 외에 나무나 꽃 등의 식물이나 새나 소 등의 동물, 심지어 무기물無機物로서의 대상 또는 자연이 있지만, 우리는 당연히 이것들과 나와는 다른 존재라고 생각하고 식물을 베고, 동물을 죽이며, 자연을 파괴하고 있다. 그러나 평등성지를 얻은 사람은 그들과 자신을 평등하게 보는 것이다. 조용히 생각해보자. 나무들도, 새나 소도 그리고 우리 인간도 똑같이 세포로 이루어져 있는 것이다. 근원으로 거슬러 올라가면, 30수억 년 전에 지구상에 생긴 생명의 근원으로부터 지금 존재하는 1,000만 종 이상의 생물이 파생된 것이다. 지금 여기에 피는 꽃도, 거기에 사는 개미와 나비도 생명 있는 것은 모두 근원적인 생명 에너지의 분출이라고 볼 때, 인간이라는 자신을 중심으로 한 삶의 방식을 조금이라도 고치려는 마음이 일어나게 된다.

또한 존재로서 산이나 강 등의 자연계가 있다. 그것들은 원자·분자로 이루어진 무기물로서 유기물, 그리고 생물의 정점에 서는 인간과는 다른 존재로 규정하고, 자연을 인간의 편리에 따라 지배하고 파괴해왔다. 하지만 제8장에서 검토했듯이 정말로 자연은 우리와 다른 공간에 또 다른 실체로서 엄연히 존재하는 것일까? 그렇지 않다는 것을 제8장에서 결론을 지었다. 유식사상 그리고 양자역학의 자연관을 단서로, 이른바 '대상'과 '자신', '자연'과 '자신'과의 관계를 조용히 관찰하고 생각해보자. 그러면 '자신'이 대상이나 자연에 조금은 다가갈 수 있게 된다. 혹은 그 안에 녹아들어 '자신'이 크게 부풀어 오르게된다. 이 붓다의 평등성지를 획득하는 것까지는 아니더라도 '평등성'이라는 이 말에 마음을 집중하고 조금이라도 자신의 마음속에서 작용하는 자타차별의 말나식의 기능을 약화시켜 나가려는 마음을 일으키는 것이 중요하다.

어쨌든 심층에서 작용하는 집요한 자아 집착심인 말나식이 있는 한, 우리들은 자와 타를 구별하고, 거기에 자타대립의 괴로운 세계가 나타난다. 그러나 그 말나식 전체의 존재는 평등하다는 지혜로 전환되면, 그 지혜는 큰 자비의 마음(대자대비)이 되어, 타자구제로 전개해 갈 것이다. 거기에 처음으로 자타일여自他一如의 평화로운 세계가 나타나게 된다. 정말로 자타가 대립하는 세계는 지옥이다. 자타일여의 세계는 극락이다. 이 세상의 지옥에 살고 있는 사람이 얼마나 많고, 이 세상의 극락에 살고 있는 사람은 얼마나 적은가?

우주 전체가 커다란 깨끗한 거울이 되다

마지막 대원경지란 아뢰야식이 변화한 것으로 '크고 둥글게 다듬어진 거울'과 같은 지혜를 말한다. '크고 둥근 거울'이란 얼마나 웅대한 비유인가? 하지만 이는 비유가 아니라 사실이다. 실로 한 사람 한 우주이기 때문에(제1장 참조), 자신이 그 안에 머무는 구체적인 세계는 얼마나 광대한 것인가? 이 구체적인 세계는 모두 근본심인 아뢰야식으로부터 나타난 것이다. 내가 올려다보는 광활한 밤하늘도, 이 우주의 끝도(머릿속에서만 생각할 수 있지만), 또한 내가 내려다보는 원자·분자도 모두 마음의 표현이며, 마음속의 영상이다. 이러한 광대무변한 마음이라는 우주 속에서 모든 오염이 불식拂拭되어 없어진 상태, 그것을 대원경지라고 한다.

마음속에 있는 '더러움'에 대해서는 이미 여러 번 고찰해 왔지만, 지금 그것을 정리하면 다음과 같다.

```
┌─ 아집으로부터 생기는 번뇌장
└─ 법집으로부터 생기는 소지장

┌─ 상박
└─ 추중박
```

우리들의 마음은 이러한 '아집', '법집', '번뇌장', 소지장', '상박', '추중박'이라고 하는 더러움에 의해 탁하게 흐려져 있기 때문에, 마음이라고 하는 거울에는 존재가 있는 그대로 비쳐지지 않는다.

그러나 붓다는 마음의 심층에서, 즉 아뢰야식의 영역으로부터 그러한 더러움이 모두 불식되어, 완전히 깨끗이 닦은 거울과 같은 상태로 된 사람을 말한다. 그래서 그의 마음속에는 있는 그대로의 존재가 비춰지는 것이다. 이 '있는 그대로의 존재'를 '진여'라고 말하며, 그것을 달에 비유해서 진여의 달이라고 한다. 구름 한 점도 없는 붓다의 마음, 곧 대원경지 속에 진여의 달이 그 전모를 드러내는 것이다.

우리 범부가 그런 지혜를 얻는 것은 불가능 할지도 모른다. 하지만 대원경지라는 광대한 거울을, 우주를, 그리고 그 안에 휘영청 빛나는 보름달을 마음속에 상상해보자. 그것만으로도 탁한 마음이 씻겨져나간다.

제11장

다른 사람을 위해 산다

제11장
다른 사람을 위해 산다

보살의 서원

지혜를 얻고 사람들을 구제하고 싶다고 발원한다

미야즈 겐지의 『비에도 지지 않고』가 왜 그토록 사람들에게 사랑받고 있는 걸까? 그것은 이 시 속에 인간이 살아가는 이상理想을 읊고 있기 때문이다.

특히 다음과 같이 동서남북으로 동분서주하는 저 삶의 방식이야말로 자신을 잊고, 남을 위해 살아가고자 하는 보살의 서원이 간결하고 힘차게 언명言明되어 있다.

"비에게도 지지 않고 바람에도 지지 않고
눈雪에도 여름 더위에도 지지 않는
튼튼한 몸으로 욕심은 없이 결코 화내지 않으며 언제나 조용히 웃고
(중략)
모든 일에 자기 잇속을 따지지 않고
잘 보고 듣고 알고 그래서 잊지 않고

(중략)

동쪽에 병든 아이가 있으면 가서 돌보아 주고

서쪽에 지친 어머니가 있으면 가서 볏단을 날라 주고

남쪽에 죽어가는 사람이 있으면 가서 두려워하지 말라 말하고

북쪽에 싸움이나 소송이 있으면 의미 없는 일이니 그만두라 말하고."

보살이라고 하면 미륵보살·대세지보살·관세음보살 등을 떠올리겠지만, 이들 보살은 우리들의 이상형을 상징한 것이지, 결코 자신을 떠나서 존재하는 것이 아니다. 예를 들어 미륵보살은 자씨보살이라고도 불리듯이 자비를 상징한 보살이며, 아미타불의 협시보살로 신앙되고 있는 대세지보살과 관세음보살은 전자가 지혜, 후자가 자비를 상징한 것으로 이 두 존상에서 아미타불의 지혜와 자비라는 양대 존엄성을 나타내고 있는 것이다.

보살이란 자세하게는 보리살타菩提薩埵(bodhi-sattva, 보디 사트바)라고 하며 보리, 즉 깨달음을 구하려고 하는 서원을 일으킨 사람을 말한다. 좀더 정확히 말하면 **상구보리**上求菩提(위로는 보리를 구한다. 깨달음을 얻겠다는 서원), **하화중생**下化衆生(아래로는 중생을 교화한다, 고통받는 사람을 구하겠다는 서원)의 두 서원을 일으킨 사람을 보살이라고 하는 것이다.

이 중 상구보리는 인간의 가장 기본적인 질문인 '도대체 무엇인가?'라고 묻고 추구하는 인간의 행위이다.

우리에게는 '언제', '어디서', '무엇을', '어떻게' 할 것인가에 대해서 여러 가지 의문이 일어나지만, 그중에서 먼저 물어야 할 것은 '도대체 무엇인가?'라는 것이다. 그리고 궁극의 존재를 깨닫고 싶다는 것이 상구보리의 서원이다. 이것은 인간의 지혜에 대한 소망이지만, 또 하나 인간에게는 '어떻게 살 것인가?'라는 질문이 있다. 이 물음에 '고통받는 사람들을 구하고 싶다'라는 발원이 하화중생의 서원이다. 그래서 이 두 서원을 일으키면 그 사람은 이미 보살

이라고 할 수 있다.

  '도대체 무엇인가?' 이것은 가장 중요한 물음인데도 우리는 어른이 되면 여러 가지 지식이 몸에 베이고, 분별이 들어 대상을 알게 된 것 같은 기분이 든다. 그러나 그것은 어디까지나 그런 생각이 들었을 뿐, '우리는 여전히 무엇이 정말로 존재하는가?', '세계와 나의 진상은 무엇인가?'라는 근본적 물음에 대해서 어느 하나도 해결하지 못하고 있는 것이다. 우리는 어디에서 태어나서, 죽으면 어디로 가는 것일까? '나'란 애당초 어떤 것이었을까? 나는 이 순간에만 존재하지 않는다. 왜냐하면 과거는 이미 지나간 것이며, 미래는 아직 오지 않았기 때문이다. 하지만 이 현재라는 순간에 존재하는 자신을 파악할 수 있을까? 설령 파악된다고 하더라도 파악된 것은 진정한 자신이 아니다.

  왜냐하면 제10장에서도 말했듯이, 손가락은 다른 것을 가리킬 수는 있지만, 손가락 자체를 가리킬 수는 없다. 또한 식칼은 다른 것을 자를 수는 있지만 식칼 자신을 자를 수 없는 것처럼, 파악하는 '나'를 결코 파악할 수 없기 때문이다. 즉, '궁극의 자신'에 대해서는 어느 것 하나 알지 못한다고 인정하지 않을 수 없다.

  또한 자신에 대해서뿐만 아니라, 눈앞에 있는 '타인'이라고 하는 것에 대해서도 마찬가지로, 무엇 하나 알고 있지 않다는 것이 사실이다. '저 사람은 ○○씨이고, 성격은 이런 사람이고, 나는 싫다'는 등 '그 사람'을 알고 있는 것처럼 생각하지만, 과연 그럴까? 이미 반복해서 말해왔듯이, 우리들 개개인은 한 사람 한 우주이며, 자신 밖으로 벗어날 수 없는 것이기 때문에, 자신에게 있어서의 타인이란 자기 마음속의 영상에 지나지 않으며, 타인 그 자체를 결코 알지 못하는 것이다. 밉다거나 싫다는 것은 자신이 일방적으로 부여한 생각일 뿐이다.

  더욱이 내가 '우주', '세계', '자연'이라고 말한 것도 모두 자기 마음속에 있는 영상에 불과하다. 만약 나를 떠나있다고 해도 나는 자신이라는 구체적인 우주의 밖으로나, 마음 밖으로 빠져나갈 수 없기 때문에, 타인과 마찬가지로 '그 자체'에 대해서 아무것도 모른다고 고백할 수밖에 없다.

이처럼 자신의 무지無知를 깨닫고, '좋아, 그럼 도대체 뭘 알고 있지?' 하고 결심하고 노력정진을 시작한 사람이 보살이며, 그 서원이 바로 '상구보리'이다.

보리bodhi(보디)란 각오覺悟로 의역되듯이, '깨달음'을 말한다. 그러나 이것은 얕은 깨달음이 아니다. 알아야만 할 궁극의 근간을 아는 지혜인 것이다.

바다에 비유하자면, 큰 파도와 작은 파도가 일렁이는 표면의 물이 아니라, 그 파도의 가장 깊은 곳에 있는 해저海底의 물을 잡는 지혜이다. 큰 파도와 작은 파도는 일어났다 사라지는 변화해 마지않는 것이다. 하지만 심해의 물은 항상 흐트러짐 없이 존재한다. 그러한 바다 밑으로 침잠해 들어가듯 개개의 현상 중 가장 깊은 곳에 깊이 몰두하여 얻은 지혜, 그것이 보리이다. 태어나지도, 죽지도 않는 세상에 빠져드는 것이다.

미야즈 겐지의 시처럼 "남쪽에 죽어가는 사람이 있으면 가서 두려워하지 말라 말하고"라고 할 수 있으려면 한번 이러한 불생불사不生不死의 세계를 접해보지 않으면 안 되지만, 그것은 대단히 어려운 일이다. 하지만 보살은 그 어려움에 맞서기로 결심을 한 것이다.

상구보리가 말하자면, 종이 앞면의 서원이라면 종이 뒷면의 서원이 '하화중생'이다. 이것은 살아 있는 모든 것(중생)을 고통에서 편안하게, 미혹에서 깨달음으로 변화시켜 제도하려는 서원이다. '자미득도선도타自未得度先度他'란 스스로는 아직 제도하는 것을 이루지는 못했으나, 먼저 남을 제도한다는 의미의 말이다. 이러한 서원이 바로 보살 하화중생의 서원이다. 이것도 또한 어렵고 쉬운 일은 아니다. 하지만 보살은 이러한 난행難行에도 맞서기로 결심한 사람이다. 보살, 그것이 바로 이상형 인간상이다. 우리도 겐지賢治에 지지 않고, '그런 사람이 나는 되고 싶다'라는 서원을 일으킬 것 같지 않은가? 거기에 새로운 세계가 열리고, 열정적인 삶이 전개되어 온다.

다시 태어나서라도 사람들을 구제하겠다

또한 보살은 다음과 같은 서원을 가진 사람이기도 하다.

'좋아, 나는 나고 죽고 윤회하는 살아 있는 모든 것을 구제하겠다'라고 결심한 사람으로, 그는 '**무주처열반**無住處涅槃'에 머물렀던 사람이라고 한다. 보통 열반이라고 하면, 나고 죽는 괴로움으로부터 해탈하여 이를 수 있는 안락세계를 말하지만, 이 무주처열반은 '생사에도 열반(A)에도 머물지 않는 열반(B)'이라는 의미이다. 이 중에서 말하는 (A)의 열반과 (B)의 열반은 다르다. 즉, (A)는 생사에 대한 상대적인 열반이다. 그러나 (B)의 열반은 '생사와 열반을 지양한 열반'이라고 할 수 있다. 생사에도 열반에도 구애받지 않는 삶의 방식이다.

하지만 이 보살에게는 하나의 신념이 있다. 그것은 '나고 죽는 윤회에서 고통받는 사람들을 구하겠다'라는 서원에 사로잡힌 것이다.

불교에서 욕심[欲]이라고 하면 부정적인 의미를 갖지만, 한 가지만큼은 좋은 의미로 사용된다. 그것이 '선법욕善法欲'이라는 욕심이다. 법욕法欲이란 진리(법)를 깨닫고 싶다는 욕심이다.

진리를 깨닫는 것은 '도대체 무엇인가?'를 깨달아 보리를 얻는 것이다. 그런 진리를 깨닫고 싶고, 보리를 증득하고 싶다고 바라는 것이 선법욕이다. 또한 법 안에는 진리에 이르기까지의 과정도 포함되어 있다. 구체적으로는 출가를 하고자 욕심내는 것이 선법욕의 하나로 들 수 있다.

흔히 대승불교는 재가 중심의 불교라고 하지만 결코 그렇지 않다. 예를 들어 『유가사지론』에는 재가자보다 출가자가 훨씬 뛰어나다는 점이 강조되어 있다. 정말 출가하기 위해서는 굳건한 결의와 열정이 필요하다.

내가 좌선을 시작할 당시 한 사찰 결제법회에 참석했을 때, 지도승指導僧이 "나는 비록 이번 생에 깨닫지 못하더라도 다음 생에도, 그다음 생에도 태어나서 반드시 언젠가는 깨달음을 얻으리라. 또한 나는 이제 고향으로 돌아갈 수

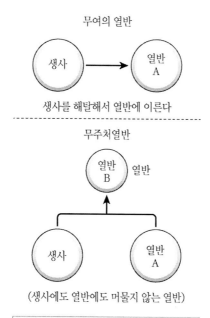

무여의 열반

생사 → 열반 A

생사를 해탈해서 열반에 이른다

무주처열반

열반 B 열반

생사   열반 A

(생사에도 열반에도 머물지 않는 열반)

> 무여의 열반이란 몸도 마음도 소멸해버리는
> 열반, 무주처열반이란 생사에도 열반에도
> 살지 않고 고통받는 사람들의 구제를 위해
> 계속 사는 보살의 삶을 말한다.

[도표 23]

없다. 왜냐하면 처자를 버리고 출가했기 때문에 고향에 내려가면 친척이나 이웃이 돌을 던질 수 있기 때문이다"라고 말해주었다. '정말로 출가한다는 것은 이 정도로 격렬한 것일까?' 하고 감동을 느꼈고, 이 말을 지금도 잊을 수 없다.

그런데 욕망을 '삶의 에너지'라고 생각해보면, 그 에너지를 어떠한 것으로 발산하느냐에 따라 이기적인 욕심부터 이웃사랑, 소원 그리고 서원 등 여러 가지로 그 내용이 달라진다.

밀교 경전에는 얼핏 보면 성적 욕망이 긍정적이다. 하지만 그것을 글자 그대로 이해하면 문제다. 밀교는 '소욕小欲을 바꾸어 대욕大欲으로 만든다'라는 것을 목표로 한다. 곧 자신만을 위해서만 있었던 소욕, 예를 들어 성적인 에너지를 질적으로 변화시켜 대욕으로, 사람들을 구제하려는 서원으로 전환하는 것을 밀교는 최종적으로 설명하고 있는 것이다.

그렇다고는 하지만 미혹한 우리 범부는 성性으로서 아무래도 삶의 에너지를 자신을 위해서만 사용하기 쉽다. 그러니까 발심하자. 상구보리·하화중생의 서원을 갖자. 그로 인해 보살의 길을 걷기 시작하고, 자신 안에 소용돌이치는 에너지를 발산하는 배수구를 변화시켜서 타자구제를 위해 방출하기 시작할 수 있다.

욕망이라는 에너지를 서원이라는 의지로 바꾸고, 그 의지가 행위가 되어 전개될 때 삶의 터전이 생생하게 빛나기 시작한다.

보살에서 부처가 되는 과정

오랜 세월 보살로서 수행을 계속하다

그렇다면 보살로 사는 기간은 얼마나 될까? 답을 듣고 놀라지 말자. 그것은 '**삼아승기겁**三阿僧祇劫'에도 이르는 긴 기간이다. 아승기겁은 원어 '아삼키아-칼파asaṃkhyā-kalpa'의 음역이다. 먼저 칼파kalpa인데, 이것은 정식으로는 '겁파劫波'라고 음역되며, 줄여서 겁이라고 한다. 영겁永劫이라고 말할 때의 겁으로 길고 긴 시간을 의미한다. 그럼 어느 정도로 긴가 하면, 다음과 같은 비유가 설명되어 있다.

> "예를 들면 사리사방四里四方의 바위산에 백 년에 한 번 하늘에서 천녀가 내려와 날개옷[羽衣]으로 그 바위의 표면을 사뿐히 스치고 지나간다. 이렇게 하여 바위가 모두 닳아 없어질 때까지의 기간이 일겁이다."

그러한 영원에 가까운 시간에, 더욱이 아승기asaṃkhyā(헤아릴 수 없다는 의미.

무수無數라고 의역)라는 형용구가 붙어 있다. 그 셀 수 없을 정도로 긴 기간을 거듭 세 번 더 반복해야 처음으로 보살을 마치고 붓다가 된다는 것이다. 이처럼 '상구보리·하화중생'의 서원을 토대로 영겁에 걸쳐 살아가겠다는 보살의 의지의 강함과 그 에너지의 훌륭함과 대단함에 놀라움을 느끼게 된다.

이 삼아승기겁에 걸친 보살의 기간을 보살은 어떻게 변화해 가는지를 도시해보자.

우선 '**발심發心**'(보리를 얻으려고 하는 마음을 발함)하면 보살이 된다.

첫 번째 아승기겁의 사이는 아직 진리(진여)를 보지 못한 보살의 단계이다. 발심하고 나서의 첫 번째 자리를 '자량도資糧道'라고 한다. 붓다가 되기 위한 자량을 모으는 준비단계이다. 구체적으로는 지덕智德과 복덕福德의 두 가지 자량을 저장한다.

이 중에서 지덕이란 지성의 측면에서 '좋음'이다. 이런 지덕의 지智는 지혜의 '지智'이며, 지식의 '지知'가 아니다. 지혜는 반드시 선정을 수행하여 몸에 익히는 것이다.

물결 없는 통의 물이 보름달을 고스란히 비추듯, 고요한 마음에 진리가 비춰진다. 즉, 지혜가 나타난다. 부처님 같은 지혜까지는 아니더라도 범부인 우리들도 조용히 좌선을 함으로써, 자신도 모르는 사이에 훌륭한 것을 익힐 수 있다. 그것이 지덕이다.

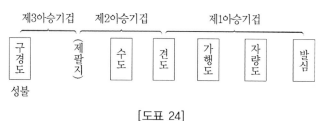

[도표 24]

또 하나의 복덕이란 말하자면, 전인격에 있어서의 '좋음'이다. 흔히 그 사람은 복스럽다고 한다. 그 사람 얼굴만 봐도 혹은 그 사람 옆에 있는 것만으로도 행복해지는 것 같은 사람이 있다. 그 사람에게는 지성과는 다른 별도의 것이 몸에 배어 있기 때문일 것이다. 남들이 싫어하는 일을 솔선수범한다. 혹은 몸과 마음을 다해 상대를 위해 몸을 바친다. 그것을 알아채기 전에 무언가를 얻게 되는데, 그것이 복덕이다.

보살의 두 번째 단계는 '**가행도**加行道'이다. 점점 진리에 가까워졌다는 확신 아래 수행에 더욱 힘을 보태 노력 정진하는 단계이다. 여기서 수행되는 선정에 명득정明得定·명증정明增定이라는 것이 있다. 이 이름에서 짐작되듯이 자신 안에 지혜의 광명이 점점 더해가는 단계이다.

빛이 더해짐에 따라 마음이 밝고 청정해져 간다. 진여의 달을 뒤덮고 있는 구름이 사라져 간다. 마음의 밑바탕으로부터 정화되고, 항상 몸과 마음이 상쾌하고, 또한 생각한 대로 행동할 수 있게 된다(신심의 경안輕安을 얻음). 이제 불퇴전의 마음으로 수행에 전념해간다.

이상의 두 단계의 노력을 거쳐 마침내 진리를 보게 된다. 그 단계를 '**견도**見道'라고 한다. 이 단계에서 범부에서 성자로 뛰어넘어, 더 이상 범부로 돌아가는 일은 없다. 마음속에 숨어 있던 진리를 보는 지혜의 종자가 오랜 시간 문聞·사思·수修에 걸친 정진에 의해 성장·발육하여 마침내 싹을 틔운 것이다. 또는 원래 있던 진여의 달이 그것을 덮고 있는 운무를 단번에 맑게 하고, 마음속에 비로소 나타난 것이다. 그때의 기쁨은 비유할 수 없다고 말한다. 이 견도가 일명 '환희지歡喜地'라고 불리는 것도 그 때문이다.

이상 '견도'에 이르기까지의 '자량도'와 '가행도'의 두 가지가 최초의 제1아승기겁에 포함된다. 이제 영원하다고 할 수 있는 기간 동안 노력 정진해야만 비로소 진리를 보고 성자가 될 수 있는 것이다.

하지만 보살에게는 아직 끝없는 수행 기간이 기다리고 있다. 견도에서 '**수**

도修道'로 들어가는데, 그 수도를 열 단계로 나누어 십지十地라고 한다. 이 십지에서 단계별로 수행을 거듭하고, 심층의 마음에 있는 장애물을 하나하나 제거해나가면서, 마음속에 진여를 더욱 분명하게 빛내는 것이다. 그리고 견도에서 이 십지 중 칠지까지는, 또한 1아승기겁이라는 방대한 시간이 걸린다.

제칠지에서 제팔지로, 여기에 또한 큰 인격적 비약이 일어난다. 제팔지에 이르면, '무상無相, 무공용無功用'으로 살 수 있게 된다. 무상으로 산다는 것은 대상, 모습, 관념, 영상, 생각 등을 분별하지 않고 사람들을 구제하는 것이다. 무공용으로 산다는 것은 의도하는 것 없이 자연스럽게 다른 사람을 구할 수 있는 것이다. 얼마나 멋진 생활방식인가? 그렇게 살 수 있는 것은, 거기에는 '나'라는 것이 없어졌기 때문이다. 다음으로, 이 제팔지에서 붓다가 되기까지의 기간은 제3아승기겁에 해당한다. 붓다가 되는 일이 가까워졌을 때, '상호相好의 백겁'이라는 기간이 있다. 부처가 되기 위해 신체적으로 이상적인 모습(상호)을 붓다에게 알맞은 것으로 만들어 가기 위한 기간이다. 저 불상의 모습을 떠올려보자. 여러 가지 특징을 갖추고 아름답고 위엄이 넘치는 그 풍모를 몸으로 익혀가는 기간이다. 붓다가 되기 직전에 수행하는 선정을 '금강유정金剛喩定'이라고 한다. 다이아몬드와 같은 선정이라는 의미이다. 붓다가야의 대탑 옆에 있는 보리수 아래에 아쇼카왕이 만든 금강좌가 있는데, 그것은 그의 땅에서 석존이 금강유정을 수행하여 깨달은 것을 기념하기 위해 만들어 안치한 것이다.

이것은 모든 것을 잘라 버리는 다이아몬드에 비유될 만한 강력한 에너지를 가진 선정으로, 마지막까지 남아 있던 집요한 번뇌의 잔재를 다 태워버린 다음 순간에 붓다가 되는, 즉 성불하고 긴 수행의 길이 완성되는 것이다. 그래서 붓다가 된 자리를 '**구경도究竟道**'라고 한다.

이상과 같이 영원하다고 할 수 있는 시간을 두고 보살은 붓다가 되는 것이다. 하지만 붓다가 되기 위해 수행하는 것은 아니다. 바로 보살의 정신은 '**대비**

천제大悲闡提의 보살'에 전형적으로 나타나 있다. 천제, 즉 일천제一闡提란 결코 붓다가 될 수 없는 종성을 가진 사람을 말하지만, 엄밀히 말하면 붓다가 되기를 바라지 않고, 생사윤회하여 영원히 사람들을 구원하겠다고 결심한 사람을 말한다.

대비천제, 얼마나 훌륭하고 광대한 서원으로 살아가는 사람인가? 우리들 범부에게는 도저히 일으킬 수 없는 서원이다. 하지만 에고와 아집을 서서히 없애나간다면 언젠가는 이와 같은 서원을 일으킬 수 있을지도 모른다. 아니 언젠가가 아니라 오늘, 지금 무리를 해서라도 대비천제의 보살이 되기로 결심해보자.

죽어도 죽지 않겠다. 아니 죽을 수 없다. 대비천제의 보살로 살겠다는 이 생각이, 서원이, 죽음을 해결하는 출발점이 될지도 모른다.

보살로 살았던 현장삼장

현장삼장이 구한 것

이상에서 영원하다고 할 수 있는 오랜 기간에 걸친 보살의 삶의 방식을 소개했는데, 이는 어디까지나 오랜 시간에 걸쳐 불교 역사 속에서 성립되어온 사상이다. 그래서 시간을 멈추고 좀 더 구체적으로 보살은 어떻게 살아야하는가? 그것에 대하여 다음의『유가사지론』의 설을 참고로 설명해보고자 한다.

『유가사지론』은 기원후 3, 4세기경 인도에서 만들어진 것으로, 중국의 현장삼장玄奘三藏이 산스크리트 원본을 구하기 위해 국법으로 금한 것을 어겨서까지 인도로 향했을 정도로 중요한 논서이다. 이 책은 한역으로 100권에 이르는 방대한 것으로, 단순히 대승의 교리가 유식유가행파의 입장에서 설파된 것일 뿐만 아니라, 지금까지의 부파불교의 사상, 불교 이외의 여러 학파의 교리, 나아가 인도 문화의 여러 가지 모습도 포함되어 당시의 백과전서라고도 할 수 있다. 또한 그중 「본지분보살지本地分菩薩地」라는 장章에서는 보살에 관해 다각적인 시각에서 논하였으며, 이 책은 바로 그 이후 보살 정신의 원천이 되었다. 이 책의 보살에 관한 설을 검토하기 전에 잠시 현장삼장에 대해서 이야기해보자.

현장은 소설 『서유기』의 주인공으로 유명하지만, 7세기 인도로 결단決斷의 여행을 한 인물로서 현대까지 이야기로 전해 내려오고 있으며 존경받아 왔다.

흔히 학자들 사이에서는 현장삼장은 『유가사지론』의 구역인 『십칠지경十七地經』의 번역이 좋지 않기 때문에, 그 산스크리트 원전을 찾아 인도로 여행을 결심했다고 그 동기가 알려져 있지만, 나는 결코 그것만은 아니었다고 생각한다. 현장삼장의 청년시대는 중국이 당나라로 정리되기 이전이며, 당시 그가 살던 낙양과 장안에서는 전쟁이 끊이지 않았고 거리에는 시신이 널려 있었다. 현장은 그 참상을 감수성이 강한 마음으로 바라보며, 도대체 왜 그럴까 하고 고민하다가 그 해결을 불교에서, 특히 『유가사지론』이 설파하는 유식사상에서 찾았고, 그 습득을 목표로 부동不東의 정신(무슨 일이 있어도 인도에 도착하기 전까지는 동쪽으로, 즉 중국으로 돌아가지 않겠다는 마음가짐)으로 인도로 여행을 떠난 것이다.

현장삼장은 이처럼 인간은 왜 고통받고, 고민하며, 전쟁이라는 최대의 어리석은 행위를 저지르는가? 그 답을 구하고 싶은 굳건한 뜻이 있었기에 그야말로 간난신고艱難辛苦(갖은 고초를 겪으며 몹시 힘들고 괴로운)의 여행을 성취할 수 있었다. 또한 방문한 나라들에서 정중한 접대를 받은 것이다. 가는 곳마다 국왕이 현장삼장 안에 숨어 있는 훌륭하고 강인한 의지 내지 서원을 느꼈을 것이다. 그래서 귀국할 때는 황제를 비롯하여 장안 전체가 그를 성대하게 맞이한 것이다. 또한 귀국 후 20년 동안 황제의 비호 아래 전국에서 고승들을 모아 역경사업에 전념할 수 있었는데, 이것들은 모두 그의 '상구보리·하화중생'의 서원에서 비롯된 것이라고 할 수 있다. 바로 현장삼장이야말로 살아 있는 보살의 전형이다.

이 현장삼장이 번역한 『유가사지론』과 나아가서는 『성유식론』을 바탕으로, 제자인 자은대사慈恩大師·규기窺基가 세운 종파가 법상종法相宗이다. 그리고 이 종파의 교리인 유식사상이 나라 시대에 일본에 전해져, 불교의 기본학으로서 현대에까지 면면히 계속 배워져 왔다. 만일 그 현장삼장의 목숨을 건인도로의 구법여행이, 그리고 귀국 후 19년에 걸쳐 75부 1,335권의 경론을 번역한 노력정진이 없었다면, 오늘의 일본불교는 없었다고 해도 과언이 아닐 것이다.

지금 나는 이러한 은인·현장삼장의 뜻을 이어받아, 현장에 대한 보은행報恩行으로서 『성상학사전性相學辭典』의 편찬에 힘쓰고 있다.

보살의 삶의 방식

여기에서, 『유가사지론』 79권에 설명되어 있는 보살의 삶을 생각해보자.

> 문: 보살은 마땅히 무엇을 가지고 괴로움으로 삼는다 말해야 하는가?
> 답: 중생의 손뇌損惱를 가지고 괴로움을 삼는다.

> 문: 보살은 마땅히 무엇을 가지고 즐거움으로 삼는다 말해야 하는가?
> 답: 중생의 요익饒益을 가지고 즐거움을 삼는다.

> 문: 보살은 무엇을 가지고 작의作意한다고 말해야 하는가?
> 답: 소지所知의 경계의 끝에 오입悟入하는 것 및 일체의 중생을 이롭게 하는 일을 하는 것으로써 작의한다.

문: 보살은 정말로 무엇을 머무름으로 삼는다 말해야 하는가?
답: 무분별을 가지고 머문다라고 한다.

앞의 보살의 네 가지 삶의 방식을 하나하나 검토해보자.

(1) 문: 보살은 마땅히 무엇을 가지고 괴로움으로 삼는다 말해야 하는가?
   답: 중생의 손뇌를 가지고 괴로움을 삼는다.

보살은 무엇으로 고통스러워하는가 하면 중생의 손뇌를 가지고 괴로움으로 삼는 것이다. '손뇌'란 손해나 고뇌를 말한다. 정말로 이 지구상에서는 항상 많은 사람이 손해와 고뇌를 받고 있다. 세계 각지에서 일어나는 가뭄이나 기근으로 인한 굶주림의 고통, 혹은 지진에 의한 피해와 같은 천재天災로부터, 또한 각지에서 일어나는 민족분쟁이나 종교 갈등과 같은 인재人災에 이르기까지, 지금 지상에서 고통받고 있는 많은 사람들의 고통을 생각하면 우리들은 마음이 아프다. 하지만 그렇게 마음이 아파도, 역시 자신의 고뇌나 손해에만 눈을 돌려버리는 것이 우리 범부의 본성이다. 이에 대해, 보살은 타인의 고통을 자신의 고통으로 삼는다는, 정말로 자기를 없애고 철저한 이타정신으로 사는 사람이다.

다음으로 고의 반대인 락에 대한 문답이 이어진다.

(2) 문: 보살은 마땅히 무엇을 가지고 즐거움으로 삼는다 말해야 하는가?
   답: 중생의 요익을 가지고 즐거움을 삼는다.

요익이란 남을 풍요롭고 안락하게 하며 이익을 주는 것이다. 보살은 자신의 즐거움을 편안히 여기는 것이 아니라, 사람들을 안락하게 하고 이익을 주어 사람들이 편안해지는 것을 자신의 낙으로 삼는 것이다. 고통의 경우와 마찬가지로, 자신을 돌보지 않고 타자구제에 투철한 보살의 삶의 방식이 기술되어 있다.

다음 문답에서는 생각한다는 것이 문제가 되고 있다

> (3) 문: 보살은 무엇을 가지고 작의한다고 말해야 하는가?
> 답: 소지의 경계의 끝에 오입하는 것 및 일체의 중생을 이롭게 하는
> 일을 하는 것으로써 작의한다.

'작의'란 '생각하다', '사고하다'라는 의미이다. 보살은 무엇을 사고의 대상으로 하는가? 무엇을 생각해야만 하는가? 이것에 대해서 우선 '소지의 경계의 맨 끝에 오입하는' 것을 사고하는 것이다. 소지란 '알려져야 할 것'이라는 의미이다.

우리에게는 많은 여러 가지 알려져야 할 것들이 있다. 과학의 발달로 인해 많은 수수께끼가 해명되었고, 자연에 대해서도 많은 지식을 얻을 수 있었다.

또한 심리학이나 생리학의 발달에 의해 마음이나 신체의 메커니즘이 해명되었다. 하지만 보살은 '소지의 끝', 즉 '알아야 할 궁극의 것'을 깨닫는 것을 생각하는 것이다. 이 '소지의 끝'이란 여러 번 언급해 온 '진여'이다. '있는 그대로 있는 것'이다. 모든 존재의 궁극의 상태이다. 그것에 오입하자, 그것에 이르자, 그것을 깨닫고자 하는 것이 보살이라는 것이다.

다음은 이처럼 궁극의 존재, 즉 진여를 깨달은 지혜를 바탕으로 '일체의 중생을 이롭게 하는 일'을 사색한다. 어떻게 하면 고통받는 사람들을 구제할 수 있을까를 생각하는 것이다. 이러한 보살의 두 가지 사고는 앞서 언급한 상구보리·하화중생의 두 가지 서원에 대응하는 것을 쉽게 알 수 있다. 다음으로 마지막 문답 검토로 넘어가자.

(4) 문: 보살은 정말로 무엇을 머무름으로 삼는다 말해야 하는가?
    답: 무분별을 가지고 머문다라고 한다.

'주'란 지금 여기에 이렇게 있고, 살아 있으며, 행위하고 있는 모습이다. 그 사는 모습이 어떠해야 할까? 그 답이 '무분별로써 머문다'라는 한 문장이다. 무분별지를 가지고 사는 것이다. 이 무분별지의 작용에 대해서는 이미 여러 번 말했지만 어쨌든 '나'와 '타인'과 그 사이에 전개되는 '행위'의 세 가지를 분별하지 않고, 행위 그 자체가 되어버리는 것이다. 보살은 바로 그런 삶의 방식이 가능한 사람이다.

이상 『유가사지론』에서 설한 내용을 단서로 보살로서의 삶을 배웠다. 모두 우리에게는 실행이 어려운 생활방식이지만, 너무나 자기중심적, 인간중심적인 생활방식으로 일관하고 있는 현대인들에게 큰 교훈이 되는 생각이 아닐까?

어쨌든 무리를 해서라도 좋다. "나 같은 건 아무래도 좋다, 남을 위해 살 거야!"라고 소리 높여 외쳐보자. 그 목소리가 반드시 심층에 잠재된 보편적이고 순수한 의지를 일깨워줄 것이라고 나는 믿는다.

제12장

'유식'을
생활에 활용하다

제12장
'유식'을 생활에 활용하다

지금까지 11장에 걸쳐 유식사상을 다양한 각도에서 소개하고 검토해왔지만, 마지막으로 지금까지의 복습도 겸해 유식사상을 일상생활 속에서 활용한다면 어떤 일이 가능한지를 정리하여 생각해보자.

타인에 대한 배려를 가지다

【개별유식】 사람은 모두 한 사람 한 사람, 근본심인 아뢰야식에서 생긴 세계, 우주 속에 갇혀서 그 밖으로 빠져나올 수 없다. 즉, 한 사람 하나의 우주이다.

'한 사람 하나의 우주一人一宇宙'라는 것은 누구나 인정할 수밖에 없는 사실이다. 그래서 타인의 일을 잘 모르고 타인을 쉽게 이해할 수 없다. 이해할 수 없을 뿐만 아니라, 때로는 대립을 일으킨다. 그 대립은 가정 내, 회사 안, 사회 속에서 다양한 형태로 나타난다.

인간에게서 살아 있다고 하는 괴로움은 미야자와 겐지가 그 「비에도 지지 않고」 중에서 "북쪽에 다툼이나 소송이 있다면 의미 없는 일이니 그만두라고 하며"라고 노래하고 있는 것처럼 자신과 타인과의 갈등이나 소송이라는 대립이다.

하지만 무엇인가 그러한 갈등이나 대립이 일어나면, 한 사람 하나의 우주인 것이다. 자신은 상대의 우주 속으로, 상대의 마음속으로 들어갈 수 없다는 사실을 생각해보자. 그러면 '저 사람은 ○○이다'라고 생각하는 그 마음이나 판단은 어쩌면 잘못된 것일지도 모른다는 것을 알게 된다. '저 사람은 미워, 싫어'라는 감정은 자기가 마음대로 그 사람을 그런 사람으로, 말하자면 색칠해 버렸을지도 모른다고 반성해보는 것은 어떨까?

정말로 우리는 타인에 대해 모든 것을 알고 있지는 않다. 그런 것을 깨닫게 되면, 타인에 대해서 겸허하게 사귀게 된다.

또한 한 사람 하나의 우주라는 사실을 깨닫게 되면, 상대에 대한 배려가 생긴다. 예를 들어 질병으로 고통받는 사람, 정신적으로 고민하는 사람이 있다면 그 사람의 우주는, 그 사람의 우주 전체는 질병이나 고민으로 지옥이 되어 있을지도 모른다고, 그 사람의 우주에 대하여 생각을 하게 된다. 만약 자신에게도 같은 경험이 있다면, 동정심이 더욱 강해진다.

이처럼 홀로 우주구나 하는 관점으로 주변에서 살아가는 사람을 보게 된다면, '아, 다 무거운 짐을 짊어지고 사는구나!'라며 타인에 대한 배려와 관심이 높아질 것이다. 인간에 대해서만이 아니다. 개나 고양이, 까마귀 그리고 작은 개미나 파리도 모두 인간과 마찬가지로 각자 자신의 우주 속에 살고 있는 것이다. 한 동물 하나의 우주, 한 식물 하나의 우주이다. 쇠사슬에 묶여 있고, 하루 한 번의 식사와 산책만이 즐거움인 반려견을 볼 때, 나는 그 개가 불쌍하다고 생각한다. 마당에서 놀고 있는 것처럼 보이는 참새들도 한 마리 한 우주에서 항상 먹이를 찾아 뛰어다니고 있는 것이다. 정말 힘든 생활의 연속일 것이다.

한 사람 하나의 우주, 한 동물 하나의 우주, 이 사실을 알면 알수록 타인에 대한 겸허함과 배려의 감정이 생겨난다.

'나'와 '대상'에 대한 집착을 없애다

【유식무경】 오직 식, 즉 마음이 존재하고, 마음 외에 '나'도 '대상'도 존재하지 않는다.

【유식소변】 모든 존재는 근본심인 아뢰야식이 변화한 것이다.

남에게 비난을 받으면 그것을 순순히 인정하고 반성하는 사람은 적다. 우리들은 왜 자기를 이렇게 욕하느냐고 화를 낸다. 예를 들어 상대방으로부터 '바보'라고 들으면 화가 난다. 이와 관련하여 나는 자주 수업에서 학생과 다음과 같은 문답을 하고 있다.

이하는 모두 연기演技이지만 어떤 한 학생에게 '바보야'라고 말하고, 그 학생에게 "왜 나를 바보라고 합니까?" 하고 화를 내게 한다. 그때 나는 지체 없이 "너의 머리가 바보라고 말한 것이 아니라, 단지 거기에 있는 머리의 작용이 둔하다고 말했을 뿐이다"라고 설명하면, 대부분의 학생들이 '아아! 그런가' 하고 납득하고, 때로는 웃는 얼굴이 된다. 그때 그 학생은 머리를 '자신의 머리'로서가 아니라 '그냥 머리'로 볼 수 있었던 것이다.

이렇게 '나'라는 생각과 말을 없애고 '오직(단지)'이라고 볼 때, 그것은 사실을 사실로 보게 되는 것이다. 그러나 우리들은 '나'라는 것을 중심에 두고 그것이 주인공이 되어 생각하고 사고하며 행동하고 있는 것인데, 그러한 나는 결코 존재하지 않는다. 그것은 마음이라는 캠퍼스 위에 생각과 말에 의해 그려진 그림 같은 것일 뿐, 결코 실체로서 있는 것은 아니라고 유식사상은 주장한다.

확실히 '나'라고 하는 것은 없다. 전에 몇 번인가 실험해 봤지만, 손을 보고 '내 손'이라고 생각해도, 그 '나'라는 말에 대응할 것을 아무리 찾아도 발견할 수 없다. '나'는 단지 말의 외침만 있을 뿐이다. 그러나 우리는 보통 '자신은, 나는, 내가'라고 우기며 타인과 대립하고 있다. 때로는 그 대립은 다툼이나 폭력으로까지 발전한다. '나'를 존재한다고 생각하는 것은 마음이 흐트러져 있기 때문이다. 그 흐트러진 마음을 가라앉히고, 고요한 마음으로, 있는 그대로 보는 마음으로 '나'라는 말에 대응하는 것을 찾아보면 아무것도 찾을 수 없다.

'고요한 마음'과 '있는 그대로 보는 마음', 이 두 가지 마음을 일으켜 대상을 관찰하는 방법이 요가이다. 혹은 선정, 지관이라고 할 수 있다. 가능하다면 누군가 지도자를 따라 요가나 선을 배우고, 수행하고 있다면 거기에 이렇다 할 일은 없다. 만약 그렇지 못하다면, 어떤 일을 당해, 앞에서 예로 들었던 것처럼 다른 사람에게 비난받고 화를 내거나 했을 때, 비난받은 '나'라는 것은 과연 어떤 '나'인지를 관찰하고 반성해보자. 나라는 말이 마음속에 떠 있는 상태에서 마음을 관찰할 수 있도록 마음을 가라앉혀 보자. 그러면 있는 것은 말뿐이지 '나'라는 말에 대응할 것이 없음을 깨닫는 것이다.

본래 없는데 있다고 잘못 생각하고 있는 것은 '나'라는 것뿐만이 아니다. 손, 머리, 다리, 심지어 내 주변의 모든 것들, 의식주, 돈, 재산 등 대체로 '대상'이라고 말해지는 모든 것은 말의 외침만 있을 뿐이다.

그렇게 말하면, 말도 안 돼, 자기 주위에는 엄연히 그런 '대상'은 존재하는 것이라고 반발하는 사람이 대부분일 것이다. 하지만 이 경우에도 고요한 마음으로 관찰해보면 마음속에 그 영상만이 있을 뿐이다. 그 영상에 대해 예를 들면 그것은 '돈이다. 갖고 싶다'라고 말하고, 생각하는 순간 그 영상이 말하자면 밖으로 강제로 내던져져서, 그것이 외계에 존재하는 것처럼 '대상'으로 변모하고 만다.

나는 대학에서 유식을 배웠는데, 내가 진정한 의미에서 유식학의 가르침을 받은 분은 나라현奈良縣 야쿠시지藥師寺의 하시모토 응윤橋本凝胤 장로였다. 장로님은 계율을 엄하게 지키셨던 엄격한 분이셨다. 나는 인도철학과로 옮긴 직후 젊은 시절, 월 2회 장로님의 유식강의를 들을 기회를 얻었다. 그 강의 속에서 반복적으로 들려오는 다음 말이 아직도 장로님의 엄한 얼굴과 함께 생각난다. 그것은 "마음속의 영상을 마음 밖의 실제 경계라고 집착하는 곳에 미혹과 괴로움이 생기는 것이다"라는 말씀이다. 이것이야말로 유식사상의 핵심을 간결하게 말한 것이다.

증오를 가지고 어떤 사람을 미워하고, 남과 대립하는 사람, 돈이나 의식주에 집착하는 사람, 자신의 신체나 얼굴 외모가 신경 쓰이는 사람, 회사의 지위에 집착하는 사람, 그런 사람이 있으면 위의 말을 반복해서 마음속으로 반복하고, 그리고 '나라는 말의 외침만 있을 뿐이고, 대립하고, 집착하고, 신경 쓰고, 집착하는 대상은 모두 마음속의 영상에 불과하며, 그것들에 대응하는 것은 결코 존재하지 않는다'라고 마음으로 되새겨 보자. 그러면 마음의 괴로움이 희미해질지도 모른다.

유식사상을 '성상학性相學'이라고 하는 경우가 있는데, 성상 중에 상이란 지금 말한 마음속에 나타나는 영상이다. 그리고 이들 상의 본성을 성이라고 한다. 따라서 성상학은 학문적으로는 상과 성으로 나누어 각각 무엇인가를 배우는 것이지만, 실천적으로는 상을 소멸시키고, 성을 증명하는 것이라고 한다. 본성을 증명한다고까지는 아니더라도, 적어도 마음속에 생기는 여러 가지 상에 현혹되지 않기 위해서는, 그것들은 영상에 지나지 않는다는 것을 아는 것이 우선은 중요하다.

지금 영상을 상이라고 바꾸어 말했지만, 현대인의 마음속에는 얼마나 많은 상이 나타나겠는가? 어릴 때부터 주입식 교육이나 TV나 신문 등으로부터의 일방적이라고 할 수 있는 다량의 정보 제공에 의해서, 마음은 이미 이미지, 생각, 말이 넘쳐흐를 정도의 상태가 되어 있다. 또한 물질적으로 풍요로운 시대여서 거리나 백화점 안을 걸으면 갖고 싶은 '대상'들이 계속해서 눈에 들어온다. 이제 마음은 상과 영상으로 범람할 것 같다. 이러한 우리들의 마음을 말하자면 파도를 잠재우기 위해서 '유식무경'이라는 유식사상의 근본주장에 귀기울여보자.

조용히 앉다

【염】 어떤 하나의 대상을 마음속에서 지우는 일 없이 계속 기억해나가는 마음의 작용

2001년부터 흥복사興福寺 주최의 불교문화강좌에서 강사를 맡아, 매월 한번 『반야심경』을 유식적으로 강의하고 있지만, 강의 후 본사本寺에서 '유가행 모임'을 열고 있다. 매회 청강자 중 40~50명의 분들이 열심히 참여하고 있다. 예상보다 많은 인원으로, 유식을 단지 교학적으로 이해하는 것만으로는 만족하지 못하고, 실천을 통해서 그 교리를 보다 깊이 납득하고 싶다고 하는 분들이 많이 계시다는 것을 알고, 기뻤습니다. 요가(유가瑜伽)에 대해서는 제9장에서 자세히 기술하였지만, 그 핵심은 '고요한 마음'과 '있는 그대로 보는 마음'을 일으켜 조용히 앉는 것이다.

조용한 산촌은 모르겠지만, 현대는 그야말로 떠들썩한 시대이다. 거리에서는 자동차와 많은 사람들이 오고, 상가를 걸으면 선전 문구가 확성기에서 흘러나오고 있다. 또한 신문과 TV를 통해 연일 피비린내 나는 사건이 보도되고 있다. 때는 그야말로 IT의 시대이며, 나날이 새로운 정보에 마음은 이미 지쳐가고 있다. 현대인은 견딜 수 없는 소음 속에 살고 있다고 해도 과언이 아니다.

그 소란을 견디기 위해 밖으로 흘러나오는 마음의 에너지를 안에 억누르고,

잠시라도 조용히 마음속에 머무르는 시간을 가져보자. 눈을 감고 내쉬는 숨, 들이쉬는 숨을 조용히 관찰해보자. 이제 그것만으로 흐트러졌던 마음이 차분해진다.

혹은 뭔가 염지불(念持佛, 호신불)을 가지고 있는 분은 그 부처님의 모습을 마음속에 떠올리며 그것을 계속 염불하는 것으로도 마음이 가라앉게 된다.

나는 무슨 일이 있을 때마다 흥복사의 국보관 안에 안치되어 있는 천수관음을 마음속에 떠올리며 염원하기도 한다. 그것은 이전에 흥복사에서 실시한 사도가행四度加行이라는 수행 중에, 매일 한 번 당참堂參이라고 해서 경내에 있는 여러 곳의 당에 참배를 하고 독경을 하는 것인데, 그중 하나가 그 큰 천수관음이었다. 매일 그 얼굴에 일심으로 절하며 관음경을 외웠으니, 지금도 눈을 감으면 그 모습이 선명하게 마음속에 나타난다. 그리고 무엇인가 고통스러운 일, 괴로운 일, 무서운 일을 만났을 때 그 관음이 출현해주셔서, 일심으로 '나무관세음보살'이라고 계속 염불하고 있다. 그러면 신기하게도 마음이 차분해지고 괴로움과 두려움이 줄어들게 된다.

하나하나의 행위를 소중히 하다

【아뢰야식 연기】 표층의 행위 상태는 심층의 아뢰야식에 영향을 미치는, 즉 종자를 심는다.

지금까지도 자주 언급했지만, 담배꽁초를 길거리에 버리는 사람들이 얼마나 많은가?

나는 사이타마현埼玉縣 한노시飯能市의 이루마강入間川 근처에 살고 있지만, 사람의 왕래가 그리 많지 않은 역까지의 길에서도 1미터 간격으로 담배꽁초가 버려져 있다. 이케부쿠로池袋의 번화가에 이르러서는 몇 센티미터 간격으로 산더미같이 버려져 있다. 어떤 기분으로 버리는 것일까? 나는 이해할 수 없다.

다만 버리는 사람은 자신의 그런 행위가 어떤 결과를 야기하는지 깨닫지 못하고 있다는 것만은 확실하다. 꽁초를 버리면 물론 길바닥을 더럽히고, 남에게 폐를 끼치게 되지만, 또 하나 그 행위는 버린 본인의 마음을, 더구나 심층의 마음을 더럽히는 결과를 일으킨다는 것을 깨닫지 못하고 있는 것이다.

"티끌 모아 태산"이라는 속담이 있다. 정말로 '이런 것 정도'라고 생각하고 행동하는 것이 자신도 모르는 사이에 자신을 심층에서부터 변화시켜 나간다.

무슨 일이든, 하나의 행위는 다른 것에 대해 작용하는 동시에 반드시 자신에게 돌아온다. 담배꽁초를 버리는 행위도, 길거리를 더럽게 하고 남에게 폐를 끼치는 동시에 그 행위가 심층적으로, 즉 아뢰야식에 영향을 주어 자신의 마음을 뿌리부터 더럽히게 되는 것이다. 또한 어떤 사람을 미워하거나 폭언을 퍼붓고, 때론 폭력까지 이르는 그런 행위는 다른 사람을 불쾌하게 만들거나 혹은 상처를 주기도 하지만, 동시에 자신의 마음도 혼탁해져 가는 것이다.

표층의 행위는 반드시 심층의 마음에 영향을 준다는 것을 유식사상은 '아뢰야식연기'라고 부른다. 이 아뢰야식연기는 지금 우리 인간에게 엄연히 작용하고 있는 이치이다. 이 이치를 깨달을 때, 우리는 한순간 한순간의 자신의 상태를 바로잡아 나가자, 바로잡아 나가야 한다는 생각이 강해져 간다.

지금 '자신의 상태'라고 말했지만, 그 상태를 분석해보면, 신체적, 언어적, 정신적인 세 가지의 상태로 나뉜다. 이른바 신身·어語·의意의 삼업三業이라고 하는 것이다. 이 중에서 앞의 두 가지는 마지막 의업, 즉 의지意志의 작용으로부터 생겨난다. 뭔가 몸을 움직이거나, 혹은 말하는 행위의 안에는 반드시 의지가 있다.

의지, 모든 행위를 일으키는 이 근원적인 마음의 작용에 우리는 거의 주의를 기울이지 않는다. 예를 들어 '오늘은 무엇을 해야 하나?'라는 생각을 하고, '그래, 오늘은 이러이러한 일을 할 예정이 있다'라고 하루의 일정을 생각해내지만, 그것은 어디까지나 안다고 하는 지성의 작용이다. 그러나 때로는 아침에 눈을 떴을 때, '오늘은 무엇을 하고 싶은가?'라고 자신의 마음속의 '의지'에 물어보려고 하지 않는가? 그렇다면 예를 들어 '오늘은 청소를 해야 한다'라는 의무적인 말이 아니라, '오늘은 청소를 하고 싶다'라는 소망적 말이 마음속에 생길 것이다.

몰입하여 행동하다

【무분별지】'나'와 '타인'과 '행위'를 분별하지 않는 지혜

청소를 하고 싶은 마음에 청소를 한다면 그건 별로 힘들지 않지만, 별로 내키지 않는데 청소를 하지 않으면 안 된다는 생각에 청소를 하기 시작하면 부담스럽다. 그러나 그때라도 '좋아, 청소해보자'라고 다짐하고, 쓸고, 닦고, 정리하는 것에 몰입하여 행동해보자.

몰입하여 행동한다는 것은 '나'와 '타인'과 '행위'를 분별하지 않는 무분별지로 행동하는 것이다. 그렇게 몰입하여 행하는 행위는, 그것을 완수하면 반드시 기분이 좋은 감정으로 만들어 준다. 청소나 일에 완전히 몰입한 그 행위와 무분별지가 심층의 마음을 맑게 하기 때문이다.

자연에는 분별이나 배려가 없다. 태양은 차별 없이 모든 존재에게 빛과 따뜻함을 주고 있다. 봄이 되면, 꽃은 그 아름다움을 아낌없이 인간에게나 동물에게도 보여준다. 태양은 그저 내리쬐고, 꽃은 그저 피어 있는 것이다. 이에 비해 인간에게는 얼마나 분별이나 배려가 많은가? 예를 들어 눈을 뜨고 본다. 그 '본다'라는 행위는 내가 보려고 본 것이 아니라 보인 것이다. 눈앞에 있는 이 꽃을 보지 않으려고 해도 보지 않을 수 없다. 그런데도 '내가 보고 있는 것이다'라고 우리는 생각하게 된다. 나라는 것이 존재하지 않는데, 말과 생각으로 그것

을 무리하게(라기보다도 무반성으로) 만들어내고, 그것을 행위의 주인공으로 치켜세워 버린다. 있는 것은 오직 '본다'라고 하는 마음, 에너지의 변화뿐이다. 넓게 보면 단지 현상이 있을 뿐이다. 오직 몸과 마음으로 이루어진 이른바 생명의 활동이 있을 뿐이다.

이 '오직唯'이라는 말을 가지고 주변과 속마음을 관찰해보면, 부끄러움이라는 것을 알게 된다. 그렇게 알았다면 일상생활 속에서, 그 '오직'이라는 말이 의미하는 바를 직접 알기 위해 '오직'으로 몰입해보자. 걸을 때, 멈출 때, 앉을 때, 일할 때, 배울 때, 놀 때, 그때그때 몰입해서 살아보자. 거기에는 '나'와 '대상'이 융해되어, 행위가 깨끗하고 깔끔하게 자유로워진다. 유식은 오직 '식이다'라고 하는 것보다 '오직'이라는 점이 중요한 것이다.

우리는 스스로의 힘으로 세상에 태어난 것이 아니다. 정신을 차려보니 이 세상에 내던져져 있었다. 또한 스스로의 힘으로 사물을 보는 것이 아니다. 보이고 있는 것이다. 언제나 '나'가 아닌 힘에 의해서 '자自'와 '타他'로 이루어진 이원二元 세계 속에 던져지고 있는 것이다.

예를 들어 눈을 뜨면 거기에 어떤 대상이 있다. 그 이원 대립의 세계 속에서, 다음으로 '나'의 힘, 즉 의식이 일으키는 말을 가지고 또다시 대상을 'A냐 非A냐'로 나누어 인식한다. 즉, 눈앞의 어떤 사람을 '미운 사람'과 '밉지 않은 사람'으로 나누어 분별해버리는 것이다.

이처럼 우리는 이중의 의미로 원래의 삶의 존재를 과장되게 말하자면, 구름과 진흙 차이로 가공해버리는 것이다. 말하자면 존재로부터의 괴리乖離를 원래대로 다시 되돌리기 위해서는 먼저 말을 떠나 대상을 인식하는 것부터 시작해야 한다. 그리고 여전히 남아 있는 자와 타의 대립을 원래대로 다시 되돌리기 위해서 대상에게, 예를 들어 밉다고 생각하는 사람으로 몰입하는 것이 필요하다. 그 몰입하는 힘, 그것이 반복해서 말해왔던 '염'이다.

'염'이란 어떤 하나의 영상을 마음속에 새기고 그 영상을 지워버리지 않고,

계속 기억해 나가는 마음의 작용이다. 하나의 같은 영상을 계속 기억한다는 것은 그 영상에 몰입하는 것이다. 염에 의해 이처럼 몰입할 때, 거기에 '오직'의 세계가 자연스럽게 완성된다.

예전에 코후쿠지[興福寺]에서 열린 타키기노우[薪能]의 무대를 보고 감동받은 적이 있다. 그것은 조연이었던 분이었지만, 주인공이 춤추는 동안 15분 정도였을까? 이미 표정도 바꾸지 않고, 또한 미동도 하지 않고 옆에서 계속 서 있었다. 그 배우는 "오직 서 있는 것"에 몰입하고 있었던 것이다.

그래서 그 모습은 우리에게 감동을 주는 것이다. 오직 걷다, 서다, 앉다, 자다라는 이 행주좌와行住坐臥의 행위로 오직 몰입해서 살아간다. 어려운 일이지만, 흔들리고 동요되고 어지러운 마음의 생활로 일관하는 우리의 삶을 조금은 상쾌하게 하기 위해 한번은 궁리해볼 만한 일이 아닐까?

감사하는 마음으로 살다

【변계소집성】 말로 이야기되고 집착한 것. '나'와 '대상'에 집착하며 사는 세계

【의타기성】 다른 것에 의지해서 생겨난 것. 다른 많은 힘에 의해 살아가고 있는 세계

【원성실성】 청정하게 완성된 세계

우리들은 손이나 발을 사용하는 주인공이 '나'라고 생각하기 때문에, 나이가 들면서 손발이 마음대로 움직이지 않게 된다고 불평하고, 때로는 이러쿵저러쿵 화를 내기도 한다. 그러나 조용히 생각해보면, 이 손발은 '나'를 정말로 오랫동안 지탱해준 것이다.

나는 예전에 스키를 타다가 넘어져서 무릎을 다친 적이 있다. 그 파손된 부위를 검사하게 되어 무릎 부분에 가는 검사기의 관을 넣고, 나도 TV 모니터로

보면서 검사를 받고는 반월판의 한 곳이 손상된 것을 알게 되었다. 의사선생님이 "여기를 잘라서 제거할까요?"라고 동의를 요구했을 때, 나는 "잘 부탁드립니다"라고 했다. 그리고 그때 "반월판 님, 그동안 제 다리를 원활하게 움직여 주서서 감사합니다"라고 마음속으로 감사해했다.

그것은 나에게 소중하고 신기한 체험이었다. 보통이라면 왜 이렇게 되어버렸느냐고 불평하는 말 한마디라도 하게 되는데, 그때는 솔직하게 고맙다는 마음이 일어난 것이다. 그것은 내가 이미 나이가 많이 들어서 그런 것일 수도 있고, 또는 조금은 나를 객관적으로 볼 수 있게 되어 있었을지도 모른다.

평소 나는 '내가 살아 있다'라는 세계에 살고 있다. 무엇을 하든지 '내가, 나의, 나에 의해서' 등이라고 생각하며 주장한다. 그러한 삶의 방식을 유식사상은 "변계소집성의 세계에 살고 있다"라고 한다.

언제까지나 이 '나'의 '신체'는 건강하고 아름답고 강했으면 좋겠다고 바란다. 그리고 현실에서 병들고 쇠약해지면 불평한다. 하지만 조용히 관찰하고 생각해보자. 손, 발, 심장, 위 내지 60조의 세포로 이루어진 이 몸의 구석구석까지 모두 '나'의 생명을 지탱해주고 있는 것이다. 그러니까 걸을 때마다, 먹을 때마다, '다리 씨, 위 씨, 혀 씨, 고마워요'라고 감사해야 하지 않겠는가?

나는 존재한다. 그러나 그것은 임시로 있는 것이며, '나' 이외의 무량무수한 존재 내지 힘에 의해 살아가고 있다는 이 사실을, 유식사상은 '의타기성의 세계에 살고 있다'라고 한다. 다른 것에 의해 생겨난 세계라는 의미이다. 이런 '나'를 지탱하고, 살아가게 해주고 있는 존재를 보다 많이 알아차릴수록, 거기에 '나'라는 생각은 더욱 희미해지고, 동시에 고맙다는 감사의 마음이 더해진다.

인간은 누구나 깔끔하고 산뜻하며 상쾌하게 살고 싶다고 바라지만, 현실은 그와 반대로 왜 이렇게 되었을까 하고 푸념이나 후회, 불평불만의 나날이다. 그러나 위에서 말한 것처럼, 조용히 관찰하며, 살아가고 있다는 사실을 깨달고, 조금이라도 그 불평불만을 감사의 마음으로 전환해보면 어떨까?

사사로운 일로 죄송하지만, 최근 몇 년간 아침 목욕에 들어가 몸단장을 할 때, 욕조에 몸을 담그고 다음과 같이 기도하고 있다. '심장 씨, 간 씨, 위 씨, 60조 세포 씨, 모든 장기 씨, 고마워요. 이런 마음씨 고마워요. 아무쪼록 오늘 하루도 건강하게 지내세요'라며 손을 모아 기도하고 있다. 나의 신체와 나의 마음이라고 말하지만, 그것들은 결코 나의 것이 아니기 때문이다.

감사하는 마음, 그것은 심층의 마음에 영향을 주어 마음속 깊은 곳에서 정화해 간다. 온전히 맑고 깨끗한 마음으로 사는 세계, 그것을 유식사상은, '원성실성의 세계에 산다'라고 말한다. 원만하게, 성취하고, 진실된 세계라는 의미이지만, 이것은 물론 깨달은 사람(붓다)만이 살 수 있는 세계이며, 우리 범부에게는 그림의 떡일 수도 있다. 하지만 그 세계에 언젠가 이르는 것을 이상으로 삼고, 하루하루의 더러운 삶의 방식을 조금이라도 반성하며, 청정한 세상을 목표로 한 걸음 한 걸음 계속 걸을 결심을 하는 것만으로도 살아갈 용기가 생겨난다.

지은이 후기

유식, 즉 "오직 식만이 존재한다"라고 하는 사상이 불교에 있다는 사실을 지금까지 알고 계시는 분들은 그리 많지 않을 거라 생각한다. 하지만 이 유식사상은 소설 『서유기』의 주인공으로도 유명한 7세기 중국의 승려 현장삼장이 17년에 걸친 갖은 고초와 천신만고의 노력 끝에 인도에서 중국으로 전파한 사상이다. 그리고 그것은 나라시대에 일본으로 전래되어, 이후 현대에 이르기까지 수면水面 아래에 있지만, 불교의 기본학으로서 면면히 계속해서 배워 왔던 중요한 사상이다.

이 중요한 사상이 21세기를 맞은 현대에 갑자기 각광을 받고 있다. 그것은 최고도에 도달한 물질문명 속에 사는 우리 현대인들이, 그동안 등한시해 온 '마음'의 중요성을 깨닫기 시작했기 때문일 것이다.

정말로 '마음'만큼 자신에게 가장 가까이 있으면서도 종잡을 수 없는 것은 없다. 게다가 그 상태에 따라 이 정도로 자신을 괴롭히고 미혹하게 하는 것은 없다. 이 불가사의라고 할 수 있는 마음을 심층적으로 관찰하고 분석하여, 멋지게 그 비밀을 밝혀낸 것이 유식사상이다. 그것은 단순한 지식으로서의 불교가 아니라, 그 교리를 바탕으로 살아간다면 반드시 마음을 뿌리부터 변혁되어 미혹에서 깨달음으로, 혼미에서 평안에 이를 수 있는 실천적인 불교이다.

바야흐로 세상은 혼미의 극에 달하고 있다. 세계로 눈을 돌리면, 지구환경 문제로부터 민족 분쟁, 종교 대립 그리고 세계를 뒤흔들고 있는 테러사건, 일본 내에서는 가정폭력으로부터 시작해 교육현장의 파괴, 젊은이들에 의한 안이安易한 살상사건, 또한 어른의 세계에서는 정치, 권력, 경제에 걸친 비리사건 등 수 많은 문제들이 산적해 있다.

우리는 이러한 시대를 정말 살아갈 수 있을까?

이 혼미한 밀레니엄 시대 초반의 지금이야말로, 유식이라는 사고방식이 필요한 시대이다. 왜냐하면 본서의 내용에서도 기술했듯이 유식사상은 불교이면서 과학과 철학과 종교의 세 가지 측면을 겸비한 세계에 통용되는 보편적 사상이기 때문이다.

이 책은 평성平成 13년 4월부터 1년간 NHK 교육 TV〈마음의 시대 ~종교·인생~〉에서 '유식'을 강연했을 때 작성한 가이드북에 근거하여 편집한 것이다. 어렵다고만 알려진 유식을 가능한 한 알기 쉽게 정리했다. 이 책을 읽으신 분들이 점점 '유식'에 흥미를 갖기를 바라는 마음이다.

마지막으로 이 책의 출판을 위해 힘써주신 일본방송출판협회의 데즈 키요 아키出津淸明, 미치서방みち書房의 다나카 치로田中治郎, 오카다 리에岡田理惠에게 깊은 감사의 인사를 전한다.

2002년 11월 20일
요코야마 코이츠(橫山紘一)

찾아보기

지은이 · 옮긴이

지은이

요코야마 코이츠(橫山紘一)

1940년 후쿠오카에서 태어났다. 도쿄대학 농학부, 인도철학과를 졸업하고 동
대학 대학원 인도철학 박사과정을 수료했다. 릿쿄대학 문과대 교수를 거쳐
현재 릿쿄대학 명예교수다.

주요 저작으로는『유식, 마음을 변화시키는 지혜』(2019, 민족사)『유식으로
읽는 반야심경』(2016, 민족사)『마음의 비밀』(2013, 민족사) 외 다수가 있다.

옮긴이

덕윤 스님

동국대학교 일반대학원에서 불교학과 석· 박사학위를 취득했다.
동국대불교상담연구원으로 활동했으며, 동국대학교(경주캠퍼스)에서
전임강사를 역임했다.

알기 쉬운 유식

마음의 비밀을 풀다

초판 발행 2023년 10월 30일

지은이 요코야마 코이츠(橫山紘一)
옮긴이 덕윤 스님
펴낸이 김성배

책임편집 최장미
디자인 문정민, 엄해정
제작 김문갑

발행처 도서출판 씨아이알
출판등록 제2-3285호(2001년 3월 19일)
주소 (04626) 서울특별시 중구 필동로8길 43(예장동 1-151)
전화 (02) 2275-8603(대표) | **팩스** (02) 2265-9394
홈페이지 www.circom.co.kr

ISBN 979-11-6856-151-9 (93220)